Ativismos
no Brasil

Dados Internacionais de Catalogação na Publicação (CIP)
(Câmara Brasileira do Livro, SP, Brasil)

Gohn, Maria da Glória
  Ativismos no Brasil : movimentos sociais, coletivos e organizações sociais civis : como impactam e por que importam? / Maria da Glória Gohn. – Petrópolis, RJ : Vozes, 2022.

ISBN 978-65-5713-574-7

1. Ativismo 2. Classes sociais 3. Conflito social – Brasil 4. covid-19 – Pandemia 5. Movimentos sociais – Brasil 6. Movimentos de protesto I. Título.

22-102994   CDD-303.48481

Índices para catálogo sistemático:
1. Movimentos sociais : Sociologia   303.48481

Maria Alice Ferreira – Bibliotecária – CRB-8/7964

Maria da Glória Gohn

Ativismos no Brasil

Movimentos sociais, coletivos
e organizações sociais civis
Como impactam e por que importam?

EDITORA
VOZES

Petrópolis

© 2022, Editora Vozes Ltda.
Rua Frei Luís, 100
25689-900 Petrópolis, RJ
www.vozes.com.br
Brasil

Todos os direitos reservados. Nenhuma parte desta obra poderá ser reproduzida ou transmitida por qualquer forma e/ou quaisquer meios (eletrônico ou mecânico, incluindo fotocópia e gravação) ou arquivada em qualquer sistema ou banco de dados sem permissão escrita da editora.

CONSELHO EDITORIAL

Diretor
Gilberto Gonçalves Garcia

Editores
Aline dos Santos Carneiro
Edrian Josué Pasini
Marilac Loraine Oleniki
Welder Lancieri Marchini

Conselheiros
Francisco Morás
Ludovico Garmus
Teobaldo Heidemann
Volney J. Berkenbrock

Secretário executivo
Leonardo A.R.T. dos Santos

Editoração: Maria da Conceição B. de Sousa
Diagramação: Raquel Nascimento
Revisão gráfica: Alessandra Karl
Capa: Ygor Moretti

ISBN 978-65-5713-574-7

Este livro foi composto e impresso pela Editora Vozes Ltda.

Sumário

Apresentação, 7

Primeira parte, 17

1 O cenário do associativismo brasileiro na década de 2010 e a bomba da covid-19 em 2020, 19

2 O ativismo nas ações coletivas no Brasil em 2020-2021 – Solidariedade, protestos, conflitos e contramovimentos, 49

Segunda parte, 129

3 Teorias e categorias de apoio às análises sobre as ações coletivas destacando-se os movimentos sociais, 131

4 Ativismo nos coletivos – Novas formas de expressão e de reestruturação na lógica das ações coletivas, reconfiguração do ativismo urbano ou nova geração de movimentos sociais?, 168

Considerações finais, 221

Referências, 235

Apresentação

Este livro tem um diferencial em relação a outros que já escrevi: o tempo histórico em que ele foi escrito e a maioria dos acontecimentos que são narrados e analisados. Um tempo que afetou e impactou de forma diferente todos os seres humanos: a pandemia da covid-19. Tempo de incertezas, medo do presente, mas também de busca de caminhos para mudanças sociopolíticas e culturais que possam manter viva a esperança de um futuro diferente. Um futuro que nos livre da barbárie do presente, que contemple novos horizontes, que reflita as mudanças operadas na sociedade, e não simples tentativa de regresso ao passado. Caminhos que iluminem alternativas para um futuro que restitua direitos e dignidades que estão sendo usurpados. Ou seja, um futuro com justiça social, sem desigualdades socioeconômicas, que nos dê esperança e "calma na alma", como diria um poeta.

A motivação inicial que impulsionou sua escrita adveio de um projeto de pesquisa elaborado em 2019, construído a partir da necessidade de se conhecer melhor o processo de renovação política que estava se operando na sociedade brasileira, especialmente entre os jovens e a reconfiguração nas formas de ativismo no urbano. Em 2020, com a pandemia da covid-19 e seus efeitos na sociedade como um todo, os objetivos iniciais previstos no projeto de pesquisa foram ampliados, focalizando nossa atenção para a especificidade do cenário em tela. As perguntas da pesquisa foram ampliadas, incluindo novas questões que demarcam novos campos do conflito, assim como novas formas de associativismo e ativismos, especialmente o crescimento dos coletivos; o comunitarismo local, criado ou reativado; a importância que passaram a ter redes de ativismos e movimentos sociais globais nos contextos nacionais; e o crescimento e impacto do ativismo de contramovimentos conservadores.

Deve-se acrescentar nesta reconfiguração de atores em cena, a forte pressão imposta às ações coletivas na sociedade decorrentes de dois vetores da conjuntura brasileira de 2020. De um lado, mudanças na composição dos atores e das forças políticas em cena, com a ascensão e fortalecimento de grupos de direita, conservadores atuando nas redes e mídias sociais e nas ruas, especialmente após as eleições de 2018. De outro, diante do imponderável, a pandemia em si, seu desenrolar e a forma como governos e sociedade foram reagindo ou trataram o problema, respondendo ou negando-o; as dificuldades e os desafios do ativismo progressista, dos movimentos sociais novos, clássicos e os novíssimos coletivos, num cenário adverso de isolamento social como imperativo sanitário necessário. Alguns sindicatos ganharam visibilidade em ações tópicas localizadas, como sindicatos de profissionais da área da saúde e dos entregadores de mercadorias e alimentação; alguns movimentos já tradicionais como a luta pela terra e moradia tiveram de atuar em ações urgentes como distribuição de alimentos, ações de despejo etc. Movimentos e ações de coletivos identitários sobre questões de gênero e raça cresceram, e a crise climática e ambiental reativou laços internacionais dos movimentos ambientalistas e dos povos indígenas.

A crise de saúde e sanitária a partir de 2020, no contexto da crise política do país, e a emergência e/ou crescimento de grupos com atos antidemocráticos nas ruas e redes sociais, criaram momentos de tensão política, surpresas, estupefação e indagações: O que se passa? Do conjunto de questões em pauta elegemos como norteadoras para a elaboração deste livro: Quem são os ativistas que estão atuando na cena pública? Como impactam? Por que importam? Como analisar as ações coletivas no Brasil a partir de 2020 com a pandemia da covid-19? Para responder foram investigados atos de resistência, solidariedade e de confronto promovidos por diferentes grupos sociais, autonomistas, progressistas, socialistas e até os conservadores, com as indagações: Quais seus repertórios, como se organizam e se expressam em tempo de isolamento social? Quais os efeitos da pandemia da covid-19 sobre o associativismo civil. Como reagiram os movimentos clássicos de luta pela terra, emprego e moradia durante a pandemia? Como agiram/reagiram às reformas na crise? Os movimentos identitários, especialmente das mulheres, como se manifestaram diante de políticas públicas tão conservadoras? Quais foram os novos grupos que surgiram na cena pública na luta por direitos e defesa da democracia? Quem são os jovens que promoveram contramovimentos com atos antidemocráticos e saíram às ruas desafiando as regras e normas de distanciamento social? As IPs (Instituições Participativas) desapareceram? Se as ruas perderam o protagonismo inicialmente na quarentena, quais foram os novos espaços para os atos de protesto e resistência? Qual o papel dos novos movimentos globais, da esquerda e da direita, que atuam em redes nesta nova década? Sabe-se que parte dos atos advém de coletivos atuando via redes sociais, e por isso a indagação: Que novidades eles trouxeram? Podem ser chamados de movimentos sociais, ou são uma nova forma de ação coletiva? Estas indagações foram prioritárias para aprofundar e expandir as investigações sobre a temática deste livro. A categoria *ativismo* ganhou centralidade ao longo das narrativas dos fatos, dada a pluralidade e a diversidade de ações coletivas em cena. Então resolvemos elegê-la para o título do livro, que será tratada do ponto de vista conceitual no cap. 2.

Sugere-se, inicialmente, que a reconfiguração do ativismo e dos atores em cena operada na sociedade brasileira é uma resposta à crise de representatividade do sistema político existente e à busca de novos formatos, com um amplo leque de ideologias e propostas. Mas as análises nos demonstraram que a reconfiguração também advém de uma nova geração de ativistas nas ações coletivas públicas, que não pensam e nem agem mais como os antigos militantes de movimentos e partidos políticos tradicionais da esquerda. Trata-se de uma mudança geracional, cultural e sociopolítica. Grande parte desses ativistas atua em territórios urbanos e em formas de ações coletivas autodenominadas coletivos. É possível observar que desde o início da década de 2010 o leque de formas associativas civis, tanto no campo progressista como no conservador, amplia-se no Brasil com a proliferação dessas novas formas de ações coletivas, num campo até então ocupado principalmente pelos movimentos sociais. Embora não sejam novidade histórica, os coletivos representam na atual conjuntura brasileira uma reconfiguração do ativismo urbano, no cenário do associativismo civil, com formas novas de engajamento nas ações coletivas. Eles expressam um novo ciclo geracional de protestos, insurgências ou atos colaborativos/solidários, assim como uma nova cultura política no campo da participação social, com valores e modos de vida, de agir e pensar, diferentes da geração que levou ao ciclo de movimentos sociais nas décadas de 1970-2000. Utilizamos a categoria *ciclo*, próxima da conceituação dada por Tilly e Tarrow para ciclo de protesto, quando há uma intensificação das disputas e dos conflitos nos sistemas sociais e o protesto público ganha força, difundindo em vários setores da sociedade, dos mais mobilizados para os menos mobilizados, um passo estimulante de inovações nas formas de disputas.

O livro, organizado em duas partes, tem quatro capítulos. A primeira parte contém dois capítulos e apresenta basicamente a dinâmica sociopolítica de fatos e dados históricos ocorridos no Brasil, nos últimos anos, sobre redes de ativismos, manifestações da sociedade civil organizada e não organizada, contextualizando-as. Focalizam-se as relações e interações da sociedade civil, tanto no seu interior como em relação à sociedade política, especialmente com o Estado e suas políticas públicas. O cap. 1 é iniciado com um resumo histórico do associativismo civil na década de 2010, objetivando apresentar o cenário do período principal a ser focalizado: a pandemia da covid-19, de 2020 a 2021 no Brasil. O cap. 2 é o mais longo e tem centralidade no livro devido a seu foco. Ele destaca o ativismo nas ações coletivas da sociedade civil, com suas dinâmicas de continuidades e rupturas, aproximando e tensionando protesto e participação. Foi escrito sob a forma de uma narrativa dos fatos, como um diário em que é seguida a linha do tempo. O ano de 2020 está mais detalhado porque nossos registros foram mais frequentes, até como forma de resistência e sobrevivência ao isolamento abrupto que fomos obrigados a cumprir. Na ocasião, ao olhar para fora em busca das notícias e expressões de vozes em diferentes veículos das mídias, o olhar se ampliava tentando contextualizar aqueles fatos em referências do passado para entender aquele presente inusitado; não para encontrar simples relações causais, mas para localizar a construção daqueles fatos enquanto processos dinâmicos, que já estavam postos; porém não tinham visibilidade. No transcorrer de 2021 a escrita dos acontecimentos foi se alterando; às vezes contínua, outras em blocos. A proposta foi dar ao leitor uma visão da sequência de fatos e acontecimentos do processo histórico, sociopolítico e cultural sobre as formas de ativismo nas ações coletivas no biênio, sempre localizando e contextualizando-as segundo uma linha do tempo, de forma a dar elementos interpretativos além dos eventos e acontecimentos em si. Gabriel Cohn, em recente entrevista à *Revista Fapesp*, assinalou que "os grandes processos históricos evidentemente são de grande importância, mas para percebermos seus sentidos, como isso plasma todo um modo de vida e um modo de enfrentar o mundo público, a política, é preciso passar por filtros cada vez mais finos. Sobre isso encontramos referências – eu diria iluminações – no pequeno, no diminuto" (COHN, G. In: *Revista Fapesp*, p. 26, 2021). É essa trajetória que tencionamos perseguir, contextualizar nos grandes cenários, nos acontecimentos e nos fatos mais amplos da sociedade e da política, fatos singulares relativos ao ativismo que nos explicam os modos e formas de associativismo de um dado período.

Autores que pesquisaram e publicaram sobre o tema são sempre citados e há muitas referências bibliográficas, para que se localizem os processos em tela, os sentidos e os dilemas que aquelas ações envolvem. A fonte de dados advém de registros noticiados pela mídia, em diferentes formas e canais, com destaque para a mídia impressa e on-line dos jornais *Folha de S.Paulo* e *O Estado de S. Paulo*, bem como informes obtidos das dezenas de debates ocorridos via *live*, no YouTube ou outras plataformas. A narrativa se interrompeu e terminou em dezembro de 2021 por um sentimento que se tornou imperativo: aqueles fatos e as reflexões feitas precisavam ser compartilhados. Sabemos que a história, cheia de tragédias, segue, continua, mas cultivamos a esperança de que não venha a ser de longa duração, pois estamos todos exaustos da pandemia e da crise política do país. Mas há fatos, causas e articulações novas, processos de solidariedade relevantes no período 2020-2021 que precisam ser explicitados, vocalizados, disseminados. Outros necessitam de reflexão sobre as escolhas feitas. Por isso, a decisão de abordar só os dois primeiros anos da pandemia e publicar neste momento. As narrativas são feitas a partir de escolhas, e mesmo tendo um foco e uma diretriz – o ativismo nas ações coletivas –, provavelmente muitos fatos ocorridos entre 2020 e 2021 escaparam de nossa seleção[1]. O material selecionado visa responder à questão: Por que importam e como impactam os ativismos na sociedade brasileira atual?

---

1 O levantamento de dados deste livro foi realizado por mim durante o biênio 2020-2021, sozinha e solitária, sem o apoio de grupos de pesquisa, estudantes de iniciação científica etc., e com o apoio institucional do CNPq, via bolsa de pesquisa. Mas todo o esforço individual não é apenas um ato isolado; o coletivo sempre está presente. No período deste livro, o coletivo esteve presente ao assistir e ouvir muitos(as) pesquisadores(as) em eventos acadêmicos (em alguns apresentei *papers*) ou eventos e *lives* abertos para toda a sociedade, nacionais e internacionais. O conhecimento não é fruto individual; ocorre como resultado de um processo de interação com o coletivo, presencial ou não.

A segunda parte do livro, também com dois capítulos, trabalha com questões de ordem teórico-conceitual, recorrendo frequentemente à história brasileira recente. No cap. 3, partindo de estudos anteriores, são discutidas interpretações teóricas possíveis para entender os fatos narrados anteriormente. Ele foi colocado propositalmente após as narrativas dos cap. 1 e 2, na sequência, visando contribuir com o debate sobre como estão sendo, ou poderão vir a ser analisadas, as ações coletivas no ativismo da sociedade atual, que impactos causaram e por que elas importam. Que teorias, categorias, conceitos e métodos de abordagem têm sido utilizados nos estudos a respeito das ações coletivas? As abordagens continuam adequadas no cenário da crise mundial de 2008 seguida a da década de 2020, especialmente após a pandemia da covid-19? Ou há novos personagens em cena, deslocamentos e a necessidade de novos aportes e conceitos? Qual o lugar dos movimentos sociais nessas análises e o que é um movimento social hoje? Como ele se insere no quadro dos ativismos social, cultural, político e religioso? Quais são as fronteiras que os distinguem de outras ações coletivas? Para tal, foi feito um resgate da memória dos acontecimentos, fatos e abordagens, de forma que tivéssemos uma retrospectiva sobre como as abordagens eram utilizadas e quais fatos ou novidades exigem novos olhares, enfoques e talvez novas abordagens. Buscou-se captar as mudanças nas ações coletivas, nos formatos e fundamentos dos modos de se engajar e agir, especialmente nos movimentos sociais, contextualizando-os nas transformações mais amplas da sociedade. Portanto, as teorizações sobre os movimentos sociais não são apresentadas como simples objetos de estudo de determinado autor ou corrente, mas foram tratadas como respostas interpretativas, historicamente contextualizadas, segundo temas, demandas e problemas postos pela sociedade em contextos específicos. Esta memória é relevante não como saudosismo ou tentativa de volta ao passado, mas justamente para demarcar as diferenças no cenário sociopolítico, especialmente as mudanças ocorridas na própria sociedade civil; as mudanças culturais e sua incidência na alteração das formas de ação coletiva e diversificação dos sujeitos políticos em cena, e não apenas no Estado, governos etc., como muitos gostam de enfatizar. Considerou-se o processo de democratização e os retrocessos ocorridos, o uso da religiosidade popular, as lógicas de confronto, as dinâmicas de individualização das ações coletivas; em especial as que são apropriadas por diversos agentes do campo social, cultural e do mercado como fruto de esforços de empreendedores bem-sucedidos, bem como o papel da solidariedade na era da digitalização. Este processo busca o entendimento do que é um movimento social hoje, o que é o ativismo social/político e de suas fronteiras. Portanto, o tensionamento, a porosidade e a elasticidade dos movimentos sociais estão vinculados ao universo das ações coletivas e das práticas civis contemporâneas. Racismo, gênero, grupos LGBTQIA+, ambientalistas, lutas por bens e serviços, segurança, direitos sociais básicos etc. são sujeitos tratados neste amplo leque de interpretações teóricas. Com isso, o cap. 3 extrapola a cena do biênio da pandemia 2020-2021 e traça um diálogo com interpretações teóricas passadas e atuais.

O cap. 4 focaliza um dos termos de destaque no título deste livro, e talvez sua principal novidade: os coletivos e suas formas de ativismo no urbano. Após breve histórico sobre suas raízes e antecedentes, o capítulo busca as possíveis ancoragens teóricas do termo/categoria, que ainda não é um conceito; assim como as diferenciações e aproximações em relação a outras formas de ações coletivas, especialmente os movimentos sociais. A seguir aborda: tipos predominantes, características, articulações, formatos organizativos, territórios básicos onde se desenvolvem, o papel dos grupos identitários e das ideologias na constituição, permanência e/ou dissolução dos coletivos, e os nexos entre a ação local e ações de grupos no plano global. Para exemplificar, o capítulo seleciona dois campos de atuação dos coletivos: os coletivos que fizeram do ativismo urbano, via intervenções na cidade, seu campo de atuação, produzindo cartografias do espaço urbano; e os coletivos identitários muito presentes nas universidades nos últimos anos, assim como, alguns, atuam como suporte para lideranças adentrarem a política institucional elegendo parlamentares, individualmente ou em mandatos coletivos. Quatro questões são norteadoras da pesquisa de campo que deu origem a esse capítulo: Que tipo de ativismo está sendo gerado pelos coletivos? Quais as novidades que suas pautas e práticas enunciam? Qual o impacto dos coletivos sobre outras formas de associativismo civil no urbano? Por que eles têm atraído a atenção dos jovens na atualidade?

O livro é finalizado com algumas considerações que resumem o contexto dos acontecimentos apresentados e analisados, destacando o tema da democracia como a grande linha transversal que atravessa os acontecimentos e a urgência do momento: debater, lutar e preservar a democracia. Mas também indagar que tipo de democracia estamos falando, analisando, construindo.

Primeira parte

1
O cenário do associativismo brasileiro na década de 2010 e a bomba da covid-19 em 2020

Apresentação

Este capítulo objetiva contextualizar o cenário brasileiro a partir da década de 2010, fatos históricos que fornecem elementos para a compreensão, durante o período de 2020-2021, às formas de ativismo e associativismo ocorridas em protestos e manifestações nas ruas e on-line. Focalizam-se formas de engajamento e a participação de jovens, mulheres, negros, indígenas, grupos homoafetivos, sem terra, sem teto, estudantes e outras categorias sociais. Até 2019, grande parte das manifestações públicas progressistas foi marcada por lutas contra discriminações, desigualdades, reformas trabalhistas e previdenciárias; defesa de direitos etc., misturadas a demandas contra a corrupção na política e a demandas conservadoras e/ou antidemocráticas. Em 2020, com a covid-19, o cenário se alterou mundialmente.

Apresentam-se os cenários econômico, social, sanitário e político e seus impactos nas manifestações e outras formas de ação coletiva, tanto do ponto de vista da forma/conteúdo das manifestações e atores presentes como das respostas que essas formas de ativismo geraram na sociedade e nos poderes constituídos. Mantivemos como um dos pontos de interrogação para contextualizar o início das narrativas sobre 2020 uma questão formulada em 2019:

> Uma das perguntas iniciais que devemos fazer é: Por que a democracia no Brasil tomou outros rumos ao final da dé-

cada de 2010 e qual o papel dos jovens e da educação nesse contexto de alterações? Como o país se deslocou de uma agenda política progressista, democrática, de políticas sociais de inclusão social, de conquistas e avanços no plano da cidadania e dos direitos para pautas conservadoras que ameaçam e retiram direitos conquistados e incluem o país na onda de conservadorismo que assola atualmente o mundo? Por que e como a maioria da sociedade brasileira mudou de opinião nos últimos anos e apoiou nas urnas a mudança na direção conservadora? Como explicar a concepção de democracia em uma sociedade na qual 69% de seus eleitores afirmam que o regime democrático é a melhor forma de governo para o país (Pesquisa Datafolha, 05/10/2018) e depois elege um governo conservador? (GOHN 2019, p. 8).

Inicialmente é necessário fazer uma breve retrospectiva dos fatos que estarão em pauta para situar o debate sobre 2020-2021. A década de 2010 foi iniciada sob a sombra da crise financeira de 2008, sendo marcada pelo encolhimento da economia em várias partes do globo, desemprego, aumento das desigualdades sociais, reformas do Estado, perda de direitos dos trabalhadores, ressurgimento de grupos conservadores e do nacionalismo, como também de protestos sociais. A manifestação do povo nas ruas se tornou usual, e não apenas prática de sindicatos, estudantes, sem terra ou sem teto. Nos atos de protestos, novos atores se recolocaram na cena pública: as mulheres, os jovens, a população afrodescendente, os imigrantes. A participação das mulheres foi além das lutas pela identidade porque criou formas de participação, entrou na cena pública e na política, constituindo-se em novos sujeitos políticos. A questão racial teve avanços na luta histórica contra discriminações. Os jovens renovaram a cena pública e se tornaram protagonistas de novas formas de participação via redes, mídias sociais e coletivos. As redes sociais passam a ser a principal via de engajamento e socialização entre os jovens. Grupos conservadores também se organizaram e promoveram atos de confronto. A democracia foi tencionada.

No Brasil e em vários países da América Latina, a década de 2010 trouxe mudanças no regime político com a retomada ao poder central de grupos conservadores ou liberais que promoveram atos de confronto. A democracia foi tencionada. Kirk (2021) assinala que a mentalidade conservadora na tradição de Edmund Burke implica defender as regras do jogo e vê a necessidade de *coisas permanentes*, porque haveria uma ordem eterna que se reflete em uma ordem espiritual, baseada na prudência, que tenta e deve resistir aos chamados revolucionários radicais ou intelectuais de gabinetes. A partir desse cenário, a partir de 2016 resultou no Brasil um processo progressivo de desmonte dos direitos sociais, direitos estes conquistados por setores que passaram a ser vistos pelos conservadores de plantão no poder como mudanças nas coisas que deveriam permanecer como estavam, porque são permanentes. Chauí expressou a respeito da situação dos direitos nesta nova conjuntura:

> os direitos sociais, como pressupostos e garantia dos direitos civis e dos direitos políticos, tendem a desaparecer. Porque aquilo que era um direito se converteu num serviço privado, regulado pelo mercado. Portanto, torna-se uma mercadoria à qual tem acesso apenas aqueles que dispõe de meios aquisitivos para adquiri-la. Numa palavra, o neoliberalismo é o encolhimento do espaço público dos direitos e o alargamento do espaço privado dos interesses de mercado (CHAUÍ, 2019, 2).

Este contexto tem impacto direto nas diferentes formas de associativismo civil. Sabe-se que a história desse associativismo teve um marco relevante na década de 1980, no chamado *movimentalismo civil*, via pressão de movimentos sociais, inicialmente populares, urbanos e de regiões periféricas (cf. KOWARICK, 1975; 1980; 1987; 1988; GOHN; 1982) ou de populações vivendo em favelas na segunda metade da década de 1970 e parte da década de 1980 (VALLADARES, 2005). A partir de 1980-1990, o protagonismo de movimentos identitários – gênero, raça, etnia, sexo e movimentos ambientalistas – cresceu e apareceu, e a sociedade brasileira teve várias conquistas legais. Num primeiro momento em textos jurídicos, na Constituição de 1988, em leis etc., e num segundo, com a criação de políticas públicas ao longo dos anos de 1990-2000 e parte 2010 voltadas especialmente para grupos identitários. Só para relembrar parte dessas conquistas, cito leis relativas aos afro-brasileiros, comunidades quilombolas, leis de criminalização do racismo, sobre cotas afrodescendentes e cotas para mulheres nas eleições, Lei Maria da Penha, PEC das Domésticas, criminalização do feminicídio; Estatuto da Criança, do Idoso, do Índio, terras indígenas; reconhecimento de direitos dos homoafetivos como o casamento, herança etc.; e leis para as camadas populares no setor da habitação (como o Estatuto da Cidade), no setor rural (políticas de assentamento rural, regularização de áreas ocupadas, escolas para assentamentos etc.). A importância das conquistas inscritas em leis é dada pelo fato de incidirem em estruturas de organização da sociedade brasileira, sendo base para mudanças estruturais mais profundas.

A eleição de representantes de grupos e movimentos sociais progressistas, especialmente a partir da década de 1990, para diferentes esferas de poder, contribuiu para a construção dos novos espaços institucionais dentro dos aparatos governamentais como secretarias, ministérios, conselhos, fóruns etc. Secretarias de governo foram criadas como a Secretaria de Promoção da Igualdade Racial e a Secretaria Especial de Políticas para as Mulheres, a partir das quais foram construídas algumas das leis e decretos acima citados. As políticas sociais perderam um tanto quanto a engenharia sistêmica que tinham anteriormente (áreas da Saúde, Educação, Cultura, Assistência etc.), com a fragmentação em setores específicos, mas tiveram focos importantes. Em algumas houve ganhos expressivos como na área da saúde, com a criação do SUS (Sistema Único de Saúde) e, posteriormente, do Suas (Sistema Único de Assistência Social). Mas vários órgãos e políticas criados foram atos de políticas de governo, não de Estado; portanto, facilmente desmobilizados em trocas de corrente política no poder, conforme veio a ocorrer. Acrescente-se que várias áreas permaneceram, no período de redemocratização e governos progressistas, sem o tratamento que mereciam, acentuando a crise na década de 2010 em áreas como do saneamento básico (com lei só aprovada em 2020) e do meio ambiente, com queimadas e desmatamentos ao sabor dos interesses de grupos econômicos, ou a política das barragens, no caso das mineradoras.

Boaventura de Souza Santos faz uma boa síntese sobre esse período:

> a crise financeira mundial revelou a agressividade do capitalismo, tanto no centro como na periferia do sistema mundial, pondo a nu a ficção em que assenta a suposta universalidade dos conceitos associados à democracia liberal: cidadania, sociedade civil, direitos, contrato social (SANTOS, 2018, p. 21).

No entanto, a mesma crise revelou a capacidade de as pessoas se mobilizarem – dentro e fora dos movimentos sociais e das formas tradicionais de organização – para reivindicarem melhores condições de vida e mais democracia. Nesse sentido, Boaventura de Souza Santos defende que a novidade é justamente o fato de as classes populares terem se apropriado do ideal democrático, entrando no jogo, apesar das frustrações, dando ao conceito novos e mais ricos sentidos e conquistando por meio da luta democrática alguns direitos importantes.

Neste cenário, ao longo da década de 2000 e parte da década de 2010, vários setores da sociedade, tanto entre alguns grupos populares como em um conjunto expressivo de grupos de comunidades identitárias específicas, conquistaram direitos legais e ganharam maior consciência deles, pela Constituição de 1988, adotando uma estratégia de mobilização e busca de acesso ao sistema judicial para exigir o cumprimento desses direitos. Com isso se tornou usual o processo de judicialização das ações coletivas, abrindo caminhos tanto para oportunidades, barreiras e movimentos sociais. As oportunidades levaram às conquistas e sustentaram identidades coletivas em torno de direitos específicos, fortalecendo a democracia e o Estado de Direito (VANHALA, 2013). As barreiras ocorreram porque o processo jurídico pôde levar à despolitização dos direitos (DOMINGO, 2009), transformando o debate em algo meramente técnico e jurídico, sendo usual individualizar os direitos coletivos pela multiplicação de litígios individuais, reforçando o modo de governança neoliberal, no qual os direitos são dos indivíduos, e não bens coletivos.

Entretanto, o ponto crucial que destaco neste processo é o distanciamento entre o mundo do papel, legal, o das políticas públicas correspondentes – que levaram às conquistas acima assinaladas – e o da sociedade brasileira em geral, especialmente entre as camadas populares no que se refere à mudança cultural de mentalidades. Sobre os anos de 1970 e parte de 1980 pode-se dizer que, num primeiro momento, houve uma fase de certa predominância dos movimentos sociais populares, com apoio de sindicatos, parcelas da Igreja Católica e de intelectuais, especialmente os que vieram do exílio (cf. SADER, 1988). Eles ajudaram a construir uma noção de cidadania, de luta por direitos sociais básicos para a vida do dia a dia. Num segundo momento, pós-Constituição de 88, especialmente no início dos anos de 1990, houve um refluxo do protagonismo dos movimentos populares propriamente dito. Dizia-se, na época, que estavam em crise; restringiram-se ao campo da moradia, saúde e luta pela terra. Entretanto, a partir desse mesmo período, houve crescimento dos movimentos identitários e ambientalistas, com a alteração da noção de cidadania. De um lado ela foi ampliada e buscou implementar os direitos conquistados via pressão popular. De outro, ela se transformou em um processo institucional, capitaneado por grupos e indivíduos das camadas médias (alguns ascenderam ao poder). O apoio de setores da Igreja cristã se dividiu como em um cisma: os evangélicos cresceram e ganharam o protagonismo principal, enquanto a ala católica retrocedeu, deslocando a atuação junto aos movimentos, comunidades de base etc. para o apoio a projetos sociais de inclusão social e participação em políticas contra a fome, que desembocaram no Bolsa Família. Houve um deslocamento social, pois, enquanto os grupos de camadas médias avançavam em ativismo institucional, a militância na sociedade, especialmente entre os mais pobres, permaneceu circunscrita a certos grupos temáticos – sem teto, por exemplo –, e a grande maioria ficou como um processo marginal, ativada em épocas eleitorais ou para eleição de representantes nas dezenas de conselhos de representação criados. Enquanto isso, as comunidades evangélicas desenvolviam práticas que nos explicam, em parte, a adesão ao conservadorismo refletido nas eleições de 2018. Elas desenvolveram uma pauta baseada numa moralidade religiosa, uma pauta de esperança e acolhida muito diferente da pauta dos grupos identitários. Ou seja, a consciência social do avanço dos direitos não penetrou na sociedade como um todo; a participação social avançou no plano institucional, houve conquistas importantes, mas circunscritas a grupos identitários. Uma parcela grande da sociedade nunca abandonou suas crenças conservadoras. Isso explica, na década de 2010, as polêmicas em torno da "cartilha *gay*", tida como ameaça às crianças nas escolas; a rejeição ao casamento *gay*; o não reconhecimento das terras indígenas; a brutalidade da discriminação racial, sempre disfarçada, e outras discriminações; o porquê do apoio de muitos grupos sociais, especialmente às camadas médias em sua fração protofascista e na fração liberal, para usar as categorias de Souza (2017). A não mudança cultural, de valores, de defesa de direitos iguais e condições de igualdade para ter acesso e exercer estes direitos, para todos e não apenas para determinadas camadas, possibilitou a reemergência do conservadorismo, que nunca desapareceu, mas apenas esteve ocultado.

No novo contexto ocorreu uma reconfiguração do associativismo civil, com a alteração das formas de organização, que passaram a ser menos de militância focada em um determinado grupo para uma pluralidade de atuação em ativismos, que muitas vezes não querem ser confundidos com militantes, com partidos ou mesmo movimentos sociais. Portanto, houve um descentramento da forma de movimento para outras formas, como os coletivos, ou organizações civis, assim como uma pluralidade de tendências político-ideológicas, que trataremos adiante. As identidades que referenciaram grande parte dos movimentos sociais, a partir da década de 1960, também se alteraram para múltiplas referências: ser mulher, ser negra, ser homoafetiva, ser ativista dos grupos pobres e vulneráveis, atuar na esfera pública governamental, a exemplo de Marielle Franco; juntando-se tudo isso, foram criadas agendas transversais, com a alteração da dinâmica das forças políticas. A cultura política resultante dessa nova dinâmica só pode ser tratada em termos plurais, pois várias afloraram.

E não se pode concluir a apresentação deste capítulo sem pontuar as mudanças operadas na sociedade e na política brasileira pós-junho de 2013 e a sequência de acontecimentos que levaram a 2018. Lembrando que as manifestações de 2013 se inseriram numa onda global de contestação, do autoritarismo no Oriente Médio, passando pelos protestos contra as políticas neoliberais na Grécia, Espanha, Portugal etc.; ao Occupy Wall Street norte-americano e seu apoio e multiplicação em diferentes partes do mundo. Muitos analistas viram o renascer do associativismo e a resistência na sociedade civil, com novos repertórios, grande participação dos jovens, uso intenso das novas tecnologias etc. (cf. CASTELLS, 2013). Segundo Badiou "foi aberta, a 'possibilidade da possibilidade' de uma subsequente ruptura criadora de um desdobramento histórico imprevisto" (BADIOU, 2012, p. 28). No Brasil, Marcos Nobre (2013) analisou junho de 2013 como um grito de rejeição da sociedade a um sistema político que não mais representava suas diferenças, liberando energias represadas, um processo de irrupção democrática. Com acerto assinalou que os efeitos históricos daquele momento seriam sentidos por muito tempo. O que não vislumbrou com clareza foram os desdobramentos daquelas energias para um campo não democrático, de negação da democracia, a partir de 2014.

No Brasil, os protestos de 2013 não podem ser classificados simplesmente como de pautas identitárias ou de defesa dos direitos de grupos determinados da sociedade. Num primeiro momento, junto com o protesto contra o aumento das tarifas de transporte, havia demandas de perspectiva à luta por melhores serviços públicos. Segundo Luiz Werneck Vianna, em junho de 2013 um novo "espírito do tempo se irrompe sem dono e sem previa concertação", permeando o tecido social e as instituições do Estado e levando à aproximação das pessoas comuns com a política e ao rechaço público da promiscuidade entre partidos políticos, o Estado e o poder econômico. As manifestações sinalizaram "em alto e bom som que a sociedade não admitia ser uma base passiva para o Estado e seus governantes" (VIANNA, 2016).

Entretanto, o giro de 360 graus nas demandas incorporou não apenas demandas progressistas contra desigualdades e pela inclusão social. Demandas de conservadores logo se apropriaram da pauta, aproveitando-se da janela de oportunidades que a política brasileira oferecia, com denúncias de corrupção na Petrobrás e outras estatais. A pauta que passou a predominar e ganhou amplo apoio na sociedade, após as eleições de 2014, foi a de lutar contra as elites políticas corruptas. A Operação Lava Jato se tornou símbolo emblemático dessa luta. Há um razoável acervo de estudos sobre junho de 2013 – entre eles: ALONSO, 2017; DOMINGUES; BRINGEL, 2013; ORTELLADO, 2013; GOHN, 2015,

2017a; 2019; SINGER, 2013; NOBRE, 2013 –, assim como vários documentários e material audiovisual.

O destaque comum entre analistas do associativismo neste período, de diferentes correntes teóricas ou ideológicas, é o papel dos jovens e o uso das novas tecnologias. Rudá Ricci disse a respeito:

> as redes sociais definem um outro tipo de vínculo associativo. Não se trata de uma novidade qualquer. Os vínculos são individuais e não armados a partir de uma identidade coletiva. O que ocorre é uma adesão momentânea. O que faz das mobilizações algo muito mais efêmero do que um movimento social. Uma pessoa adere a uma mobilização por perceber que não está sendo usada ou tragada por uma articulação maior, uma organização [...]. As redes sociais são teias de relacionamentos que nem sempre possuem conexão entre si, justamente porque se constroem por vínculos e adesões individuais. Um participante pode se vincular a três redes, por exemplo, *sites* ou *blogs*, que não se somam nunca [...]. Mais importante: a maioria dos que aderem a uma rede social não tolera hierarquia. Esta é a alma da Geração Y (nascidos na década de 1980 a meados da década de 1990), que já começa a envelhecer e perder lugar para a Geração Z (nascidos no final da década de 1990) (RICCI, 2012).

No Brasil, a partir de 2015, com a crise política gerada pelo *impeachment* e o foco da mídia e do poder judiciário no combate à corrupção, vários partidos foram atingidos, especialmente o PT (Partido dos Trabalhadores), que perdeu nas eleições locais importantes como a Prefeitura de São Paulo em 2016 etc. A ascensão de grupos de direita ao poder central, com a eleição de Jair Bolsonaro em 2018, levou, num primeiro momento, os movimentos sociais clássicos mais próximos das siglas partidárias da esquerda a perderem espaços e protagonismo, mas a nova conjuntura política e econômica rapidamente reabriu espaço para a luta em defesa de reformas na educação, contra a reforma previdenciária, o movimento criado ao redor do assassinato de Marielle Franco, exigindo esclarecimentos sobre os culpados e clamando pela punição deles. Estas pautas absorveram as energias dos movimentos sociais progressistas, clássicos ou novos/identitários, entre 2018-2019.

Em síntese, após 2015, a pauta dos movimentos ficou mais no plano da resistência às reformas econômicas e previdenciárias, mas cresceu o número de organizações e movimentos políticos que, por meio da mídia, *fake news* etc. acirram a *política do ódio* imperante desde a fase das manifestações pelo *impeachment* em 2015-2016. No plano mais geral, na segunda metade da década de 2010 a pauta das discussões girava em torno da crise da democracia[2].

Diamond afirma a respeito:

> O espaço para partidos de oposição, assim como para a participação da sociedade civil e da mídia independente, também tem diminuído em muitos países. Segregações pautadas em identidades étnicas ou religiosas polarizam inúmeras sociedades carentes de instituições democráticas. As estruturas estatais são frequentemente incapazes de assegu-

---

2 Sabe-se que o tema da democracia é debatido desde a antiga Grécia, sendo que há várias correntes de pensamento e entendimento a respeito. Nas últimas décadas do século XX, autores consagrados de diferentes matizes e perspectivas teóricas publicaram a respeito no exterior e no Brasil. A partir da década de 2010, os ataques à democracia levaram não só à reedição de alguns clássicos com a publicação de uma série de novos livros, tornando-se o debate intelectual mais instigante destes tempos. Destacam-se alguns traduzidos recentemente no Brasil, tais como: *Para entender a democracia*, de Larry Diamond; *O povo contra a democracia – Por que nossa liberdade corre perigo e como salvá-la*, de Yascha Mounk; *Como morrem as democracias*, de Steven Levitsky e Daniel Ziblatt; *Ruptura, a crise da democracia liberal*, de Manuel Castells; *Crises of Democracy* de Adam Przeworski; *Democracia em risco*, org. por Sérgio Abranches, Conrado Huber Mendes, Monica de Boile e outros; *Demodiversidade: imaginar novas possibilidades democráticas*, org. por Boaventura de Souza Santos e José Manuel Mendes; *O progressista de ontem e o do amanhã*, de Mark Lilla; *Estado de Direito e democracia*, do jurista Ernst-Wolfgang Böckenförde; *O antigolpe*, escrito pelo indicado ao Nobel da Paz Gene Sharp e por Bruce Jenkins; *Democracia*, de Charles Tilly; *O ódio à democracia*, de Jacques Rancière; *Choque de democracia: razões da revolta*, de Marcos Nobre; *O que é democracia*, de Francisco Weffort; além dos já clássicos e célebres como *O que é democracia*, de Giovanni Sartori e *O futuro da democracia*, de Noberto Bobbio.

rar a ordem, de proteger os direitos e de prover as necessidades sociais mais básicas. As instituições democráticas, tais como partidos e parlamentos, são muitas vezes maldesenvolvidas. A burocracia não apresenta a capacidade, a independência e a autoridade necessárias para administrar de forma eficaz. O mau desempenho da economia e a ascensão da desigualdade exacerbam a desafeição popular. Outro fator que contribui para a recessão democrática tem sido a ressurgência global de regimes autoritários – aumentando a repressão, desenvolvendo técnicas de controle da internet e coordenando suas ações (DIAMOND, 2017, p. 24).

Este processo todo ocorre em um momento de crise global da democracia e com a ascensão de líderes conservadores em vários países. Destaque-se, entretanto, que não foi um mero processo de alternância no poder, o que seria normal em uma democracia. Houve mudanças no interior dos blocos e agrupamentos políticos. No espectro mais à direita, o leque se ampliou e os conservadores que ascenderam em várias partes do mundo não são apenas de matrizes liberais ou neoliberais. Eles são autoritários, reacionários e extremistas à direita. Na esquerda observou-se o declínio de grupos progressistas em vários países do mundo, subdivididos em múltiplas frentes e matizes (socialistas, centro-democratas, comunistas, radicais etc.). Neste cenário há descontentamentos, indignação e um desgaste da democracia, nos dizeres de Przeworski (2020), para o qual a crise não é só política, mas tem raízes profundas na economia e na própria sociedade. Isso explica também a nova temporalidade do cenário social, com a emergência ou o ressurgimento de protestos massivos, heterogêneos e contraditórios, geradores de polarizações nas quais tanto podem ser encontradas aspirações democráticas como demandas reacionárias, conservadoras, racistas e xenófobas que não lutam pela conquista, mas pela retirada de direitos.

Depois das eleições brasileiras de 2018, o populismo autoritário se instalou e as instituições começam a ser destruídas por dentro, com um sentimento antissistema, seguida do aparelhamento das instituições e restrição das liberdades (cf. NOBRE, 2021).

Chegamos a 2019 com atos de protestos em várias partes do globo, com sentidos, objetivos e formas de articulações diversas, mas um ponto em comum: contra tendências antidemocráticas dos governos e políticas neoliberais promotoras de desigualdades, contra a corrupção e a falta de proteção social. Ocorreram eventos na Europa, especialmente na Espanha e os Coletes Amarelos[3] na França; no Oriente, o Movimento Pró-Democracia em Hong Kong, desde junho de 2019, ganhou a cena da mídia global; assim como no Líbano e no Iraque. A luta dos imigrantes para fugir de regimes opressivos se acentuou na América Latina: Chile, Equador, Bolívia, Colômbia etc.

2020, uma bomba global: contexto e registros da quarentena da covid-19

Logo no início de 2020 os cenários sociopolítico, sanitário e político do país e do mundo foram alterados, e em poucos meses instaurou-se um clima de guerra criado pela pandemia da covid-19 na maioria do planeta. No Brasil, a cena mudou bruscamente logo após o Carnaval, com medidas sanitárias para combater ou minorar os efeitos do vírus, alterando-se formas, *performances* e conteúdo das demandas. Categorias sociológicas como isolamento e distanciamento social entraram na ordem do dia, nas políticas públicas e na mídia, para amenizarem a

---

3 A respeito dos Coletes Amarelos é importante registrar que "O movimento apareceu na esfera pública nacional em 17 de novembro de 2018. Duas semanas depois, ganhou as manchetes globais. Neste ínterim, uma transformação espetacular estava em andamento. Desde a centelha inicial vinculada ao imposto sobre o combustível, os Coletes Amarelos avançaram rapidamente para questionar toda a arquitetura política das sociedades contemporâneas. Eles agora exigiam o estabelecimento de um referendo iniciado pelos cidadãos como ferramenta para dar controle total" (LIANOS, 2020, p. 12).

velocidade da pandemia. Na mídia é possível observar que houve confronto de duas correntes: o racionalismo (necessidade e defesa da ciência, do saber científico, da medicina e toda área da saúde, de estruturas sanitárias e defesa da vida humana) e o não racionalismo (que se aproveita das emoções fragilizadas daqueles que estão acuados pelo medo e pelo desemprego para proporem soluções irracionais, voltadas para o mercado, visando o lucro). Disputaram-se narrativas, e nessa disputa o medo aflorou entre as pessoas, provocando muitas vezes pânico, alterando o já precário equilíbrio emocional de milhões de pessoas. Bernard-Henri Levy publicou um livro a respeito intitulado: *Este vírus que nos enlouquece* (2020). O autor destaca pontos sobre como o pânico afeta a democracia e como o distanciamento social também a tensiona, porque um dos objetivos da democracia seria reduzir o distanciamento social, o distanciamento entre as classes sociais, os poderosos e os humildes, entre governantes e governados. Mas o distanciamento social se tornou uma necessidade, recomendado pelo setor médico, provocando a visibilidade das desigualdades em vários tipos: social, econômica, cultural, acesso digital, de raça, gênero, idades/gerações, condições do meio ambiente, saúde e sanitárias etc.

Com tudo isso se destaca a centralidade do tema da desigualdade social e econômica. Sérgio Adorno, de forma simples e direta, resumiu um dos pontos centrais da questão da desigualdade na ocasião:

> Por mais necessário que seja o confinamento, é muito difícil que ele seja cumprido à risca nos agrupamentos urbanos onde predominam trabalhadores de baixa renda e escolaridade, e de elevada densidade demográfica por cômodo de residência, o que dificulta o isolamento social. Além do mais, a maior parte das pessoas passa o dia em atividades fora de casa, o que intensifica o contato interpessoal. Grande parte dos trabalhadores informais depende de sair à rua

diariamente para se sustentar. A pandemia ressalta, de maneira dramática, toda a escandalosa desigualdade social do país (ADORNO, 2020).

A pandemia desnudou a desigualdade existente tanto nos países ricos como nos pobres, sendo mais gritante nestes últimos. Ela desnaturalizou a pobreza, trouxe à luz a vida cotidiana de milhares de invisíveis. As manchetes dos principais jornais, na página de capa, e os noticiários "nobres" da TV passaram a estampar moradores pobres em favelas, bairros pobres, palafitas, cortiços em áreas centrais etc. Sabe-se que a pandemia, em vários países, teve início em regiões de grande concentração humana, em grandes metrópoles. Em vários casos, ela se originou por contágio a partir das classes e camadas sociais mais aquinhoadas, que viajam para outros países, vão a festas, participam de eventos etc. Mas este foi o efeito inicial; logo, as desigualdades socioeconômicas das cidades surgiram na mídia, tanto nos países ricos como nos pobres. Apareceram os moradores de rua, os *homeless*, os bairros proletários do primeiro mundo; e em países pobres, como os da América Latina, no Sul global, o que ficou escancarado foi a desigualdade socioeconômica entre o modo de vida dos bairros da elite e da classe média, e os da periferia, *guetos* e enclaves em áreas centrais das grandes cidades; a exemplo das ocupações em prédios públicos e particulares (especialmente casarões antigos), dos moradores nas ruas e os usuários de *crack* e outras drogas na região central de São Paulo. O cenário da moradia da população mais pobre se agravou com o desemprego e a falta de condição para o pagamento de aluguel. Nesses bairros mais pobres, onde os contratos eram apenas verbais, o não pagamento levou ao despejo e à mudança de centenas de famílias para novos barracos em ocupações urbanas, muitos dos quais foram igualmente despejados. Em São Paulo, o LABCidade da Faculdade de Arquitetura e Urbanismo da USP e a Ufabc (Universidade Federal do ABC) criaram em conjunto o Observatório de Remoções durante a pandemia e a campanha #Despejo Zero, com atos virtuais e caminhadas de protestos em julho de 2020. Decretos-leis foram promulgados para impedir os despejos nos contratos de aluguéis.

A primeira edição extraordinária da Pnad covid-19 feita pelo IBGE para medir os efeitos do vírus sobre a população e o mercado de trabalho, divulgada em junho de 2020, revelou: os mais afetados pela pandemia são os pretos, pardos, pobres e sem estudo. Em pesquisa feita entre 4,2 milhões de brasileiros que apresentaram sintomas da doença, 70% eram da cor parda ou preta. No mercado de trabalho, os dados apresentados demonstraram que a cor e o nível de escolaridade exercem grande influência sobre os efeitos da pandemia [Disponível em https://www.ibge.gov.br/estatisticas/sociais/trabalho/27946-divulgacao-semanal-pnadcovid].

Florestan Fernandes já assinalou há décadas que o Brasil permanece uma sociedade marcada pela pobreza, desigualdade, exclusão dos grupos subalternos, com concentração da riqueza e má distribuição da renda (FERNANDES, 1965). As condições de vida, sobrevivência e busca de inserção no mercado de trabalho são tão desiguais na sociedade, que o lugar social de reprodução dos grupos subalternos é sempre demarcado pela carência, por ausências. Nesse cenário, também é muito difícil esperar que mudanças culturais e nas mentalidades sejam operadas espontaneamente. Piketty nos dá algum alento quando diz: "tanto a crise financeira de 2008 quanto a atual pandemia em 2020 poderiam nos ajudar a compreender que precisamos de um sistema econômico mais equilibrado, justo e sustentável do que o que temos tido nas últimas décadas" (Entrevista de Piketti a Fernando Canazian [Disponível em https://www1.folha.uol.com.br/mercado/2020/07/crise-empurra-mundo-para-lado-dos-que-se-preocupam-com-desigualdade – Acesso em 17/07/ 2020].

A desigualdade socioeconômica foi uma das faces de outras desigualdades existentes na sociedade, como a de gênero. A pandemia trouxe à luz o papel das mulheres, de diversas camadas sociais, mas especialmente as das classes populares. O confinamento revelou o cotidiano da maioria delas: trabalho doméstico, trabalho com os filhos e trabalho fora de casa (serviços essenciais), *home office* ou trabalho remoto (especialmente setor da educação, professores ou busca de subsídios para recompor o trabalho perdido). O cuidado da casa, da família, acompanhamento dos estudos dos filhos, historicamente tem sido uma tarefa atribuída às mulheres. A primeira indagação é se o novo protagonismo das mulheres, numa era de empoderamento nas relações de gênero, terá sido suficiente para mudar esse cenário. Em que medida a divisão do trabalho no interior da moradia foi alterada e a carga, o peso dos cuidados nessa crise, recaiu ou não sobre os ombros das mulheres. Após quatro meses de isolamento/confinamento familiar, as primeiras pesquisas e primeiras avaliações indicaram que a mulher, enquanto provedora dos cuidados, teve sua jornada de trabalho ampliada pelo acúmulo das tarefas, além da pressão psicológica do medo ao vírus e a crise econômica que atingiu a todos, de maneira desigual. Estudos indicaram também que o cenário retrocedeu nas pautas e direitos das feministas (cf. SORJ, 2020). A violência doméstica contra as mulheres e contra crianças também emergiram em vários relatos na mídia, ocorrendo mortes. A esperança é a de que no mundo pós-pandemia os valores feministas, das mulheres, do cuidar, da proteção, do prover condições da reprodução humana no cotidiano venham a ser ressignificados, passem a ser valores primordiais, prioritários, e não melancólicos, como na atualidade.

A pandemia da covid-19 e a crise gerada deixou evidente a fragilidade dos sistemas nacionais de saúde, de suas estruturas e condições sanitárias da população. Em 2017, dados do IBGE registraram que cerca de 34 milhões de domicílios (49% do total nacional) não tinham acesso à rede de esgoto; 9,6 milhões deles não tinham acesso a abastecimento de água por rede; 5,5% do volume de água distribuído no país não recebe tratamento antes de chegar à população (cf. mais em IBGE. Pesquisa Nacional de Saneamento Básico, publicada em 22/07/2020). Na saúde, além da inexistência de estruturas de atendimento adequadas, a precariedade dos serviços públicos e da ação estatal ficaram evidentes desde o início. Nos países ricos o despreparo das estruturas de atendimento com insuficiência de hospitais e equipamentos, pessoal, da área da saúde etc. não foi menor. Mas diferenças abissais surgiram entre as condutas dos políticos e as políticas de atendimento aos mais necessitados. No Brasil, o SUS (Sistema Único de Saúde) demonstrou o acerto por sua criação e expôs as fragilidades que se acumulam ao longo de pouco mais de duas décadas de existência, dada a falta de recursos. Fragilidades de toda ordem: infraestrutura material, gestão, falta de pessoal, carreiras com jornadas árduas, extenuantes e pouquíssimo valorizadas; mesmo com todos os méritos e reconhecimento pelo SUS, entra governo, sai governo e as carências continuam. Deve-se louvar os profissionais dedicados que atuam nas unidades de saúde de combate à pandemia, assim como nos Programas de Medicina da Família e Comunidade existentes em algumas cidades brasileiras com equipes multidisciplinares e a presença de agentes comunitários locais atuando na prevenção e nos cuidados da saúde, e não apenas das doenças. O Suas (Sistema Único de Assistência Social) foi sendo abandonado pelo governo federal, e o Consea (Conselho Nacional de Segurança Alimentar) foi esvaziado – um órgão que poderia ter desempenhado papel fundamental na pandemia.

A crise sanitária revelou o fracasso das políticas econômicas existentes, focadas em ajustes fiscais, reestruturação do Estado, retirada de direitos sociais dos trabalhadores, promotoras de novas formas de concentração de renda e geradoras de novas desigualdades socioeconômicas. Ao se observar os discursos e as prioridades de vários políticos, constatou-se diferença básica entre as políticas de governo (voltadas para certos segmentos e temporárias) e as políticas de Estado (voltadas para todos e permanentes).

A pandemia também fez aflorar a desigualdade étnica, a falta de políticas ou atendimento emergencial aos povos indígenas no Brasil, especialmente nas terras indígenas isoladas, onde falta proteção sanitária. Em julho de 2020, a Apib (Articulação dos Povos Indígenas do Brasil) registrou 19,7 mil casos de infectados e 590 óbitos pela covid-19 em 31 terras de indígenas. Na mesma ocasião, a Secretaria Especial de Saúde Indígena, ligada ao Ministério da Saúde, registrava 15 mil casos e 276 óbitos. A situação levou a Apib e o OPI (Observatório dos Direitos Humanos dos Povos Indígenas Isolados e de Recente Contato) a elaborarem um plano para o governo federal, com recomendações. A ausência de um plano de contingência para acompanhar e monitorar eventuais contatos de pessoas com esses povos isolados foi encaminhada ao Ministro Luís Roberto Barroso, relator de uma ADPF (Ação de Descumprimento de Preceitos Fundamentais), atendendo a demandas protocoladas por entidades e lideranças indígenas. Barroso determinou a instalação de barreiras sanitárias de proteção aos povos isolados ou de contato recente, distribuídos em 18 etnias nos estados do Amazonas, Acre, Mato Grosso e Maranhão – o saber local milenário dos povos indígenas tentando abrir portas, buscando apoio no moderno, no Poder Judiciário. A luta pela sobrevivência trouxe à luz a visão pessimista e trágica de Lévi-Strauss (1996): o contato dos índios com os brancos era uma sentença de morte. Conflitos na região do Amazonas, entre indígenas que têm suas terras invadidas por garimpeiros, caçadores e madeireiros, vieram à tona na mídia durante a pandemia, pois antes estavam ocultos (cf. KRENAK, 2019). Resistências ao extermínio de grupos indígenas vieram acompanhadas das denúncias de destruição ambiental. Relembrando também que já no século XVI, Bartolomeu de Las Casas, na época da América colonial disse: "A ação insubordinada floresce quando os sujeitos percebem que a condição subalterna não é uma condição natural, mas uma condição imposta sob intensos processos de constrangimento e violência históricos" (LAS CASAS, 2011).

A pandemia explicitou ainda mais a crise ambiental, ecológica. Alfredo Sirkis, conhecido militante ambientalista, falecido em julho de 2020 em acidente automobilístico, expressou certa vez, em frase emblemática, as mudanças climáticas. Após ouvir um esquimó falar sobre o derretimento do gelo no Ártico, que eleva o nível do mar e inunda cidades litorâneas, ele disse: "Eu comecei a pensar no rio e minha ficha caiu: a mudança climática não era mais um item de uma vasta agenda ambiental, mas o principal problema da humanidade" (Ambientalista e ex-Deputado Alfredo Sirkis morre em acidente no Rio. *Folha de S.Paulo*, p. A11, 11/07/2020). A falta de saneamento básico, ou sua existência precária na maioria das cidades brasileiras, criou condições propícias para a expansão da covid-19 nas áreas periféricas degradadas. Com o passar dos meses, a crise ambiental brasileira se sobressaiu em decorrência dos dados divulgados pelo Impe sobre o desmatamento da Amazônia e as políticas retrógradas do governo brasileiro na área.

Portanto, as urgências da pandemia explicitaram a emergência de uma crise civilizatória, muito bem-explicitada por Boaventura de Souza Santos:

> Os três princípios de regulação das sociedades modernas são o Estado, o mercado e a comunidade. Nos últimos quarenta anos foi dada prioridade absoluta ao princípio do mercado em detrimento do Estado e da comunidade. A privatização dos bens sociais coletivos, tais como a saúde, a educação, a água canalizada, a eletricidade, os serviços de correios e telecomunicações e a segurança social foi apenas a manifestação mais visível da prioridade dada à mercantilização da vida coletiva. Mais insidiosamente, o próprio Estado e a comunidade ou sociedade civil passaram a ser geridos e avaliados pela lógica do mercado e por critérios

de rentabilidade do *capital social*. Isto sucedeu tanto nos serviços públicos como nos serviços de solidariedade social. Foi assim que as universidades públicas foram sujeitas à lógica do capitalismo universitário, com os *rankings* internacionais, a proletarização produtivista dos professores e a conversão dos estudantes em consumidores de serviços universitários. Foi também assim que surgiram as parcerias público-privadas [...] (SANTOS, 2020, p. 26).

Até agora é possível concluir que o modelo de acumulação civilizacional que privilegia a produção voltada para o lucro nos revela que a humanidade, independente dos modelos econômicos ou ideológico-políticos, tem privilegiado construir infraestrutura para o capital em meios de transporte como aeroportos e rodovias com arquiteturas inovadoras ou estádios/cidades que se transformam em fantasmas após os eventos esportivos, e não investir no ser humano, em hospitais, centros de saúde e equipamentos para atender à saúde dos cidadãos etc. São observações e conclusões simples, e até simplórias, mas de significado profundo quando se observa a desumanização brutal em curso e o modelo civilizacional existente, tanto no Ocidente como no Oriente, com o lucro ditando os rumos – a exemplo da corrida e busca, no início da pandemia, por produtos médicos, sanitários, de proteção, higiene, tais como respiradores, máscaras e outros materiais médicos para tratamento; como também a batalha por vacinas, a partir do segundo semestre de 2020, com inúmeros interesses políticos e econômicos em cena.

Mas a pandemia gerou também, no mundo todo, atos de solidariedade na sociedade civil aos profissionais da saúde, doentes, trabalhadores de apoio a serviços essenciais etc. O voluntariado e as ações de apoio financeiro e de suprimentos aos pobres, desabrigados e desassistidos etc. despontaram em todos os segmentos sociais. Propiciou-se a mobilização civil, cidadã, assim como estratégias comunais e convivencialistas na população; o comum, que nos torna humanos, foi destacado. "Fique bem" virou cumprimento/despedida. O comum é público, e, portanto, o público não é só o estatal. Outras matrizes do pensamento social dão fundamento a essas práticas, matrizes que não fazem apenas a crítica ao caos do modelo civilizatório predominante, mas que elaboram diagnósticos da realidade, propostas concretas no plano local, comunitário, de vida cotidiana, baseadas no modo de vida dos povos originários indígenas e outros, que têm outra relação com o território, com a natureza, com a produção e o consumo alimentares, com a vida animal, com a vida em si de modo geral. Há uma cosmovisão da vida e do mundo sintetizadas na expressão "o bem comum", aquele que nos torna humano ou revela os fundamentos e princípios básicos do que é ser um ser humano. Apesar de estas práticas serem muito localizadas e em escalas reduzidas, com pouca capacidade de interpelação nos planos em que decisões socioeconômicas e políticas são tomadas, a crise da pandemia, que desnudou também uma crise civilizatória, tem dado certa visibilidade a essas experiências e modos de vida, como saídas à crise sanitária, socioeconômica e ambiental do planeta chamado Terra. Aníbal Quijano (2005), Enrique Dussel (2002) e Boaventura de Souza Santos (2020) abordaram esta crise civilizatória.

A pandemia possibilitou aprendizagens para todos, que é possível levar o fortalecimento de laços sociais aos espaços e territórios. A solidariedade passou a ser uma esperança e uma arma de combate a ser utilizada no dia a dia. Ela não se resumiu apenas a gestos pontuais, de uma camada mais privilegiada olhar para outra desassistida. Entre os pobres e vulneráveis foram criadas ações coletivas extraordinárias, a exemplo de Paraisópolis, em São Paulo: uma comunidade com mais de 100 mil habitantes, onde 31% são de jovens de 15 a 21 anos e completou, em 2021, 100 anos[4]. Durante a pandemia, cerca de 1.400 moradores

---

4 Paraisópolis surgiu na década de 1920 como um projeto de loteamento de casas que não deu certo, noticiado nos jornais *Folha de S.Paulo* e *Folha da Manhã* de 18/11/1922. Já nos anos de 1950 e início dos anos de 1960 foi construído o Estádio

voluntários da comunidade foram mobilizados em ações coletivas, como Presidentes de Rua, cada um monitorando a situação sanitária de cerca de 50 famílias[5]; casas específicas para isolar infectados que não tinham como ficar em distanciamento social; ambulâncias foram adquiridas por doação para transportar doentes até hospitais; oficinas de costura para confeccionar máscaras foram montadas, com máquinas doadas para gerar renda. As inovações tecnológicas também foram apropriadas e readaptadas nas comunidades populares. Em Paraisópolis, a entrega de compras feitas pelos moradores de forma on-line, por aplicativos, foi redesenhada, porque as ruas e as vielas da comunidade são extensas, tortuosas e não constam nos mapas. Em um mesmo número das localidades é possível ter inúmeros moradores pertencentes a diferentes famílias. Como resolveram? Uma central de recebimento de produtos foi criada em uma de suas entradas, a partir de uma iniciativa denominada Brasil Favela Express, sendo os produtos entregues por uma rede de *motoboys*, ciclistas, entregadores pedestres, caminhonetes da própria comunidade etc. Resolveram o problema e gerou-se emprego e renda com ações desse tipo. Segundo o Instituto Pólis de São Paulo, em pesquisa realizada em maio de 2020, Paraisópolis teve uma das menores taxas de mortalidade por habitante quando comparada com bairros vizinhos ou outras comunidades carentes de São Paulo. A favela Jardim Colombo, um braço de extensão da Paraisópolis, também tem

---

do Morumbi e desenvolvido um loteamento para camadas médias ao lado, vindo a dar vida e acolhida ao perfil atual da comunidade, com migrantes do Nordeste que vinham para São Paulo trabalhar nas obras da região, ocupando progressivamente os lotes não construídos do loteamento original, e lá permaneceram com sistemas de autoconstrução de suas moradas. Desde a década de 1970 elas foram um enclave popular na região do Morumbi, entre bairros com casas de alto padrão e prédios de luxo, assim como regiões de prédios da classe média e alta, criados na Zona Sul de São Paulo, próxima ao Palácio do Governo do Estado de São Paulo, Hospital e Faculdade de Medicina Albert Einstein, Estádio do Morumbi, inúmeras escolas particulares renomadas e *shoppings centers* famosos (cf. mais em GOHN, 2010).

5 Iniciativa do líder comunitário Gilson Rodrigues, presidente da associação de moradores local, que ganhou destaque no Prêmio Empreendedor Social de 2020.

realizado ações coletivas solidárias relevantes. Antes da pandemia, a arquiteta Ester Carro – criada e moradora da favela durante a maior parte de sua vida, com uma linda história de vida e de muita luta, resiliência e crença de que as coisas podem mudar, que a ação coletiva transforma –, em 2017, já formada, participou da elaboração do Projeto Parque Fazendinha, uma área da favela antes usada como lixão ser transformada num parque com atividades culturais. A pandemia desacelerou inicialmente o projeto, mas Ester seguiu na ajuda humanitária de distribuição de cestas básicas; mas a demanda na comunidade por emprego e moradia falava alto. Muitos perderam seu emprego e não tinham como pagar os aluguéis dos barracos ou fazer a manutenção deles. Ester participou da criação de um curso sobre construção civil, basicamente para mulheres. Com doações, o grupo reformou moradias e habilitou muitas mulheres numa profissão dominada por homens. Assentar azulejos e pisos foram os destaques nos trabalhos. Ester foi uma das ganhadoras do Prêmio Empreendedor Social de 2021.

A rede de solidariedade às favelas em várias cidades brasileiras foi grande em ações civis de doação de alimentos de Ongs já tradicionais como a Ação da Cidadania, juntamente com a CUFa (Central Única de Favelas), Gerando Falções, Coalização Negra por Direitos, Instituto Kairós, Banco de Alimentos, Ong Saúde & Alegria, GT10 Favelas, Gastromotiva, *Pimp My* Carroça e muitas outras, além de campanhas para doação de oxigênio como Oxigênio para Amazônia, do Movimento União Br. Ações solidárias de lideranças negras no combate à fome também foram destaque em várias cidades brasileiras, a exemplo da rede formada para atendimento às favelas por Celso Athayde, Preto Zezé e Edu Lyra, com inúmeras ações que resultaram em 2021 no projeto Panela Cheia, com doações de 50 reais para alimentar uma família e os dizeres: "Fome Mata, Panela Cheia Salva". Paraisópolis, já citada, ativou um projeto de horta comunitária e produziu duas toneladas de hortaliças orgânicas para 2.556 famílias e 12,7 mil pessoas, aliada à distribuição de marmitas – Projeto Mãos de Maria – para 11 mil pessoas. (Dados do G10 Favelas: bloco de líderes e empreendedores formado por moradores das dez maiores comunidades de favela do Brasil).

Deve-se destacar também as redes solidárias criadas por pesquisadores, intelectuais da academia etc. para atuar sobre e na pandemia. Disso resultou uma infinidade de textos, debates, *lives* e projetos em rede, a exemplo da Rede de Políticas e Sociedade, criada para "melhorar o debate e o trabalho de gestores públicos, autoridades, congressistas, colegas da imprensa, comunidade acadêmica, empresários e de todo e qualquer interessado em debater as diretrizes e ações concretas que têm impacto na vida da população". A Rede tem vários projetos – entre eles, o Monitoramento de Lideranças Comunitárias –, visando coletar informações junto a lideranças comunitárias sobre os problemas enfrentados pelas comunidades vulneráveis com a pandemia [cf. https://redepesquisasolidaria.org – Acesso em 02/10/2020]. Os exemplos de ações solidárias no interior de comunidades carentes, vulneráveis, que amenizaram a situação com o envolvimento dos próprios moradores se espalharam pelo Brasil, a exemplo do Projeto Mães das Favelas, em Fortaleza. À medida que a pandemia avançou, instituições de pesquisa e os movimentos sociais criaram redes de suporte e acompanhamento, a exemplo do Mapa Colaborativo produzido pela Ufabc e parceiros [Cf. mapacolaborativo.org.br], do Mapa dos Movimentos Contra a covid-19, elaborado pela Central de Movimentos Populares [Cf. https://movimentoscontracovid19. com/], da iniciativa do Coep-Brasil de monitoramento da sociedade civil no combate ao coronavírus [https://coepbrasil.org.br/ iniciativas-da-sociedade-civil-no-combate-ao-coronavirus/], do Repositório Mobiliza covid-19 [Cf. http://repositoriomobi lizacovid.resocie.org/], da UnB.

Mas ficou claro que essas ações voluntárias, solidárias, por si só amenizam mas não resolvem a pobreza. Torna-se necessário um grande volume de recursos financeiros, mobilizados rapidamente, para gerar renda aos desassistidos e recursos para criar ou repor infraestrutura sanitária e condições de saúde ao país. Hospitais foram construídos ou montados como hospitais de campanha em poucos dias. Tudo isso com muitos recursos. De onde? Do Estado. E aqui fica claro o verdadeiro papel do Estado: operar políticas públicas que façam a redistribuição dos recursos aos que necessitam e prover infraestrutura básica para o atendimento da população. Portanto, o discurso dos ajustes, do Estado ineficiente e a necessidade de um Estado enxuto, do Estado mínimo etc. não passa de discurso de determinados governos com interesses específicos nas suas gestões. O Estado como inimigo ou corrupto foi um discurso criado para dar lugar às políticas neoliberais. A pandemia, se observada nas entrelinhas do cotidiano, mesmo que nas manchetes da mídia, indicou-nos um caminho e gerou aprendizagem: a expectativa inicial para organizar e responder às formas das urgências médicas foi concentrada no Estado. Porém, o Estado são os governos, que na federação brasileira têm inúmeras diferenças nos planos federal, estadual e municipal. O Estado brasileiro, com sua máquina e quadros pesados e com burocracias lentas foi o foco demandado a colocar grandes volumes de dinheiro a serviço do bem-estar público. Pelas leis, o Estado tem o dever e a capacidade de transformar as condições da área da saúde pública, não apenas com equipamentos, gestão eficiente, trabalho humanizado, mas sobretudo criando condições para os profissionais da área da saúde. E isso ocorreu no Brasil? Infelizmente não. A crise de saúde e sanitária esteve associada à crise política, à desgovernança estatal federal e às práticas de corrupção em vários setores. Mas o mais grave foi a apropriação político-eleitoral que foi feita da situação pelo governo federal, com a manipulação de dados e narrativas adiando a compra de vacinas, preconizando tratamentos cientificamente comprovados como ineficientes, e a não gestão da pandemia a partir de um plano nacional eficaz. Houve o uso político também com a concessão do auxílio emergencial – uma necessidade imperiosa, dentro dos moldes acima descritos, que foi se tornando mensal, não exatamente devido à necessidade da população, pois a grande preocupação era gerar renda para o consumo, cidadãos/consumidores para manter algum grau de atividade econômica. E este auxílio, num primeiro momento, foi fator decisivo que aumentou a popularidade do presidente da República junto às camadas populares. O cenário de desemprego se agravou a partir de agosto de 2020, após o pagamento das três primeiras parcelas, e o tema entrou na pauta das políticas públicas: Como e de onde manter fundos para o auxílio?

Em função da necessidade de isolamento, à paralisação de atividades presenciais, o *home office*, o *home school* etc. acelerou-se o uso dos meios de comunicação, a internet etc. O aumento das conexões ocorreu quando os indivíduos estavam presencialmente desconectados de seus grupos. Duas anotações são importantes a respeito:

1) De um lado, formaram-se tribos de pertencimentos a dadas causas e coisas, num processo crescente de individualização; não um ativismo articulado, mas um ativismo de seguidores de dogmas de diferentes tipos. Não houve um projeto emancipatório, mas seguidores que agem segundo as emoções, em que a razão não tem vez, muito menos o diálogo. Um resultado relevante desta questão é que os sujeitos dessas ações são sempre indivíduos isolados que fazem suas experiências, em grande parte, a partir de narrativas bem-elaboradas, e não experiências reais, vivenciadas no coletivo. Uma reflexão sobre o comportamento dos jovens *influencers* na mídia da atualidade pode ser desenvolvida a partir destes questionamentos: Quais as causas que defendem? Suas atuações dão elementos para seus seguidores se situarem no mundo, observarem injustiças, desigualdades, discriminações?

Ou tudo é só "dancinha"? Lembramos de Umberto Eco: "a internet fez com que o idiota da aldeia fosse promovido a portador da verdade".

2) De outro lado, como afirma Della Porta:

> [...] penso que desde a WEB 1.0 até a 2.0 você teve transformações na capacidade de os indivíduos produzirem suas próprias formas de comunicação, telefones, iPhones e assim por diante. E isso mudou [...] como posso dizer? Isso transformou as estruturas dos movimentos sociais. Jeffrey Juris falou da mudança de uma lógica de rede para uma lógica de agregação. Assim, é verdade que algumas dessas novas tecnologias permitem movimentos de tipo instantâneo, mobilização muito rápida, mas também desmobilização rápida, porque elas [as novas tecnologias] tornam a estrutura da organização menos relevante. Mas, ao mesmo tempo, penso que os ativistas dos movimentos sociais estão cientes dos desafios. Então você tem pouquíssimas campanhas baseadas apenas em mídias sociais. E, pelo contrário, se você pensar na chamada Primavera Árabe, nos Indignados ou nos movimentos no México e assim por diante, há um uso das mídias sociais, mas também há muitas preocupações sobre a ocupação física dos espaços (DELLA PORTA, 2019, p. 386).

O modelo societário atual, com o uso das novas tecnologias nos meios de comunicação, de todos os tipos, desenvolveu novas formas de relacionamento humano, com velocidade e tipos de construção de narrativas impensáveis poucas décadas atrás. Cada cidadão(ã), desde que de posse de um aparelho celular, usa suas formas possíveis de letramento para se comunicar, independentemente de seu grau de escolaridade ou daquele que está sendo seu interlocutor. Cada um faz de seu confinamento uma ficção, pois fala, vê, escreve e envia sinais para quem quiser. Petições eletrônicas passaram a ser também formas de expressão de demandas coletivas. Essas novidades tecnológicas foram apropriadas rapidamente pelos agentes econômicos, que as transformaram não apenas em meios de comunicação social, mas fontes geradoras de empregos precários e renda, como o comércio on-line e os entregadores de alimentos, os *motoboys* (e as *motogirls*) que passaram a ser, em grande maioria, *bikeboys*, com longas distâncias e cargas pesadas para entrega em suas bicicletas – em São Paulo, um entregador criou o movimento Entregadores Antifascistas, a ser tratado adiante. Desenvolveram-se igualmente instrumentos de controle social dos indivíduos, via celulares, por exemplo, para localizá-los, assim como o autoritarismo, o moralismo e as práticas de denuncismo.

Ocorreu também o uso de caráter político das tecnologias nas redes sociais, via indústria das *fake news*[6], para construir e/ou descontruir as estruturas de poder político, social e econômico, da sociedade e dos governos (cf. CASTELLS, 2015; 2020). Lilia Schwarcz afirmou sobre o século XX: "Investimos tanto na tecnologia, mas não em sistemas de saúde e de prevenção que pudessem conter esse grande inimigo invisível". A tecnologia também ajudou a dar uma visão dos limites que a ação humana tem quando não a possui. Hospitais sem respiradores não tinham como salvar vidas; pobres, moradores de rua, usuários de drogas nas cracolândias, sem celulares, sem aplicativos, não tinham como se inscrever nos programas emergenciais do governo de ajuda financeira. O retrato da pobreza e da desigualdade também se reproduz. Com tudo isso estou querendo destacar novamente os temas da desigualdade, indagando: O tempo de duração da catástrofe poderá gerar mudanças em hábitos culturais historicamente arraigados? Ausências, urgências e emergências entraram no cenário do debate sobre o

---

6 É importante registrar que as *fake news* não são novidade contemporânea na história política brasileira. Em 1921, p. ex., o debate sucessório que levou Arthur Bernardes ao poder da República teve cartas *fake news*, polarizações etc. (Cf. PILAGALLO, O. *Fake news*, polarização e inquietação militar dominavam a política em 1921. *Folha de S. Paulo*, p. A20, 19/02/2021.

mundo pós-pandemia. Finalizo este capítulo com trechos de um poema de Dom Pedro Casaldáliga, que foi um dentre os milhares de mortos no período tratado neste livro:

> Metade do mundo
> definha de fome
> e a outra metade
> de medo da morte.
> (CASALDÁLIGA, P. "Oração a São Francisco em forma de desabafo").

2
O ativismo nas ações coletivas no Brasil em 2020-2021

Solidariedade, protestos, conflitos e contramovimentos

Nas ações coletivas há novas configurações emergentes no cenário da pandemia de 2020? Sim, com a pandemia houve reinvenções nas ações coletivas e reconfiguração dos sujeitos em cena, com novos ativistas em coletivos e ações solidárias comunitárias e também em atos antidemocráticos nas ruas e nas redes sociais. Inicialmente os movimentos clássicos de luta pelo emprego, salário, moradia, terra para produzir etc. pouco saíram às ruas em 2020, mas se concentraram nas redes on-line. A população em geral criou meios de expressão, com *performances* em que as redes e as mídias sociais se tornaram os principais meios das mobilizações. Já que as ruas não podiam ser ocupadas, o espaço privado, as janelas e varandas passaram a ser locais do protesto, ou atos de solidariedade, como as *lives* musicais (cf. ALONSO, 2020), assim como de agradecimento aos profissionais da saúde e serviços essenciais. A solidariedade ganhou a cena pública e as ações comunitárias recriaram novos tipos de iniciativas cidadãs e movimentos comunitários de bairros, os quais desempenharam papel relevante nas urgências e emergências da crise, como já destacamos anteriormente.

Mas as ruas foram espaços para carreatas, buzinaços e *flash mobs*, aí está o dado relevante que altera a cena do associativismo civil nesta conjuntura. Os atos na cena pública, na década que se encerrou, não se limitaram aos setores progressistas, organizados ou não, em movimentos, coletivos etc. As manifestações também se tornaram formas de expressão e *performances* de grupos, organizações e movimentos políticos conservadores, antidemocráticos, em manifestações em praças e avenidas, acampamentos em Brasília, São Paulo etc. Com a covid-19, as manifestações antidemocráticas cresceram e se tornam o ponto nevrálgico no cenário político brasileiro da tensão entre progressistas, liberais ou socialistas e os conservadores clássicos ou radicais da extrema-direita. Observa-se que as oportunidades políticas foram apropriadas por grupos com projetos de vida muito diferentes. A direita mais radical se aproveitou das posições político-ideológicas do presidente da República e de alguns de seus ministros, especialmente o da Educação, naquela ocasião, com manifestações públicas em frente ao Palácio da Alvorada ou do Planalto, realizando concentrações, carreatas e atos contra instituições democráticas, focalizando o Poder Judiciário. O posicionamento de vários ministros de Estado, afinado às propostas e posições do presidente, contribuíram para que pequenas frações desses radicais de direita promovessem atos na pandemia em apoio ao uso de medicamentos como cloroquina e hidroxicloroquina, não distanciamento social, não uso de máscaras, assim como clamores de volta à ditadura, ao AI-5 etc. Em 15/03/2020, dias após a OMS (Organização Mundial da Saúde) declarar que o mundo vivia uma pandemia, o Presidente Bolsonaro ignorou estes fatos e participou de uma manifestação anti-STF (Supremo Tribunal Federal), promovendo aglomeração em frente ao Palácio do Planalto. Iniciou-se a longa jornada do negacionismo no Brasil, na política oficial do governo federal frente à pandemia e à crise sanitária.

Uma novidade que a covid-19 trouxe à sociedade civil, com a quarentena e a necessidade de distanciamento social, foi a urgência de pronunciamentos coletivos de protesto contra a gestão governamental federal, dando origem à emergência de atos virtuais, que se multiplicaram e se aperfeiçoaram com usos de recursos da tecnologia. No início de maio de 2020, por exemplo, a SBPC

(Sociedade Brasileira para o Progresso da Ciência), com apoio de inúmeras outras entidades, utilizando um aplicativo, projetou frases (como a defesa e apoio à ciência), *slogans* e protestos políticos, em prédios ou lugares públicos emblemáticos, como Congresso Nacional ou em prédios da Avenida Paulista. Tuitaços em defesa da vida também ocorreram, como gritos possíveis e necessários naquele momento. À política do ódio, das guerras culturais e das manifestações antissistema e antipolíticas acrescentou-se o acirramento do negacionismo à ciência. Renato Janine Ribeiro (2021) retoma este debate numa perspectiva filosófica louvando o empenho pelo conhecimento e pela ciência, "nem sempre óbvio no peculiar Brasil de hoje com sua vida pública perversa" (editor do livro de Janine, Angel Bojardsen, em sua apresentação).

Ao final de maio de 2020, após quase três meses de quarentena, com atos públicos presenciais nas ruas apenas do grupo antidemocrático, manifestações de grupos progressistas retornaram às ruas com demandas pró-democracia. Isto ocorreu em um momento em que a curva de infectados e de mortos pela covid-19 estava em ascensão, em meio à grave crise sanitária, à crise econômico-social, que emergia com o aumento do desemprego, à explosão de novas facetas da crise política, com a demissão de dois ministros da saúde em um mês, a saída do Ministro Sérgio Moro do Ministério da Justiça, denúncias de interferência na Polícia Federal e ao acirramento da crise entre os poderes do Estado. Tudo isso mobilizou diferentes setores sociais para a luta em defesa da democracia. Manifestos, campanhas e movimentos sociais vieram a público, com a saída às ruas daqueles já existentes e outros novos. Tentaram se reinventar, sendo propositivos, e não somente reativos. A necessidade de compartilhamento on-line e os problemas da gestão pública federal para lidar com a pandemia parecia trazer o reconhecimento da riqueza da mobilização da sociedade civil e o poder da pressão das ruas, numa ocasião em que isso não era possível. Segundo Della Porta, a presença de movimentos sociais poderia contrastar com os riscos envolvidos em uma resposta autoritária à crise (DELLA PORTA, 2020a). Mas, de fato, isso não ocorreu; as ruas ganharam manifestações e atos, mas diferenciados. A direita radical ocupou as ruas. A exceção ocorreu em junho, impulsionada por um fato externo ao país: o assassinato de Jorge Floyd em 25 de maio de 2020. A cena pública nos Estados Unidos, gravada por um transeunte, fez explodir o caldeirão da luta contra o racismo nos Estados Unidos e em vários países do mundo, inclusive no Brasil. O BLM (Black Lives Matter), criado na década de 1990, teve enorme visibilidade e repercussão em 2013 após sair o resultado do julgamento de um vigia que foi inocentado pelo assassinato de um jovem negro de 17 anos, Trayvon Martin. Uma *hashtag* de Alicia Garza, inconformada com o resultado, postou: "Eu continuo surpresa sobre como as vidas negras importam pouco. Pessoas negras. Eu amo vocês. Nossas vidas importam" (cf. GARZA, A. *Folha de S.Paulo*, p. C6, 01/12/2021 [entrevista]). A mensagem viralizou, fortalecendo um movimento que se tornou robusto entre a comunidade *black* norte-americana. Em maio de 2020, numa reação após o assassinato de Jorge Floyd, o BLM foi além de um movimento social, tornando-se um refrão universal pela vida, igualdade e liberdade, motivando multidões a se integrarem às marchas contra o racismo em todo o território norte-americano, destacando-se em Mineápolis (local do assassinato), Washington, Nova York, Houston, Boston, Denver, Las Vegas, Califórnia etc., em manifestações similares às ocorridas em 1968. A rejeição e repercussão do bárbaro assassinato foi mundial, levando a atos e marchas também em várias capitais de várias regiões do mundo.

No Brasil esses fatos repercutiram justamente em ocasião de grande tensão entre as forças democráticas e as antidemocráticas. Tudo isso acabou contribuindo para impulsionar vários grupos a saírem às ruas, em sete capitais do país, em manifestações pela democracia e contra o racismo, destacando-se o realizado em 7 de junho no Largo da Batata, em São Paulo. A maioria desses atos transcorreu sem incidentes, embora um número ínfimo de pessoas tenha protagonizado atos de depredação, com a quebra de vitrines de estabelecimentos comerciais e a porta de dois bancos, a exemplo do ocorrido em junho de 2013. Nesse mesmo 7 de junho houve um ato pró-Bolsonaro em São Paulo, na Avenida Paulista, e em horário diferente ao ocorrido no Largo da Batata, com a presença de poucos ativistas.

A pauta da luta pela democracia andou lado a lado com a do antirracismo. Nesse dia as manifestações anti-Bolsonaro foram reforçadas com a adesão de movimentos clássicos, como o MTST (Movimento dos Trabalhadores Sem Teto), coordenado por Guilherme Boulos, membro do Psol e ex-candidato à presidência da República em 2018, e na época candidato à Prefeitura de São Paulo em 2020 por esse partido. Coletivos negros e a Frente Povo Sem Medo se juntaram aos membros das torcidas organizadas. Na fase da preparação do ato de 7 de junho houve bastante polêmica quanto ao fato de se sair às ruas em momento da pandemia crescente. Várias entidades como a CNBB (Conferência Nacional dos Bispos do Brasil), ABC (Academia Brasileira de Ciências), OAB (Ordem dos Advogados do Brasil), SBPC (Sociedade Brasileira para o Progresso da Ciência), ABI (Associação Brasileira de Imprensa) e alguns partidos políticos como PSB, PDT, Cidadania, Rede de Sustentabilidade, PSD, além dos organizadores dos manifestos Estamos Juntos e Basta!, posicionaram-se contra a participação nas ruas, considerando-se os riscos de contaminação da covid-19.

Na realidade, a manifestação de 07/06/2020 teve um antecedente importante. Em 31 de maio, em São Paulo, um grupo social-esportivo tomou a frente nos atos públicos; membros de torcidas organizadas de vários clubes de futebol, com destaque para a do Corinthians, a do Palmeiras, a do São Paulo e a do Santos – times paulistas com torcidas usualmente rivais – se uniram.

A grande faixa que levaram na Avenida Paulista demarcou o grupo: "Somos pela Democracia". O ato do dia 31 na Avenida Paulista teve, no mesmo horário, outro ato, com número bem menor de ativistas pró-Governo Bolsonaro. Em dado momento houve um encontro/choque entre os dois grupos e a polícia interveio com bombas de gás lacrimogêneo etc. A partir desse dia passou a ocorrer uma série de atos aos domingos, e devido à repercussão da repressão policial, eles não somente deixaram de ser marcados com antecedência, mas em territórios diferentes da capital paulista. Igualmente surgiram planos estratégicos para sua realização, com reuniões entre organizadores dos protestos, representantes do poder público e das forças policiais, com a definição de trajetos e acordado o que era permitido ou não aos manifestantes. Assim, grande aparato militar foi mobilizado em São Paulo para o ato do dia 7 de junho para os seguintes.

Deve-se registrar, ainda, que o ato do dia 31 de maio foi antecedido por uma série de manifestos lançados por grupos da sociedade civil e do meio político, via mídia on-line e na imprensa escrita, em defesa da democracia. Segundo Mário Sergio Conti, os manifestos são uma boa novidade no Brasil por sermos um país de "elite semiletrada" e uma "plebe que pouco lê". Para ele, "o manifesto é uma forma literária concisa e assertiva. Expõe uma ideia, argumenta e conclama à ação urgente. Elétrico, panfletário, até ele capta viradas de vento no ar do tempo" (CONTI, M.S. De manifestos e manifestações. *Folha de S.Paulo*, p. C8, 04/08/2021). A partir de abril de 2020 podemos destacar vários manifestos, como o do Projeto Brasil Nação, lançado em 27 de abril, que propunha medidas econômicas para estimular a economia. Também, em 30 de maio daquele ano, o movimento Direitos Já[7] lançou o

---

7 O movimento Direitos Já surgiu a partir de articulações políticas logo após as eleições de 2018. Oficialmente ele foi criado em 02/09/2019, em São Paulo, em ato solene no Teatro da PUC-SP, com a presença de representantes de partidos políticos brasileiros de esquerda e do centro, e também do linguista norte-americano Noam

manifesto Estamos Juntos em jornais e canais da mídia de grande circulação nacional, ocupando uma página inteira. Este manifesto ficou conhecido como #Juntos, proposto por pessoas renomadas do mundo político, artístico, intelectuais da academia, juristas, alguns personagens históricos da luta pela redemocratização nas décadas de 1970-1980 etc. Ele teve grande repercussão e o número de adesão pela internet cresceu exponencialmente em poucos dias, resgatando símbolos da luta pela democracia das Diretas Já de 1984. O Direitos Já será retomado na segunda parte deste capítulo e no cap. 4 sobre os coletivos, porque adquiriu visibilidade no cenário político nacional em 2021. Outro manifesto relevante ocorrido em maio de 2020 foi o Somos 70%, lançado pelo economista Eduardo Moreira, baseado em dados de pesquisas de jornais que aferiam a popularidade do Presidente Bolsonaro. Somando tudo não passava de 30%, concluindo-se que 70% não o apoiavam. O Basta foi organizado por juristas e advogados que cobravam respeito à Constituição. O Pacto pela Democracia agregou inicialmente 150 entidades e se manifestou contra a escalada de intentos autoritários. Entre os signatários estavam os movimentos de renovação política, as Ongs, as entidades de defesa dos Direitos Humanos, os grupos ambientalistas etc. O Esporte pela Democracia foi lançado por atletas e ex-esportistas famosos, com a adesão de pessoas de outras áreas, pregando respeito pela democracia e a luta antirracista. A Comissão Arns de Direitos Humanos também lançou nota contra as manifestações desestabilizadoras contra o STF e seus ministros, promovidas pelos

---

Chomsky, que se encontrava em visita ao Brasil. O objetivo principal do novo movimento era a defesa da democracia contra as ameaças de retrocesso no Governo Jair Bolsonaro. Mas foi em 2020 que o Direitos Já entrou em cena pública com muito vigor. Em 11/02/2020, antes, portanto, da crise sanitária causada pela covid-19 ter sido anunciada como pandemia global, *O Estado de S. Paulo* noticiou que o "novo coletivo" – denominação dada pelo jornal – criou um conselho político formado por representantes de 14 partidos políticos coordenados pelo sociólogo Fernando Guimarães para elaborar manifestos públicos e promover atos de protesto contra ações do governo que atentam contra a democracia e os direitos fundamentais.

grupos pró-Bolsonaro. As Forças Armadas e a Democracia foi um manifesto assinado por 170 profissionais da área do Direito, pedindo que as Forças Armadas respeitassem a democracia. O Pacto pela Vida reuniu entidades da sociedade civil. Também ocorreram manifestos mais específicos, como o elaborado por 535 membros do Ministério Público Federal para que a escolha da Procuradoria Geral da República, feita pelo presidente da República, ocorresse por meio de lista tríplice da categoria. Ou ainda, a Carta dos presidentes dos 27 tribunais de justiça do país, dando integral apoio ao STF e clamando por harmonia entre os poderes da República.

No transcorrer de 2020, os manifestos se ampliaram, sendo que os movimentos e as organizações sociais – muitos dos quais haviam apoiado os manifestos de organizações e entidades representativas da sociedade civil – passaram a lançar seus próprios manifestos, normalmente em grupos coletivos, a exemplo de: Coletivo de Advocacia em Direitos Humanos (CADHu); Plataforma dos Movimentos Sociais pela Reforma do Sistema Político; Central dos Movimentos Populares (CMP); Central Única das Favelas (CUFa); Articulação de Organizações de Mulheres Negras (AMNB); Frente Brasil Popular; Frente Povo sem Medo; Levante das Mulheres Brasileiras; Coalização Negra por Direitos; Diretoria Executiva da Abong; Frente *Impeachment* Já; Pacto pela Democracia; Associação Brasileira de Lésbicas, *Gays*, Bissexuais, Travestis, Transexuais e Intersexos (ABGLT); Associação Brasileira de Juristas pela Democracia (ABJD); Grupo de Atletas e Ex-atletas; Plataforma Emergencial do Campo, das Florestas e das Águas pela Vida e para o Enfrentamento da Fome diante da Pandemia do Coronavírus; Aliança pela Alimentação Adequada e Saudável. Os manifestos também revelaram a vitalidade da sociedade civil organizada. Não se trata, portanto, de uma sociedade inerte, uma nação de cidadãos contemplativos, apáticos; há potência e vigor nos diferentes grupos.

Pismel e Chaves, analisando manifestos lançados durante a pandemia dizem:

> manifestos são documentos construídos coletivamente e assinado, que expressa o posicionamento oficial de um conjunto de sujeitos face a determinado tema. Eles podem ser de denúncia e/ou de proposição sobre a temática abordada. Em geral são assinados por organizações, mas, mesmo quando assinados por indivíduos, são fruto de uma ação coletiva desses indivíduos inseridos e relacionados em grupos. Esses documentos se mostraram uma rica fonte de dados para mapear os atores coletivos demandantes, as questões e os conflitos ativados por eles e seus alvos, elementos essenciais para identificar os movimentos sociais (cf. DIANI; BISON, 2010). Os manifestos são uma boa fonte para perceber como os movimentos disputam narrativas sobre a pandemia, são formas tanto de enquadramento dos problemas quanto formas de apontar soluções. São bons instrumentos, portanto, para perceber as disputas de narrativas sobre a pandemia, bem como o papel de controle sobre os políticos desempenhado por esses atores sociais (cf. PLEYERS, 2020). [...] Em relação aos conteúdos, há seis "causas" mais abordadas. São elas: combate à desigualdade e vulnerabilidade social; segurança alimentar e nutricional e agricultura familiar; saúde; meio ambiente; economia, trabalho e renda; e defesa da democracia (PISMEL; CHAVES, 2021, p. 4 e 6).

Na série de manifestos lançados entre maio e junho de 2020 registra-se ainda o promovido por um movimento um tanto quanto desconhecido do público: o dos Policiais Antifascismo, formado por cerca de 500 pessoas em vários estados do país; eles divulgaram um manifesto em defesa da democracia. A existência desse manifesto veio a público ao final de julho de 2020 quando foi denunciado pelo jornalista Rubens Valente, no portal do UOL, e reproduzido em vários órgãos da imprensa de que havia um suposto relatório abrangendo 579 servidores federais, a maioria signatária do manifesto. Eles estavam sendo investigados pelo Seopi (Secretaria de Operações Integradas), órgão do governo federal, como participantes de um movimento antifascista, juntamente com o nome de outros três intelectuais brasileiros que pesquisam e atuam até em órgãos internacionais de defesa dos direitos humanos, e incluídos em um dossiê elaborado pela citada Seopi. Quando esta notícia veio a público, causou perplexidade, reações e protestos públicos da parte de vários setores da sociedade, forças políticas e instituições brasileiras [Cf. mais em https://noticias.uol.com.br/colunas/rubens-valente/2020/07/28/senador-inteligencia-comissao-antifascistas – Acesso em 27/07/2020. • Editorial Dossiê Obscuro. *Folha de S.Paulo*, 01/08/2020]. A rejeição ao dossiê prosseguiu em agosto de 2020 com ações de partidos políticos endereçadas ao Supremo Tribunal Federal. A Ministra Carmem Lúcia, do STF, despachou afirmando que a existência de relatório sobre o comportamento de servidores é incompatível com a democracia e deu 48 horas para o Ministério da Justiça esclarecer o caso. Convocações da Câmara e do Senado ao então ministro da Justiça, André Mendonça, também ocorreram, e o caso foi se complicando, com a demissão do responsável pelo setor que elaborou o suposto dossiê. O desenrolar destas ações ocorreu em agosto de 2020.

Um destaque importante a ser feito nos manifestos lançados entre maio e junho de 2020 no Brasil é o Manifesto do Levante das Mulheres Brasileiras, no canal do YouTube e no Facebook, com uma série de ações digitais para recolhimento de assinaturas, campanhas como #Mulheres Derrubam Bolsonaro. Esse manifesto resultou do trabalho de articulação de vários coletivos feministas, campo não exatamente novo porque o movimento feminista no Brasil advém do século XX, com registros também no século XIX. Mas na década de 2010, com os coletivos assumindo papel relevante e certa vanguarda nas formas de ação coletiva (como veremos no cap. 4), os coletivos feministas se destacaram, especialmente alguns de caráter intersetorial, articulando questões temáticas de gênero, raça, classe etc. Registre-se ainda que o manifesto Levante das Mulheres Brasileiras foi elaborado por grupos que integraram a campanha #Ele Não nas eleições presidenciais de 2018, além de terem no *curriculum* outras campanhas como Quem Ama Não Mata, Ele caiu, Nenhuma a Menos, além de campanhas de temáticas mais gerais como Fora Cunha, Diretas Já. O grupo também se espelhou nas marchas das mulheres, especialmente da Marcha das Margaridas, das Mulheres Sem Terra e da Marcha das Mulheres Negras. Sabe-se que a primeira Marcha das Margaridas aconteceu em agosto de 2000, e sua coordenação envolveu inúmeras organizações, como: Contag (Confederação Nacional de Trabalhadores Rurais Agricultores e Agricultoras Familiares), MMM (Marcha Mundial das Mulheres), AMB (Articulação de Mulheres Brasileiras), UBM (União Brasileira de Mulheres).

Em pesquisa publicada em 2014 eu assinalei a importância do movimento das mulheres nas transformações sociais no século XX, sistematizando suas lutas em três ondas. Na primeira estavam as lutas por reconhecimento ligadas à igualdade de direitos, caracterizadas entre o século XVIII e início do século XX (a exemplo de WOLLSTONECRAFT, 1789). Na segunda onda, nas décadas de 1960-1980, postularam-se, além das igualdades de direitos, lutas contra problemas estruturais da violência, sexualidade, leis e costumes, sendo que a categoria gênero ganhou força a partir da década de 1980 nas pautas dos grupos e na produção acadêmica, com apoio de fundações internacionais para pesquisas sobre o tema. É importante registrar que em 1975 ocorreu a Primeira Conferência Internacional sobre as Mulheres, no México, e a ONU declarou-o como Ano Internacional da Mulher.Os desdobramentos dessas ações globais se refletem de formas diferentes conforme a conjuntura política dos países. No Brasil, ainda em 1975, houve um Encontro para Diagnóstico da Mulher Paulista, na Câmara Municipal, com o apoio da ONU. Na terceira onda do movimento das mulheres, nos anos de 1980-1990, as pautas se ampliaram, como também as diferenciações internas entre os grupos organizados das feministas, focando outras dimensões como as políticas públicas. No Brasil foram criadas Delegacias de Defesa da Mulher e um Conselho Estadual da Condição Feminina no governo do Estado de São Paulo. Inúmeras leis e políticas públicas foram criadas no Brasil entre os anos de 2000 e 2015 focalizando as mulheres, nos governos Lula e Dilma Rousseff, a exemplo da Lei Maria da Penha, PEC das Domésticas, criminalização do feminicídio etc., além de secretarias e ministério. Atualmente se discute a quarta onda com o uso das redes e novas tecnologias (PINTO, 2003; MATOS, 2010; 2014; HOLLANDA, 2018; FACIOLI, 2021)[8]. Sobre esta onda, Facioli, citando Heloísa Buarque de Hollanda (2018) diz:

> [há] uma quarta onda do movimento feminista não só no Brasil, mas no mundo. Estes novos movimentos se justificam pela apresentação de algumas características que, segundo a autora, além de envolverem um uso constante das redes sociais, estão atravessados por uma maior horizontalidade, por uma recusa à mediação representativa, pelo reforço das experiências individuais, pela valorização da ética em detrimento da ideologia e pela insurgência, mais do que pela revolução (FACIOLI, 2021, p. 6).

---

8 Mônica Karamezjczyk (2020), ao estudar a vida de Deolinda Daltro, criadora do primeiro partido feminista no Brasil, no início do século XX, disse em reportagem ao Universa/UOL: "O que permanece de forma quase idêntica tanto agora como lá no início do século XX é a dificuldade de se perceber a voz feminina como legítima na esfera pública, como uma voz que fala em nome de todos, homens e mulheres. [...]. Não se reconhece a autoridade feminina nos espaços de poder. Sejam eles de qual vertente forem, sempre têm que se justificar do porquê estarem presentes no espaço público. Uma esfera de atuação na qual, até hoje, não é vista com naturalidade [Disponível em https://www.uol.com.br/universa/noticias/redacao/2020/08/14/mulher-do-diabo-ha-110-anos-ela-criou-1-partido-feminino-do-brasil – Acesso em 14/08/2020].

Marilise Matos (2010) caracteriza a quarta onda do feminismo brasileiro como uma fase de institucionalização das demandas das mulheres e do feminismo, o processo de institucionalização das Ongs e das redes feministas e a possibilidade da luta trans ou pós-nacional. Em estudo posterior, Matos (2014) detalhou e ampliou as características desta quarta onda, citando o alargamento da concepção de direitos humanos (abarcando sexo, gênero, cor, raça, sexualidade, idade, geração, classe social etc.); ocorrendo também uma diversificação da base das mobilizações sociais e políticas; uma nova forma teórica, transversal e interseccional; promovendo uma retomada e uma aproximação entre o pensamento, a teoria e os movimentos feministas.

Retomando os acontecimentos de 2020, não vamos entrar agora na análise interna dos manifestos e documentos antes citados, mas enfatizar que, com o seu registro destacamos um ponto comum: foram atos de resistência em defesa da democracia. Observa-se que ao longo do mês de junho de 2020, a pauta da luta antirracista se juntou aos atos e protestos pela democracia nas ruas, assim como aos novos manifestos públicos, a exemplo do Enquanto houver racismo não haverá Democracia, publicado na mídia impressa e on-line em 14/06/2020.

No dia 13 de junho de 2020, um grupo de ação contra o Governo Bolsonaro, composto de artistas, intelectuais, profissionais liberais, profissionais da saúde, estudantes, editoras e comunicadores organizaram um ato virtual em frente ao Masp (Museu de Arte Moderna de São Paulo), com uma *performance* virtual. Fotos de pessoas mortas pela covid-19 ou vítimas da violência policial e outros órgãos do Estado foram projetadas no museu.

No dia 14 de junho ocorreu novo ato anti-Bolsonaro; novamente na Avenida Paulista. Segundo a imprensa, participaram cerca de mil pessoas; houve forte aparato militar e tudo transcorreu sem incidentes, com a duração de cerca de 3h. A diferença na pauta foi a questão do repúdio ao fascismo, tendo em vista que os bolsonaristas elegeram os antifas como inimigo central, a exemplo do que fez Donald Trump no mesmo período e em campanha pela reeleição, denominando os antifas como terroristas "da esquerda radical do mal". Na realidade, a eclosão de protestos nas ruas nos Estados Unidos, entre a morte de George Floyd e seu enterro, no dia 10 de junho, não só pautou e consolidou a luta antirracista nas manifestações nas ruas do Brasil, ao lado da luta pela democracia, como configurou este ato político, coletivo – os antifascistas ou antifas – no vocabulário dos protestos. Esta figura apareceu bastante nos protestos nas ruas em junho nos Estados Unidos, sendo uma forma de rechaço às políticas do então Presidente Donald Trump, que queria enquadrá-los como terroristas. Certamente, a luta pela democracia teve como eixo a busca de salvá-la do totalitarismo, do autoritarismo, da intolerância, do pensamento único, da não liberdade de expressão, da perseguição à imprensa etc. Assim, o fascismo e o nazismo sempre são lembrados como regimes de exceção em que as liberdades democráticas desaparecem; não são apenas censuradas. Segundo o historiador Mark Bray, o antifascismo contemporâneo é "um método político, um *locus* de autoidentificação individual e de grupo, de um movimento transnacional que adaptou correntes socialistas, anarquistas e comunistas preexistentes a uma súbita necessidade de reagir à ameaça fascista" (BRAY, 2019, p. 214). Em vários casos, os antifas e os *blacks blocs* são tratados como um só fenômeno social[9].

---

9 Segundo Bray "o *black bloc* não é uma organização ou um grupo específico. Trata-se de uma tática de militância de rua anônima e coordenada, usada predominantemente, embora não exclusivamente, por anarquistas e outros antiautoritários, que se originou na década de 1980 entre os autonomistas alemães. A justificativa para essa tática é simples: em uma era de constante vigilância, as táticas militantes devem exigir algum nível de anonimato. Embora o fato de usar máscaras, roupas pretas e uniformes nem sempre esconda a identidade de alguém, deixar de fazê-lo aumenta drasticamente as chances de ser identificado pela polícia e/ou pelos fascistas" (BRAY, M. *Antifa – O manual antifascista*. São Paulo: Autonomia Literária, 2017, p. 214).

O termo antifa, como nos lembra Pablo Ortellado, já teve três ondas. A primeira, quando se resistiu ao nazismo na década de 1930, especialmente na Alemanha. Na década de 1980 surgiu a segunda onda, com coletivos de autodefesa ligados à contracultura ou aos *punks*. O autonomismo socialista se uniu ao anarquismo, numa coalização entre a bandeira preta e a bandeira vermelha. A terceira onda, já neste século, ressurgiu como reação ao crescimento de grupos de extrema-direita no mundo. No Brasil, o antibolsonarismo deu identidade aos antifas locais, de rechaço ao autoritarismo. Bolsonaro, como Trump, refere-se aos antifas como terroristas, em mais uma tentativa de dizimar a dissidência e acabar com a liberdade de expressão (cf. ORTELLADO, P. Antifas. *Folha de S.Paulo*, p. 2, 09/06/2020). Registramos ainda que a conexão dos antifas à luta pela democracia ocorre no Brasil articulada à luta contra o racismo e tem um denominador comum: o uso da violência policial, especialmente nas regiões periféricas e comunidades favelas, compostas, como se sabe, por maioria pobre, negra ou parda (para usarmos critério do IBGE). Portanto, políticas de segurança pública estão também no cerne do repertório de demandas dos antifas. O racismo não está apenas na sociedade, mas também no Estado na forma em que ele opera (ou não) as políticas públicas, especialmente no campo da segurança pública. Com um agravante no caso brasileiro: geralmente a polícia é composta de uma maioria igualmente negra ou parda, como denominam alguns. Disso tudo, é possível concluir que a luta pautada na defesa do regime democrático em 2020 contra os atos antidemocráticos dos grupos de extrema-direita que apoiam o Presidente Bolsonaro fez emergir também, por força das circunstâncias de fatos internacionais, a luta contra o racismo. Importantíssimo relembrar que esta luta no Brasil é histórica, desde a época da Colônia, com a escravidão. Ao final da Primeira República, em 1931, foi criada a Frente Negra Brasileira, colocada na ilegalidade no final daquela década. Entre 1945 e 1964 existiu a UHC (União dos Homens de Cor), uma notável organização afro-brasileira. Mas foi na década de 1970 que passaram a ser organizadas inúmeras frentes e ações coletivas, a exemplo do Ilê Aiê, em 1974, na Bahia, e do MNU (Movimento Unificado Negro) em 1978, também chamado Movimento Negro Unificado contra a Discriminação Racial. Naquela ocasião, um negro, Robson Silveira da Luz, foi torturado e morto pela polícia em São Paulo, após ter sido preso por ter apanhado um cacho de banana de um caminhão de frutas. Robson morreu em 18/06/1978, e no dia 8 de julho daquele ano houve uma manifestação histórica em São Paulo, reunindo 2 mil pessoas, rompendo o silêncio dos grupos negros sob o controle da ditadura militar. Na época, Robson virou símbolo da luta contra o genocídio negro. Mas quem hoje ainda se lembra do Robson? Segundo Lilia M. Schwarz (2020), até hoje pouco se sabe de sua vida. E por que isso ocorre? Porque houve na ocasião um reflorescimento e um despertar da luta contra o racismo, mas como *problema dos negros*. Poucos brancos se envolveram nas múltiplas frentes e movimentos que foram criados ao longo das décadas seguintes. Certamente que após a Constituição de 1988 ocorreram inúmeros avanços democráticos com conquista de direitos, tais como o reconhecimento de terras aos quilombolas, legislação sobre o racismo caracterizando-o como crime, ações afirmativas, em especial o programa de cotas raciais, e leis específicas no ensino escolar como a obrigatoriedade do ensino aos povos africanos etc. Inúmeros intelectuais negros estiveram na linha de frente de movimentos progressistas da época, que articulavam a questão da raça à do gênero, como Lélia Gonzalez, cuja contribuição está sendo resgatada na atualidade (cf. GONZALES, 2020). Mas a pesquisa anual do IBGE relativa à Pnad Contínua da Educação de 2019, divulgada em julho de 2020, registra que "dos 10 milhões de brasileiros entre 14 e 29 anos de idade que deixaram de frequentar a escola, sem ter completado a educação básica, 71,7% são pretos ou pardos" (cf. mais *Folha de S.Paulo*, p. B6, 16/07/2020, reportagem de Isabela Palhares).

As manifestações contra o racismo e pela defesa da democracia, em 2020, reacendeu a esperança de ocorrerem mudanças culturais na sociedade. Inúmeros ativistas e analistas reafirmaram: Não existe democracia com a existência do racismo! Este foi um marco histórico importante nas manifestações de junho de 2020. Muitos analistas afirmam que o racismo foi *inventado* e *naturalizado* pelos brancos, que ignoram nos problemas da pobreza e da desigualdade social; que há uma cor predominante na pobreza, a de negros; que igualmente há racismo estrutural (ALMEIDA, 2018), o qual já foi pensado/teorizado de forma brilhante em 1967 por Stanley Carmichael (conhecido como Kwame Ture) e Charles Hamilton, traduzido no Brasil apenas em 2021. Carmichael e Hamilton explicam as diferenças entre sistema, estrutura e por que é importante entender o racismo e a supremacia branca como problemas estruturais. Segundo Custódio (2021), os autores analisam o *Black Power* segundo dimensões de *pertencimento*, projeto e valorização do que chamamos hoje de *consciência negra*. Entendemos que cabe também aos brancos lutarem contra todas as formas de racismo. Como bem disse Schwarcz, "O racismo não é um problema exclusivamente dos negros; faz parte de uma agenda republicana brasileira. Perpetuando continuamente a discriminação, as elites brancas brasileiras se equilibram entre a cegueira social e uma forma de amnésia coletiva. Para o racismo não há desculpa (*Folha de S.Paulo*, p. B19, 14/06/2020).

Nesta conjuntura, 150 entidades que formam a Coalização Negra por Direitos, criada em 2019, elaborou o manifesto Enquanto houver racismo não haverá democracia. O texto foi subscrito por dezenas de ativistas, artistas, empresários e intelectuais brancos e negros, e enfatiza que a questão racial não é apenas mais um tema na agenda democrática brasileira, mas é fator determinante! Tão determinante para a democracia quanto o esclarecimento das mortes de Amarildo, Marielle Franco, o menino João Pedro e Agatha e tantos outros, vítimas das balas perdidas ou assassinatos premeditados. Talvez 2020 venha a ser lembrado futuramente pela pandemia, mas também como um marco de virada na luta contra o racismo – não apenas no combate, mas também nas iniciativas da educação não formal da população –, especialmente das novas gerações; na conscientização da questão como parte dos direitos da luta contra as diferenças e desigualdades, da constituição de uma memória nacional em que os(as) negros(as) tenham seu devido lugar, a despeito de ações como a do então presidente da Fundação Palmares, Sérgio Camargo, que negava e tentava reescrever a história com mais preconceito ainda. Iniciativas como a dos artistas, do criador de grafite Casé e do produtor cultural Pedro Rajão, que criaram em 2019 o Projeto Negro Muro no Rio de Janeiro, espelhando nas ruas do Rio pinturas de personalidades pretas representativas da cultura brasileira. Até março de 2021, 14 personagens haviam sido homenageados, destacando-se Pixinguinha, Cartola, Clementina de Jesus, Marielle Franco, Mussum, Jovelina Pérola Negra, João Cândido (o almirante negro) e tantos outros esquecidos. Num momento em que estátuas de colonizadores e ditadores estão sendo derrubadas em todo o mundo, a iniciativa da dupla carioca é das mais relevantes, para que não só murais e *posters*, mas bustos e estátuas sejam erguidas; ruas sejam nomeadas, e quando já exista uma nomeada em homenagem a um negro, que nela sejam colocadas placas com mini-história dele, para que não haja o embranquecimento e o esquecimento da raça do homenageado, a exemplo da Avenida Rebouças, em São Paulo, onde poucos sabem quem foi André Rebouças[10]. Mas toda ação revela várias faces de uma te-

---

10 André Rebouças (1798-1880) era engenheiro, abolicionista e lutou na Guerra do Paraguai. Foi professor na UFRJ e responsável por importantes obras como a estrada de ferro que liga Curitiba à Paranaguá. Participou da Sociedade Brasileira Contra a Escravidão, ao lado de Joaquim Nabuco, José do Patrocínio e outros, e da Con-

mática/problemática. A academia e setores da mídia passaram a pautar a discussão sobre o racismo com mais intensidade a partir da morte de Jorge Floyd. Debates, programas e a própria contratação ou valorização de profissionais negros passou a ocorrer tanto em empresas como nos órgãos de comunicação. O Ceert (Centro de Estudos de Relações de Trabalho e Desigualdades), fundado em 1991, em abril de 2021 fez uma parceria com a Rede Brasil de Pacto Global, das Nações Unidas, criando o Programa Equidade é Prioridade Étnico-Racial, para ser um facilitador de diversidade racial em cargos de liderança de empresas de iniciativa privada, para que deixem de ser *bolhas brancas*. Segundo o Instituto Ethos, atualmente quase 56% da população brasileira se declaram negra, mas apenas 4,7% dos quadros executivos das 500 maiores empresas do país são ocupados por negros. A partir de 2020 pôde-se observar que também a história e a literatura de pessoas negras, especialmente mulheres, passaram a ter mais espaço nas programações e nos debates na mídia, e suas publicações ganharam destaque nas livrarias, a exemplo de Abdias do Nascimento, Lélia Gonzalez, Conceição Evaristo[11], Sílvio Luis Almeida, Sueli Carneiro (cf. SANTANA, 2020), Djamila Ribeiro, Achille Mbembe, Anielle Franco e muitos(as) outros(as). No campo literário da contribuição de pessoas negras, especialmente mulheres, que ti-

---

federação Abolicionista, redigindo igualmente os estatutos da Associação Central Emancipadora. Segundo a historiadora Hebe Mattos, André defendeu a inclusão social da população negra por meio de uma reforma agrária que concedesse terra aos libertos. Mas André também era monarquista, e com a abolição também ocorreu a queda do Império, e, assim, "em 1889, André Rebouças embarcou, juntamente com a família imperial, com destino à Europa. Por dois anos ele permanece exilado em Lisboa, como correspondente do *The Times* de Londres. Posteriormente, transferiu-se para Cannes, onde permaneceu até 1891. Em 1892, Rebouças aceitou um emprego em Luanda, onde permaneceu por 15 meses. A partir de meados de 1893, residiu em Funchal, na Ilha da Madeira, até sua morte, no dia 9 de maio de 1898" [Disponível em https://pt.wikipedia.org/wiki/Andre_Rebouças].

11 Conceição Evaristo ganhou em 2019 o Prêmio Jabuti na categoria Personalidade Literária do Ano. Ela criou o termo *escrevência*, um misto de narrativa das vivências e lembranças da oralidade. Certa vez afirmou: "Negar ao sujeito a fala é negar sua condição humana".

veram reconhecimento merecido destacamos duas: Maria Firmino dos Reis[12] (1859), do Maranhão, ainda no Brasil colonial e escravocrata; e Carolina Maria de Jesus[13], de São Paulo, no final da década de 1950 e na década de 1960.

Em síntese, o racismo deve estar no centro da luta pela democracia, assim como a luta contra as desigualdades e por mudanças no Brasil. Lembrando novamente que precisamente 55,8% da população brasileira, que atualmente correspondem a 117 milhões de pessoas – declaram-se preta ou parda; portanto, estamos falando de uma luta que abrange a maioria da população brasileira.

Voltemos ao nosso diário das manifestações na quarentena. Em 21/06/2020, domingo, novas manifestações nas ruas, de grupos pró e contra a democracia. Embora tenham ocorrido novas confusões entre os dois grupos em Brasília, que fizeram manifestações pela manhã, separados apenas por cordão de isolamento organizado pela Polícia Federal, os atos perderam a visibilidade na mídia devido aos fatos ocorridos no final daquela semana: prisão de Fabrício Queiroz, tido como participante nas denúncias de caixa 2 na Assembleia Legislativa do Rio de Janeiro, envolvendo também o filho do presidente da República; exoneração e fuga do ex-ministro da Educação; apagamento de vídeos e *lives* antidemocráticos nas redes de mídias sociais, pelos próprios coordenadores dessas mídias; desmonte por ordem judicial do acampamento do grupo radical de direita 300 do Brasil; prisão de Sara Giromini – ou Sara Winter, como é conhecida; ativista pró-Bolsonaro e uma das

---

12 Maria Firmino dos Reis (1859) foi a primeira romancista brasileira negra; nasceu no Maranhão em 1822 e foi professora de escola primária no período do Brasil escravocrata. Assinava na época como "uma maranhense", porque mulheres negras não podiam ser publicadas.

13 Carolina Maria de Jesus, de São Paulo, no final da década de 1950 e na década de 1960, catadora de papel e moradora da Favela do Canindé, teve seu diário publicado ainda em vida. Morreu pobre e teve reconhecimento de sua obra só depois. Em 2021, a UFRJ concedeu o título de *Doutora Honoris Causa* a Carolina Maria de Jesus. *Quarto de despejo: diário de uma favelada* se tornou obra referencial da literatura/realidade sobre o dia a dia dos pobres, excluídos e invisíveis.

lideranças do grupo 300 Brasil – pela Polícia Federal, por ordem de Ministro do STF, após o ataque ao STF com fogos de artifício; investigação sobre a origem das verbas que financiaram atos antidemocráticos. Em suma, a tensão política aumentou, assim como a crise sanitária, o número de mortes pela covid-19 etc. Tudo isso se sobrepôs à pauta das manifestações nas ruas.

O olhar e o registro sobre as manifestações públicas durante a pandemia no Brasil devem atentar não apenas para os grandes atos – em termos numéricos, nos territórios já simbólicos das manifestações nas capitais brasileiras –, mas também para ações de categorias específicas diretamente envolvidas na crise e seu combate, a exemplo dos profissionais da área da saúde e os trabalhadores do setor das entregas, especialmente alimentação, *motoboys/motogirls* e *bikeboys*, já mencionados anteriormente. Na linha de frente do combate, eles padecem com as condições de trabalho, as longas jornadas e o risco de contagiarem a si próprios e aos familiares. Em junho de 2020, um dado estatístico revelou a gravidade da situação: do total de mortos no país, um número elevado foi de profissionais da área da saúde. A categoria desses profissionais realizou inúmeros atos no país, quer deitando-se na areia da praia, no Rio de Janeiro, representando os mortos e, a seguir, deixando cruzes enfiadas na areia, como em um cemitério, gerando imagens impactantes; ou realizando atos em praças, como o que foi realizado em São Paulo, na Praça Roosevelt, coordenado pela Associação Brasileira de Médicos e Médicas pela Democracia e pela Rede Nacional de Médicos Populares, que alertou também para as mortes de trabalhadores da saúde pela covid-19. A falta de medicamentos básicos como sedativos para intubar pacientes, a falta de insumos de proteção, a falta de leitos, de médicos e de outros profissionais, além de UTIs, respiradores, oxigênio e outros elementos básicos no tratamento estiveram no repertório dos protestos ou denúncias na área médica. Lembrando que durante a pandemia o Ministério da Saúde teve a troca de dois ministros e de um general, que assumiu como substituto, permanecendo no cargo até março de 2021. À medida que a pandemia crescia e ministros eram substituídos por decisão do presidente da República, que sempre minimizava o problema (uma gripezinha), este tentava interferir no tratamento (a famosa polêmica em torno da cloroquina). Assim, a área da saúde foi ficando a cargo das iniciativas locais e estaduais, sem um plano nacional de coordenação e apoio. Especialistas da área da saúde foram deixando o ministério e substituídos por militares em cargos-chave. A própria contabilidade do número de mortes e infectados foi abandonada pelo Ministério da Saúde, e os dados só puderam ser divulgados graças a um consórcio formado por veículos da imprensa e empresas privadas.

Do ponto de vista da sociedade, um levantamento realizado entre 25/05 e 05/06/2020 pela Rede de Pesquisa Solidária – uma iniciativa que reúne dezenas de pesquisadores de instituições públicas e privadas, inclusive da USP (Universidade de São Paulo) e do Cebrap (Centro Brasileiro de Análise e Planejamento), com 79 lideranças de moradores em áreas periféricas, em dez regiões do Brasil (São Paulo, Rio de Janeiro, Manaus, Recife, Salvador, Belo Horizonte etc. e no Distrito Federal) – registrou como principais problemas, listados em ordem decrescente dos percentuais encontrados: insegurança alimentar, fome, cesta básica (acesso ou insuficiência), trabalho (ausência), falta de renda, desemprego, acesso a auxílio emergencial, contágio da covid-19, falta de adesão a medidas de combate à pandemia, falta de atendimento e acesso a equipamento de saúde; medo, ansiedade e depressão; falta de dinheiro para máscara e higiene pessoal. Neste cenário, a pesquisa aponta indícios que nos indicam por que a situação não se configurou ainda mais grave: os atos de solidariedade e de organização interna das próprias comunidades. Voluntários colaboraram com associações de moradores, Ongs, igrejas locais etc. na distribuição de alimentos e produtos essenciais; mulheres foram contratadas para confeccionar máscaras com recursos advindos de campanhas de arrecadação; panfletos, carros de som, vídeos e alto-falantes foram utilizados pelos líderes e voluntários que entraram em ação com orientações básicas sobre a doença; foram feitas parcerias com psicólogos e centros de apoio comunitários (Fonte: Painel de Monitoramento de Lideranças Comunitárias no Cenário da covid-19. Rede de Pesquisa Solidária).

Donatella Della Porta registra este fato também em outros lugares do mundo:

> Diante das manifestas insuficiências do Estado e, mais ainda, do mercado, as organizações dos movimentos sociais são constituídas – como ocorre em todos os países afetados pela pandemia – em grupos de apoio mútuo, promovendo ações sociais diretas, ajudando os mais carentes. Assim, eles produzem resistência, respondendo à necessidade de solidariedade (DELLA PORTA, 2020a).

Resumindo, durante a pandemia os movimentos comunitários, no passado denominados movimentos de bairros, de ajuda mútua, de associativismo local etc. retornaram renovados. É sempre bom lembrar que movimentos sociais não são só as marchas, os atos públicos, as manifestações em praças, ruas e avenidas. Há um cotidiano no movimento que não é sempre visível. Não se deve confundir movimento com mobilização (cf. GOHN, 2019b). Outro ponto a relembrar: os efeitos e os impactos dos movimentos vão além do plano institucional ou institucional-governamental (quando conseguem uma lei, um bem-demandado etc., via longos processos de pressão e protestos). Os movimentos criam memórias, culturas, e isto é muito relevante se estivermos preocupados com impactos ao longo da história.

Em 26/06/2020 tentou-se organizar um ato virtual pelas redes sociais que buscasse unir diferentes setores da sociedade e do mundo político em defesa da democracia. O grupo coordenado pelo sociólogo Fernando Guimarães, que realizava manifestações desde março de 2020, propôs o *slogan* Direitos Já (como já foi dito, espelhando-se no Diretas Já de 1984). Ele teve o apoio de três dos outros grupos recentes, o Estamos Juntos, o Basta! E o Somos 70%, assim como a adesão de personalidades do mundo político, artístico/cultural e alguns empresários.

Em 27 de junho a *Folha de S.Paulo* lançou três frentes de ação em defesa da democracia no Brasil. Uma campanha publicitária, na mídia escrita, on-line e um filme curto na TV e redes, de alguns segundos; um Caderno Especial na edição de 28/06/2020 intitulado: O que foi a ditadura no período de 1964-1985; e um curso on-line com renomados jornalistas e pesquisadores, em *lives* com cinco datas diferentes. Segundo dados do IBGE, 54,2% da população brasileira nasceu após 1985, quando terminou o regime autoritário. Pesquisa Datafolha realizada entre 23 e 24/06/2020 e divulgada em 28 e 29/06/2020, durante o lançamento das ações em defesa da democracia, mostrou que 78% dos brasileiros preferem o regime democrático e 75% rejeitam uma aventura autoritária nos moldes de 1964; ou seja, a ampla maioria da população prefere a democracia. E mais, 68% consideram uma ameaça à democracia as manifestações antidemocráticas pedindo o fechamento do Congresso Nacional e do Supremo Tribunal Federal, e 81% opinaram que espalhar *fake news* contra membros dos poderes Legislativo e Judiciário é um perigo à democracia. Outro dado relevante da pesquisa é que 54% achavam que para tomar decisões importantes no país o governo deveria ouvir mais os cidadãos. A campanha da *Folha* adotou o amarelo como símbolo emblemático nacional a ser resgatado, a exemplo das Diretas Já em 1984, adotando também uma *hastag*: #Use Amarelo pela Democracia. O *slogan* principal do jornal também mudou temporariamente para: "Um Jornal a Serviço da Democracia Brasileira".

Ser de esquerda/direita, conservador/progressista, globalista/nacionalista, localista; secular/religioso etc. passou a ser parte do universo das identidades, que assumiram formas antagônicas e mutuamente excludentes na atualidade. Bobbio (1992) nos dá uma chave importante para distinguir estas *identidades construídas*; a questão da desigualdade. Ser de direita é priorizar o mercado e o crescimento econômico. Ser de esquerda é priorizar a luta pelo combate e queda das desigualdades. No centro dos antagonismos estão as polarizações. Levitsky e Ziblatt (2018) destacam que a polarização atualmente se estende para além das diferenças políticas e adentra nas questões de conflitos de raça, cultura. Podemos resumir que ela está no campo da política, das ideologias, das crenças religiosas, dos costumes, dos comportamentos etc. A polarização passa a ser o grande divisor de águas na política, na economia e na sociedade, adentrando a maioria dos espaços onde há relações humanas, especialmente nas famílias, escolas, igrejas e comunidades locais. Guerras culturais são travadas entre diferentes grupos sociais. É importante destacar que resulta deste cenário de polarizações, não uma amplificação do debate, ou o exercício da democracia, mas o contrário: um processo de desdemocratização (TILLY, 2007; PRZEWORSKI, 2020), de enfraquecimento de sistemas e instituições democráticas, quando não a sua supressão, como foi a extinção de vários conselhos participativos na esfera pública.

Sabe-se que o Decreto 9.759/2019 extinguiu os conselhos da administração pública federal não institucionalizados por lei e, por extensão, as conferências de políticas respectivas; ocorreram alterações no regimento dos conselhos criados por lei impondo limites ao controle social da sociedade civil; houve a redução e cortes de recursos para organizações da sociedade civil executarem programas governamentais de interesse social. Desde o primeiro dia do Governo Bolsonaro houve o fechamento de espaços cívicos de participação na arena pública governamental, cumprindo a ameaça feita pelo presidente, ainda quando candidato em outubro de 2018: "vamos botar um ponto-final em todos os ativismos no Brasil". O STF (Supremo Tribunal Federal) foi a arena principal de embate entre os decretos e aqueles que defendiam os órgãos de participação. Mesmo os conselhos não extintos foram esvaziados, como o Conama (Conselho Nacional do Meio Ambiente), que passou de uma composição de 96 integrantes para apenas 23, e o Conanda (Conselho Nacional da Criança e do Adolescente). Outros ficaram inativos, como o Consea (Conselho Nacional de Segurança Alimentar e Nutricional). Segundo Carla Bezerra (2022), membro de uma equipe do Cebrap, em parceria com instituições, pesquisou o tema, denominando este período que passou a imperar a partir de 2018 no Brasil como "legalismo autocrático".

Em resumo, a crise moral e política no Brasil, em 2020, levou grupos a se organizarem em defesa da democracia. Tilly assinala que a democracia é uma forma de governo construída via processos de lutas e confrontos, que tanto pode reafirmá-la como pode desconstruí-la ou destruí-la, desdemocratizando-se. O regime entra em fase de desdemocratização quando há conflitos na gestão de recursos públicos que vinculam os cidadãos ao Estado; conflitos entre as próprias elites dirigentes; crise nas redes de confiança etc. O principal suposto de Tilly que adotamos é: "não há condições necessárias para a democratização e a desdemocratização. Há processos necessários". Ainda seguindo Tilly, uma das indagações que podem ser feitas é: Quais são os processos ausentes (mas necessários) que devem ser implementados pelas forças progressistas que lutam pela democracia? A polarização existente é continuamente realimentada por agentes políticos de diferentes matizes político-partidários e esgarça o tecido democrático; reduzi-la é um dos grandes desafios da atualidade para os grupos que se preocupam com as injustiças e as desigualdades sociais. Neste cenário é interessante lembrar das contribuições de Manuel Castells, ao afirmar que a política é fundamentalmente emocional.

> A impressão vai se tornando opinião. E se confirma ou se desmente na elaboração do debate contínuo que acontece

nas redes sociais em interação com a mídia. A comunicação de massa se modela mediante a autocomunicação de massa, através da internet e das plataformas Wi-Fi onipresentes em nossa prática. As mensagens negativas são cinco vezes mais eficazes em sua influência do que as positivas. Portanto, trata-se de inserir negatividade de conteúdos na imagem da pessoa que se quer destruir, a fim de eliminar o vínculo de confiança com os cidadãos (CASTELLS, 2018, p. 20).

M. Castells afirma ainda:

> cada vez menos gente acredita nessa forma de democracia, a democracia liberal, ao mesmo tempo em que a grande maioria continua defendendo o ideal democrático. Precisamente porque as pessoas querem crer na democracia, o desencanto é ainda mais profundo em relação à forma como a vivem. E desse desencanto nascem comportamentos sociais e políticos que estão transformando as instituições e as práticas de governança em toda parte (CASTELLS, 2018, p. 10).

Como se sabe, desde 1997 ocorre a Parada do Orgulho LGBTQIA+ em São Paulo, que se tornou um evento não apenas simbólico, mas altamente rentável. Nesta data, como também por ocasião do grande prêmio da corrida da Fórmula I, em Interlagos, ficam esgotadas as reservas de hotéis, *flats,* pousadas etc.; também há *alto giro comercial* nos restaurantes, lojas e *shoppings*. Em 2010, a 23ª Parada movimentou R$ 403 milhões, segundo a Prefeitura de São Paulo. Em 2020, devido à pandemia, ela foi inicialmente transferida de junho para novembro, e depois cancelada em definitivo para 2020. Mas houve várias manifestações públicas on-line, e em 20 de junho, o Movimento LGBTQIA+ realizou uma caminhada virtual na Avenida Paulista, mas foi em 28 de junho que ocorreram inúmeras celebrações nas redes sociais, e em Brasília houve uma comemoração pública on-line: luzes com as cores do movimento foram projetadas no Congresso Nacional e na frase "Democracia, diversidade, direitos e orgulho", inscrita no alto do edifício ao lado. Sabe-se que no dia 28 de junho é o Dia

Internacional da LGBTQIA+, quando se rememora a Revolta de Stonewal em 1969 – nome de uma boate em Nova York –, quando a população LGBTQIA+ se revoltou contra a violência policial. Em 1978, quase dez anos depois, iniciaram-se as reuniões do Núcleo de Ação pelos Direitos dos Homossexuais – considerado precursor do movimento LGBTQIA+ brasileiro –, substituído por Somos (Grupo de Afirmação da Identidade Homossexual). Num encontro entre o ativista brasileiro João Antonio Mascarenhas e Winston Leyland – então editor da *Gay Sunshine Press*, Estados Unidos – surgiu o jornal *O Lampião da Esquina* e o coletivo político Somos. Estes fatos históricos são relevantes não apenas por se tratar de um movimento que defende direitos, mas porque cresceu muito nas últimas décadas, estando presente nas pautas de reivindicação de setores da sociedade e nas esferas governamentais. Nesse período o movimento obteve várias conquistas para os grupos homoafetivos, consagradas em leis, museus da diversidade sexual e uma extensa gama de produções culturais, destacando-se filmes. Os dados históricos nos revelam que já na década de 1970, coletivos eram uma denominação assumida pela comunidade, e que a Parada teve, de fato, antecedentes vinte anos antes de sua primeira edição, na época se denominava Parada do Orgulho *Gay*, Lésbicas e Travestis. A Parada, ao longo dos anos, foi incorporando tom político e ganhando caráter peculiar, com uma apropriação festiva do espaço público, um misto de carnaval com demandas por direitos, protestos contra as discriminações e as violências físicas, verbais etc. Em 2020, com o crescimento das políticas governamentais conservadoras e de grupos civis racistas e homofóbicos, ocorreram inúmeros casos de ataques a *gays*, trans etc., inclusive espancamentos até à morte, em ruas e lugares públicos.

Em 28/06/2020, um domingo, novas manifestações ocorreram no país contra e pró-democracia. Os bolsonaristas repetiram atos antidemocráticos em Brasília e em São Paulo (desta vez em frente à Assembleia Legislativa e próxima do acampamento em espaço público que organizaram), com os mesmos *slogans*: intervenção militar, ataques ao Poder Judiciário etc., com um menor número de manifestantes.

Os atos pró-democracia de 26 de junho, em São Paulo, ocorreram na Avenida Paulista em frente ao Masp, contando novamente com a presença das torcidas organizadas, de movimentos sociais e partidos políticos. Entretanto, os organizadores não concordaram com faixas do diminuto partido PCO (Partido da Causa Operária), com dizeres como "Revolução", contra o governo, fazendo com que o grupo fizesse manifestação separada. Este fato relembra junho de 2013, quando bandeiras partidárias foram excluídas. Desta vez a exclusão foi de lemas mais radicais, pois estes são identificados com estratégias de manifestações da direita. Esse comportamento confirma dados da pesquisa Datafolha, registrando que 84% dos entrevistados acham que os movimentos sociais devem respeitar a lei e a ordem para reivindicar seus direitos.

Entre junho e julho de 2020, a crise política brasileira se acirrou com tensões entre os poderes, especialmente entre o Poder Executivo e o Judiciário devido à pauta dos acontecimentos: investigações em curso no Judiciário sobre *fake news*; desvios de dinheiro público ou uso de canais não legais, como as *rachadinhas* no Rio de Janeiro envolvendo parlamentares parentes do presidente da República; denúncias de abuso de poder ou interferência em órgãos públicos etc. A prisão de Fabrício Queiroz, ex-assessor do filho do presidente, acirrou as tensões. Neste cenário, em julho de 2020, as manifestações nas ruas, pelos grupos contrários ao governo federal, diminuíram e aumentaram nas redes on-line. Mas uma novidade nas ruas foi a presença de manifestações de trabalhadores da área de serviços de entrega de mercadorias, especialmente do setor alimentício (iFood, Rappi, Loggie e Uber Eats), composto por *motoboys* e ciclistas, em atividades com alto risco de acidente. Surgiram movimentos politizados como Entregadores Antifascistas. A categoria dos entregadores, devido às condições precárias de trabalho, passou a ser um espaço de socialização e de politização. Em 01/07/2020 ocorreu o primeiro protesto nacional com apoio do SindimotoSP (Sindicato dos Mensageiros Motociclistas, Ciclistas e Mototaxistas Intermunicipal do Estado de São Paulo). O repertório de demandas girou em torno de condições mínimas de trabalho como alimentação durante a jornada de trabalho, água, uso de sanitários, equipamentos básicos de proteção à pandemia, os EPIs, a demandas trabalhistas como taxas justas, licença remunerada em caso de acidente, seguro contra roubo, fim das pontuações e dos bloqueios injustos ou indevidos dos aplicativos – geralmente, aqueles que participam de protestos são rastreados pelos empregadores. O protesto foi organizado via rede social, e inúmeros jornais retrataram em 2 de julho, em sua primeira página, as manifestações, com inúmeros cartazes reproduzindo as demandas, ou punhos cerrados e "Basta!"; "Educadores e Entregadores", "Motoboy Profissão Perigo", "Todo Trabalhador tem seu Valor" etc.

Em 14 de julho ocorreu o segundo protesto significativo, desta vez convocado somente pelo SindimotoSP. Segundo notícias divulgadas pela *Folha de S.Paulo* em 14/07/2020:

> Os entregadores de aplicativos fizeram um novo protesto nesta terça-feira (14), mas desta vez apenas em São Paulo, sem a adesão nacional da paralisação ocorrida em 1º de julho. [...] A manifestação teve concentração às 9h na sede do sindicato, no bairro da Vila Olímpia, e seguiu por alguns pontos da capital paulista. Houve manifestações em frente à Câmara dos Vereadores e depois os entregadores foram ao TRT (Tribunal Regional do Trabalho) [Disponível em https://www.uol.com.br/tilt/noticias/redacao/2020/07/14/entregadores-de-apps-fazem-novo-ato-em-sp-e-protestam-em-frente-a-camara].

Ainda segundo a *Folha de S.Paulo*,

a pauta dos protestos dos motociclistas era: melhores condições de trabalho, aumento do valor das entregas, fim das punições e bloqueios por parte dos aplicativos, contratação de seguro de vida e acidente para os trabalhadores e licença remunerada para os entregadores contaminados [Disponível em https://noticias.uol.com.br/cotidiano/ultimas-noticias – Acesso em 14/07/2020].

Uma grande diferença entre os trabalhadores ligados ao sindicato e a outra parcela que organizou a paralização no dia 1º de julho é que os sindicalizados queriam a CLT (Consolidação das Leis do Trabalho) para eles terem carteira assinada e seus direitos trabalhistas garantidos. Já outra parcela queria um sistema de trabalho flexível, podendo escolher dias e horários, como também atuar em vários aplicativos. A diferença nas demandas e nas articulações do perfil político entre sindicalizados e não sindicalizados foi explicitada no dia 25 de julho com uma convocação pelo grupo dos não sindicalizados, que também não é homogêneo. Naquele dia a manifestação não foi expressiva, mas foi possível identificar três subgrupos: o Treta no Trampo, que se organiza pela internet e defende autonomia dos *motoboys* com melhores condições de trabalho, mas sem CLT; o Entregadores Antifascistas, que se apresenta como simpatizante da esquerda; e até uma minoria de representantes da direita que entoava "Deus acima de tudo" e apresentando faixa com os dizeres: "A guerra continua" etc. (cf. mais em SOPRANA, P. In: *Folha de S.Paulo*, p. A18, 26/07/2020).

Um dos grandes destaques no cenário do associativismo civil durante a pandemia ocorreu na área da educação, ao redor do Fundeb (Fundo de Manutenção e Desenvolvimento da Educação Básica e de Valorização dos Profissionais da Educação). A Câmara dos Deputados aprovou, em 21 de julho, em dois turnos – o primeiro com 492 votos a 6 e o segundo com 499 votos a 7 –, a Proposta de Emenda à Constituição (PEC) 15/15, que tornou permanente o Fundeb e ampliou a verba federal da Educação Infantil e dos ensinos Fundamental e Médio, passando o aporte da União a aumentar de maneira gradativa de 2021 a 2026, substituindo o modelo vigente de 10% até atingir a proposta de 23% do total do Fundeb. Em 29/07/2020 foi aprovada no Senado e sancionada pelo presidente. No processo de aprovação do Fundeb, em 20 de julho, a TV Câmara

> bateu recorde de espectadores: a transmissão da votação do Fundeb teve 523 mil acessos. Esse é apenas um dos vários indicadores da gigantesca mobilização que os professores de todo o país fizeram para pressionar deputados federais a aprovarem o relatório do Fundeb sem alterações [...] grupos em favor da educação, mestres, pais de alunos e prefeitos fizeram uma das maiores articulações populares já vistas em favor de uma Proposta de Emenda Constitucional (PEC) [Disponível em https://noticias.uol.com.br/colunas/chico-alves/2020/07/28/como-professores-de-todo-pais-articula ram-mobilizacao-record-pelo-fundeb].

Consideramos este fato altamente relevante não apenas pela conquista em si, que por si só é o grande mérito. A relevância é dada também para o sinal de alerta de novos tempos. A pressão popular on-line, e quando bem-organizado em função de causas fundamentais, especialmente dos setores populares que estão em situação de desigualdade socioeconômica gritante na pandemia, atinge objetivos e reforça o repertório das formas de inovação das pressões por mudanças na sociedade. Ela expande e democratiza a luta pela educação, via acessos on-line, deixando de ser uma luta só dos profissionais da área educacional, ou dos sindicatos e sua base de sindicalizados. Mas infelizmente essa pressão ainda é difusa e marcada por interesses que vão além da educação. Ao final de setembro de 2020, o governo federal buscava fontes para financiar o Renda Cidadã e incluiu o Fundeb como uma das alternativas, ocorrendo rejeição, que ficou entre os analistas, políticos e profissionais da educação, não se ampliando para a sociedade. A pressão dos sindicatos na área da educação pública em São Paulo, representada pelo Apeoesp (Sindicato dos Professores do Ensino Oficial do Estado de São Paulo), também ocorreu na pandemia, de forma diferenciada, em 29/07/2020, com 260 veículos em carreata trazendo cartazes e adesivos "Em defesa da vida" e "Salário e auxílio emergencial"; ela partiu do Estádio do Morumbi e se deslocou até o Palácio do Governo Estadual, poucas quadras adiante. Dentre as demandas se denunciou-se que grande parte das escolas públicas não tinha infraestrutura para cumprir, ou seguir, as regras e protocolos sugeridos pelo governo estadual, para a retomada das aulas presenciais. Entretanto, a presença de uma deputada estadual pelo PT – professora que outrora, por mais de uma década, foi presidente da Apeoesp – levou o protesto a ser desqualificado na mídia como "ato político-eleitoral". Ou seja, o novo convive com o velho, formas novas emergem junto com as formas clássicas e tradicionais dos sindicatos, o olhar sobre o presente carrega os vícios da rejeição do passado.

Em 27/07/2020, 152 bispos da Conferência Nacional dos Bispos do Brasil (CNBB) divulgaram um documento denominado Carta ao Povo de Deus, no qual fazem críticas ao governo brasileiro[14]. O tom da carta relembra os idos das décadas de 1970-1980, quando parte do clero cristão, em ações junto às Comunidades Eclesiais de Base (CEBs), ou membros religiosos da época, apoiaram ações pela redemocratização do país. Uma entrevista dada por Leonardo Boff (ex-frade franciscano e com pa-

---

14 A Carta foi assinada por 152 bispos e bispos eméritos do país, como o arcebispo emérito de São Paulo, Dom Claudio Hummes; o bispo emérito de Blumenau, Dom Angélico Sândalo Bernardino; o bispo de São Gabriel da Cachoeira (AM), Dom Edson Taschetto Damian; o arcebispo de Belém (PA), Dom Alberto Taveira Corrêa; o bispo prelado emérito do Xingu (PA), Dom Erwin Krautler; o bispo auxiliar de Belo Horizonte (MG), Dom Joaquim Giovani Mol; e o arcebispo de Manaus (AM) e ex-secretário-geral da CNBB, Dom Leonardo Ulrich Steiner.

pel de destaque na época da Teologia da Libertação no Brasil) em 27/07/2020, ao Portal Tutameia, corrobora nossa hipótese:

> Temos de nos indignar, não aceitar o que está aí, mas mais do que tudo temos que ter a coragem de resistir, de ir à rua. Não acreditar nas *fake news*, criar grupos de reflexão de articulação, sermos solidários para com todas aquelas famílias que perderam seus entes queridos, apoiar os médicos, enfermeiros que sacrificam suas vidas. Ter a coragem de alimentar essa dimensão de luz em nós e a coragem de ir à rua para destituir esse homem, porque esse é a maior pedra que caiu sobre a população brasileira. Temos que transformá-la na base de um novo tipo de Brasil, generoso, cordial, hospitaleiro e que celebra a beleza e a grandeza da vida [Disponível em https://tutameia.jor.br/bolsonaro-tem-atributos-do--anticristo-diz-boff/ – Acesso em 27/07/2020].

Na realidade, a Carta da CNBB expressa mudanças e articulações que já estavam ocorrendo entre os setores progressistas da Igreja Católica. Ao final de 2019, a partir de um encontro de Cebs em Canoas, RS, surgiu o movimento Padres da Caminhada, com 200 integrantes; seguido da criação de outro grupo, o Padres Contra o Fascismo, com 170 integrantes. Entretanto, a Carta ao Povo de Deus trouxe à tona as divisões atuais no interior do clero católico. Houve reações da ala de conservadores à Carta, o que propiciou a manifestação do lado dos progressistas. Um grupo de 1.508 padres lançou, em 30/07/2020, um manifesto em apoio à Carta ao Povo de Deus, e críticas ao governo do Presidente Jair Bolsonaro. Diz um trecho do manifesto:

> os governantes [...] têm o dever de agir em favor de toda a população, de maneira especial os mais pobres, mas [...] não tem sido esse o projeto do atual governo, que [...] não coloca no centro a pessoa humana e o bem de todos, mas a defesa intransigente dos interesses de uma economia que mata, centrada no mercado e no lucro a qualquer preço. [E acrescenta:] Por isso, também estamos profundamente indignados

com ações do presidente da República em desfavor e com desdém para com a vida de seres humanos e também com a da "nossa irmã, a Mãe Terra", e tantas ações que vão contra a vida do povo e a soberania do Brasil. [Afirmam] ser necessária e urgente a reconstrução das relações sociais no Brasil, pois este cenário de perigosos impasses, que colocam nosso país à prova, exige de suas instituições, líderes e organizações civis muito mais diálogo do que discursos ideológicos fechados. [Afirmam ainda um compromisso] em favor da vida, principalmente dos segmentos mais vulneráveis e excluídos, nesta sociedade estruturalmente desigual, injusta e violenta [e se solidarizam com todas as famílias que perderam vidas por causa da covid-19] [Disponível em https//noticias.uol.com.br/últimas-notícias/bbc/2020/07/30/carta-de-mil-padres-com-criticas-a-bolsonaro-esquenta-racha-politico-na-igreja-catolica].

Registra-se ainda que a Carta ao Povo de Deus teve o apoio de vários intelectuais.

O ano de 2020 entrará para a história como o Ano da Pandemia. Mas do ponto de vista do ativismo no associativismo civil, o ano também demarca profundas mudanças, não apenas pelo surgimento de grupos em defesa da democracia, mas também, como já foi dito, pela rearticulação de grupos liberais criados após 2013 e que tiveram grande protagonismo nas grandes manifestações nas ruas em 2015-2016, época do *impeachment* de Dilma Rousseff, apoiando as coalizões que elegeram Jair Bolsonaro em 2018. Em 2020, o Vem Pra Rua (VPR) rompe oficialmente com o presidente após a saída do ex-Ministro Sérgio Moro do governo, seguidos dos ataques e investidas do governo, via Procuradoria Geral para controlar e relativizar o poder da Operação Lava Jato. Em 30/07/2020 o VPR lança vídeo nas redes, justificando-se:

Ficou evidente que Bolsonaro tinha outros planos, negando ser um governo contra a corrupção, escancarando a preferência mesquinha por intrigas políticas e nada republicanas, fritura de ministros e completa desfaçatez com que lidou e lida com as prioridades do país [Disponível em https://noticias.uol.com.br/politica/ultimas-noticias/2020/07/30/vem-pra-rua-se-vira-contra-bolsonaro-apos-criticas-de-aras-a-lava-jato].

O mês de julho de 2020 registrou os maiores índices de mortes e infectados pela covid-19, desde o seu início, com 93.616 mortes e 2.708.876 casos em 98% dos municípios brasileiros – ou seja, 5.442 municípios –, sendo que apenas 128 não registravam casos (Dados do Ministério da Saúde, tabulados pela *Folha de S.Paulo*). Julho igualmente foi o mês inicial da flexibilização das regras de isolamento pelos órgãos públicos estaduais e do surgimento de outra forma de pressão vinda de grupos corporativos – a maioria ligados ao comércio, serviços etc. –, clamando pela reabertura dos estabelecimentos. Mas as pressões não foram apenas demandas do setor do mercado. Houve grupos democráticos que pressionaram e reivindicaram a liberação de verbas públicas, como o FNDCT (Fundo Nacional de Desenvolvimento Científico e Tecnológico), em documento elaborado pela SBPC (Sociedade Brasileira para o Progresso da Ciência), pela ABC (Academia Brasileira de Ciências), pela CNI (Confederação Nacional da Indústria) e pela Anpei (Associação Nacional de Pesquisa e Desenvolvimento em Empresas Inovadoras). O documento de página inteira, em cor diferenciada, foi publicado em 02/08/2020 com o título: "Ciência, tecnologia e inovação: o Brasil precisa".

Em agosto de 2020, o setor cultural promoveu manifestações um tanto quanto inusitadas nas ruas de São Paulo. Em 02/08/2020, técnicos de som, luz e imagem fizeram uma passeata com *cases de equipamentos* em frente à Assembleia Legislativa de São Paulo, pedindo diálogo com o governo, crédito emergencial, abatimento nos impostos e definição de protocolos de segurança para as atividades voltadas do setor cultural. Sabe-se que a situação de artistas e profissionais da área da cultura foi uma das primeiras e mais afetadas com a paralização de *shows*, de espetáculos, contratos cancelados, deixando milhares de artistas e profissionais da área sem renda. Em 05/08/2020 ocorreu outra manifestação *sui generis* dos artistas: um protesto com *performance* específica denominada Marcha à Ré. Ela tinha sido encomendada pela Bienal de Berlim e deveria ocorrer entre setembro e novembro na capital alemã. A pandemia impossibilitou as viagens ao exterior e os organizadores promoveram a mudança de planos para o Brasil. À noite, no dia 5 de agosto, um cortejo fúnebre de 100 carros percorreu, em marcha à ré, 1,5km, partindo do prédio da Fiesp, na Avenida Paulista, em São Paulo, até o Cemitério da Consolação, na Avenida do mesmo nome. O protesto foi para homenagear as vítimas da covid-19, sendo organizado por Nuno Ramos, artista plástico de renome internacional, e Antônio Araújo, um dos fundadores do Teatro da Vertigem, conhecido por intervenções em espaços públicos na cidade. Dois carros funerários encabeçavam as pontas do cortejo, e artistas, vestidos de branco, com máscaras e escudos faciais, e todo o aparato hospitalar, guiavam os motoristas concentrados. Em frente ao cemitério, um trompetista tocou o hino nacional ao contrário, em cima do pórtico da entrada, tendo ao fundo uma bandeira com uma mulher agonizando, réplica da obra de Flávio de Carvalho *A série trágica: minha mãe morrendo*. O protesto/*performance* envolveu cerca de 250 pessoas entre atores, motoristas, produção, bombeiros, ambulância e agentes de trânsito, ajudados pelo Spcine em relação aos trâmites burocráticos para o fechamento das pistas. A Avenida Paulista foi escolhida pelo seu simbolismo, especialmente nas grandes manifestações pelo *impeachment* em 2015-2016 e sua apropriação por grupos bolsonaristas da direita em 2020. Retratei aqui a descrição de João Perassolo sobre o evento, que ganhou manchete em primeira página de jornal e apresentação com fotos em página inteira (cf. *Folha de S.Paulo*, p. B6, 06/08/2020) porque ela foi um retrato e grito de desespero daquele momento. Conforme disse Antônio Araújo sobre o evento, "o foco é a covid-19, mas, na verdade, é a ação do governo como um todo, em relação a todas as outras mortes: na arte, na cultura, na educação, a destruição ambiental".

2020 terminou com dados socioeconômicos devastadores sobre a pobreza no Brasil. O total de favelas dobrou no país e 55% da população sofria algum tipo de insegurança alimentar, segundo levantamento da Rede Brasileira de Pesquisa em Soberania e Segurança Alimentar e Nutricional (Rede Penssan).

No plano mais geral, a experiência vivenciada mundialmente em 2020 provocou alterações significativas no modo de vida da população, com consequências mais graves nas camadas mais pobres e vulneráveis, mas também provocou aprendizados em todas as classes e camadas sociais, como a incorporação da digitalização como forma não só de comunicação, mas de sobrevivência e criatividade. Todos aprenderam ou desenvolveram aulas on-line, produziram e assistiram *lives*, mudaram formas e hábitos de consumo via comércio on-line; todos tiveram de administrar a vida cotidiana via on-line, em diferentes escalas, segundo a classe social a que pertencem. No campo do associativismo foram ampliadas as redes e as formas de se associar. Os coletivos a serem tratados no cap. 4 são exemplos. Ocorreram pressão e aceleração da vida, com fatos e acontecimentos que a maioria passou a acompanhar a todo momento, via celular; grande parte ainda estava em *home office*, e aqueles que não estavam nessa modalidade de trabalho também fizeram do celular sua arma de defesa e resistência. Essa exposição midiática facilitou as articulações entre grupos e indivíduos antes isolados, os quais passaram a ter seu(s) grupo(s) de pertencimento, via WhatsApp e outros. Isso facilitou ainda mais o crescimento de uma nova geração de movimentos sociais, globais, que se articulam por meio das mídias tecnológicas e têm força para pensar globalmente a partir de questões locais, em temáticas de justiça, direitos, meio ambiente etc., convocando multidões para protestos contra os ataques aos direitos humanos, como em Hong Kong (com atos de resistência dos *umbrelas* (guardas-chuva) às punições sofridas por aqueles que reivindicaram direitos; ou apoio aos que protestaram e também foram punidos na Rússia, em Cuba ou em Mianmar, onde os direitos foram sequestrados. A luta contra diferentes tipos de racismo (contra negros, asiáticos, povos indígenas etc.) alastrou--se graças aos esforços de muitos que atuam nas redes e mídias sociais, assim como o campo das lutas de gênero, especialmente as mulheres: denúncias contra a violência doméstica, o não reconhecimento de seu papel nos cuidados da vida, à presença na mídia televisiva, cargos de poder público, mundo da moda etc. Com a digitalização da vida cotidiana, a subjetivação e o papel das emoções cresceram, sendo que as mulheres sempre tiveram destaque neste campo, articulando com rapidez o sentir (acionado pelas emoções), o pensar, o racional (para equacionar estratégias) e o agir (a prática resultante). Para vários analistas, dentre todos os movimentos sociais desde a década de 2010, o movimento feminista é um exemplo de reconhecimento, consolidação e liderança na sociedade, pelo alto nível de reflexão e avanço nas suas práticas. Sua maneira de atuar ensina não apenas um caminho, uma possibilidade, mas também uma forma de pensar, de refletir a vida cotidiana ligando ou articulando as diferentes posições dos seres humanos enquanto sujeitos na história. As mulheres são o grupo que mais realiza interconexões entre as diferentes posições dos sujeitos, a exemplo de: ser mulher, preta, trabalhadora, mãe, com uma certa idade, pertencente a dada classe social, nacionalidade, crenças religiosas. A ideia de interseccionalidade amplia a compreensão sobre os fatores e clivagens sociais envolvidas nas várias desigualdades sociais, segundo as posições dos sujeitos em tela. A interseccionalidade no feminismo foi tratada por Kimberlé Crenshaw ao final dos anos de 1980, quando assinalou que as desigualdades relacionadas à classe, ao gênero ou à raça não são passíveis de hierarquização: é a interação dessas categorias que atua na produção e na manutenção das desigualdades.

O número de mulheres jovens ativistas cresceu nos últimos anos. O intercâmbio de práticas entre feministas de várias partes do globo fortalece a reflexão e o avanço do conhecimento na área. A pandemia revelou e deu visibilidade à capacidade excepcional das mulheres ao articularem práticas no campo dos cuidados, fundamentais no dia a dia, usualmente invisíveis. Pode-se dizer ainda que há uma certa feminização dos movimentos sociais, graças à sua participação majoritária neles e pela incorporação de várias práticas de agir das feministas em outros movimentos sociais.

2021, o ano da vacina, dos atos antidemocráticos e da retomada dos atos nas ruas em defesa da democracia

Retomamos a narrativa deste capítulo iniciando por uma retrospectiva geral e depois uma sequência linear temporal dos fatos em forma de blocos por meses do ano. No Brasil, 2021 se iniciou com turbulências e disputas políticas sobre quando seria iniciada a vacinação da população, quais vacinas etc. O interesse político-eleitoral se impôs/sobrepôs ao interesse da população, e tanto nos campos da direita (querendo se perpetuar no poder), do centro (em busca de alternativas) e da esquerda (em busca de retorno ao poder), um tema-chave se destacou e predominou: as eleições para outubro de 2022.

O ano de 2021 também marcou o crescimento dos já citados grupos conservadores, racistas, xenófobos etc. Organizados em contramovimentos, passaram ter como alvo predileto de ataque os movimentos progressistas que cresceram e ganharam legitimidade na sociedade. Naquele ano, por exemplo, o movimento Black Lives Matter tinha alcançado 60 países e o Me Too das mulheres se tornou referência em muitos deles, inclusive no bloco de ex-países da União Soviética, como a Polônia e a própria Rússia. Os ataques a esses movimentos já globalizados cresceram muito por parte dos contramovimentos apoiados por governos e dirigentes ultraconservadores. Mas a resistência a esses ataques fortaleceu os movimentos e redes globais e também organizações transnacionais de solidariedade entre os ativistas, conectando-os. Entretanto, cresceu o cerceamento de demandas pela democracia em locais que tinham tido avanços nas suas pautas em 2019, como em Hong Kong, que sofreram retrocessos em 2020. Em 2021 vários líderes e ativistas pró-democracia daqueles países foram presos, julgados e condenados a anos de prisão. Mas aquele ano não foi palco apenas de ataques ou defesa dos regimes democráticos. O avanço dos debates sobre questões de gênero, o papel da mulher da sociedade e o combate aos diferentes tipos de racismo etc. pressionou igualmente por processos de busca por democratização interna nas instituições. Dentre estas registra-se uma milenar: A Igreja Católica. O Papa Francisco abriu em outubro de 2021 uma consulta aos seus fiéis, que poderá ser considerada a maior consulta democrática de sua história. No prazo de dois anos planejou-se ouvir os católicos sobre o futuro da Igreja, partindo de comunidades de base locais, depois assembleias regionais, até o Sínodo dos Bispos previsto para 2023. Certamente que isso não significa que a Igreja abraçou a luta pela democracia de algum país, ou que as hierarquias internas foram modificadas, mas ela retomou um movimento interno, criado pelo Concílio Vaticano em 1965, que foi o Sínodo dos Bispos, e que poderá vir a se tornar uma forma de pensar/atuar. Registro isto lembrando o papel da Igreja Católica no Brasil na década de 1970 e parte da década de 1980, nos anos da ditadura militar (com as pastorais e as Comunidades Eclesiais de Base. Dom Paulo Evaristo Arns consultava os católicos da Arquidiocese de São Paulo sobre quais deveriam ser as prioridades da ação pastoral) e o papel que as religiões voltaram a ter no mundo, com seus problemas, medos, ameaças e subjetividades exacerbadas. No plano nacional, em fevereiro de 2021 a CNBB (Conferência Nacional dos Bispos do Brasil) lançou a Campanha da Fraternidade com o lema: Fraternidade e Diálogo: Compromisso do Amor, um documento que foi visto por analistas como "carregado de tintas progressistas". Quatro pontos fundamentaram essa avaliação: crítica aos discursos negacionistas e de ataques à ciência no combate ao covid-19; crítica à *necropolítica* da intolerância e preconceito que se volta contra a juventude negra, mulheres, povos tradicionais, imigrantes, grupos LGBTQIA+, tratando-os como não cidadãos; crítica aos que resistem ao isolamento social como forma de combate ao vírus; condena as igrejas que continuaram abertas no início da pandemia, promovendo aglomerações. O Papa Francisco também promoveu pequenos avanços na Igreja Católica em temas sobre igualdade e diversidade, que estão no centro de movimentos sociais: mulheres e comunidade LGBTQIA+. Isso ocorreu quando ele atribuiu ministérios leigos da Igreja Católica de leitorado e catecismo às mulheres; ou quando pediu aos pais para que não condenassem seus filhos por suas orientações sexuais.

Também naquele 2021 a pauta das questões ambientais alcançou outros patamares, não apenas porque houve aumento de queimadas na Amazônia, desastres ambientais em várias partes do globo, ou porque ocorreu a Conferência do Clima da ONU em Glasgow/Escócia entre os dias 31/10 e 13/11/2021. A questão da crise ambiental também se tornou um desafio econômico equacionado pelos setores dirigentes como crise de governança, necessidade de políticas de sustentabilidade etc. As promessas ou esperanças de uma sociedade diferente, com outros hábitos ou comportamentos pós-pandemia certamente não passaram de promessas, porque o consumo, ou a sociedade consumista, só caiu por restrições financeiras com o desemprego e o aumento da pobreza, mas a forma, os produtos e os comportamentos não foram alterados. Felizmente, porém, houve o desenvolvimento de grupos ativistas em defesa de outras formas de sustentabilidade, relativas a uma vida autossustentável, como o ativismo na forma de se vestir, de usar as fontes de energia, e especialmente o ativismo no campo alimentar. Não apenas alimentos saudáveis, sem agrotóxicos, mas mudança de hábitos. Divulgou-se e se tornou um saber comum que o consumo de carne bovina, por exemplo, em larga escala, leva ao desmatamento, não só porque há a busca de novos pastos, mas também porque a digestão dos animais produz muito metano, danificando o meio ambiente. Este conhecimento passou a ser divulgado não apenas entre os especialistas, mas na mídia cotidiana. Talvez alguma consciência crítica possa estar se formando a respeito, alguma consciência da urgência de se fazer algo neste mundo tão desigual e tão dilapidado pela prevalência de interesses econômico-financeiros.

As queimadas na Amazônia também deram visibilidade a vários povos indígenas que vivem na região, assim como ao protagonismo de mulheres indígenas. No Alto do Rio Tapajós, no Pará, por exemplo, as mulheres estão na linha de frente na defesa do território de 2,7 milhões de hectares, onde vivem 13 mil indígenas. Donos de garimpos não indígenas invadiram e vandalizaram em 25/03/2021 a sede da Associação das Mulheres Munduruku Wakoborun, em Jacareacanga, a 1.150km de Belém do Pará. Esta associação tem como uma de suas lideranças Alessandra Korap, que foi homenageada em 2020 com o Prêmio Robert F. Kennedy de Direitos Humanos, nos Estados Unidos.

Para finalizar esta retrospectiva de 2021 no plano geral/global, destacamos o papel central dos jovens nas lutas e nas novas práticas ambientalistas, a exemplo das marchas realizadas na COP-26, nas quais se destacaram lideranças jovens já conhecidas como Greta Thunberg e a ugandense Vanessa Nakate, mas também a brasileira Txai Suruí, do Movimento da Juventude Indígena de Rondônia, que discursou na abertura do evento. Os jovens são os principais atores dos movimentos ambientalistas, feministas e ao redor da temática LGBTQIA+ na atualidade. Mudanças de hábitos, comportamentos e formas de pensar são muito mais fáceis entre os jovens; por isso, eles são os principais agentes das mudanças em curso. Atuam em temas e causas da sociedade, mas questionam e interpelam o *status quo*, realizando e sendo exemplo de transformações pessoais. São modelos de subjetivação pessoal que contribuem para a subjetivação coletiva dos grupos e movimentos nos quais atuam, assim como interpelam os valores e modos da família-casa, escola, trabalho, lazer; interpelam as formas de ser e viver.

Para fechar este breve giro pelos temas, pautas e problemas do associativismo civil em 2021 registramos a questão dos imigrantes. As restrições aos transportes de pessoas em 2020 não diminuíram os problemas de imigrantes tentando fugir de regimes opressivos; apenas agravou. A pandemia acrescentou o ingrediente da rejeição a imigrantes de determinadas regiões como parte das políticas de fronteiras entre os países; por exemplo, quando surgiu a variante Ômicron, voos para vários países da África foram proibidos.

No Brasil, na fase pré-pandemia, as demandas e as reivindicações sociais estavam concentradas nos direitos culturais como diversidade, gênero, raça; ou direitos à vida e à liberdade, como o meio ambiente, educação de qualidade, democracia; e menos para reivindicações de bens e equipamentos localizados, como foi o ciclo dos movimentos populares nas décadas de 1970-1980, discutidos no tópico anterior deste capítulo. Disto resulta que os *frames* (quadros ou enquadramentos) são diferenciados. Ou seja, com quadros de interpretação diferenciados, os indivíduos localizam, percebem, identificam e rotulam ocorrências em seu espaço de vida e no mundo em geral, para usar as categorias criadas por Goffman (1974) e desenvolvidas por Snow (1986) e Tarrow (1994). Os quadros permitem organizar e dar sentido à experiência vivida de forma individual e coletiva, tendo o potencial de mobilizar as pessoas para a ação coletiva. Em 2020, a pandemia provocou um deslocamento nas pautas dos movimentos para o campo da crise de saúde e sanitária, como também para a busca de aproximações ou pontes com os objetos das demandas de cada movimento. Mas havia um denominador comum: a defesa da democracia. Em 2021, as tarefas deste denominador se ampliaram, pois se tratava de defender a democracia dos ataques do presidente da República e de seus grupos de apoiadores com atos antidemocráticos, urgindo dar visibilidade às suas ações; retornar às ruas, protestar. Aliás, protestar nas ruas não é uma novidade histórica no Brasil[15]. Registramos isso como memória sobre as *ruas* e os protestos, lembrando que elas não foram espaços físicos apenas nas décadas de 1960, 1980, 1992, 2013, 2015 etc. As ruas são parte estruturante dos atos de protesto no Brasil e outras partes do globo. Também são locais de repressão.

A conjuntura brasileira em 2021 e o associativismo civil

No primeiro trimestre de 2021 o debate público sobre a pandemia girou ao redor das vacinas: produção e distribuição com seus inúmeros entraves; bem como a disputa entre o plano federal e alguns estados sobre tipos de vacina, protagonismos midiáticos de políticos e administradores na entrega/chegada dos imunizantes ou de componentes para produzi-los. A ansiedade da grande maioria da população sobre os cronogramas e calendários da vacinação aparecia nas manchetes, entrevistas e levantamentos de opinião. Finalmente ela foi iniciada no dia 20 de janeiro em São Paulo com a vacina Coronavac, importada do laboratório chinês Sinovac, em parceria com o Instituto Butantã, Estado de São Paulo, seguida no final de fevereiro pela AstraZenica, do laboratório

---

15 Como exemplo relembro que há cem anos, no dia 15/10/1921, o Presidente Artur Bernardes desembarcou de um trem no Rio de Janeiro, então capital da República, e foi vaiado em grande manifestação popular. O acervo da *Folha de S.Paulo* registra que "pessoas derrubaram os coretos armados na via, onde bandas militares tocavam, colocando fogo nas madeiras e nos panos. Numerosas prisões foram feitas" (13/10/1921).

Oxford em parceria com a Fiocruz no Brasil. A polêmica e as disputas sobre quem vacinava primeiro, quem era a favor, quem era contra prosseguiu forte até fevereiro de 2021, tanto internamente como no plano internacional. A imprensa noticiou:

> Mais de 200 entidades e indivíduos que representam pacientes, médicos, cientistas e movimentos sociais da Índia e da África do Sul protestam contra o Brasil por conta do posicionamento adotado pelo Itamaraty no debate sobre o futuro das vacinas contra a covid-19. A crítica também foi direcionada aos governos dos Estados Unidos, Europa e Japão [Disponível em https://noticias.uol.com.br/colunas/jamil-chade/ –Acesso em 02/02/2021].

O debate e disputas em janeiro de 2021 ao redor das vacinas ocorreram em meio a um dos piores momentos da pandemia: as mortes em Manaus por asfixia devido à falta de equipamentos, aumento do número de casos graves que demandavam internação, sem leitos para atender (pacientes foram distribuídos/enviados para outros estados), surgimento de nova cepa letal, com descaso e incompetência do governo federal na gestão da gravíssima situação sanitária.

Em fevereiro de 2021, além da crise sanitária e do debate e disputas pelas vacinas, ocorrem tratoraços na cidade de São Paulo, com tratores, caminhões, picapes etc., organizados por grupos que apoiavam o Presidente Bolsonaro contra o projeto de lei que permitia a revisão de benefícios fiscais, proposto pelo governador paulista João Dória e retirado após pressões. Na realidade, tratava-se de mais um momento no conflito entre o governo estadual paulista e o federal, porque naquela ocasião o governador paulista era visto como o principal opositor a Bolsonaro na disputa de 2022 à presidência. Outra tensão foi ocasionada pelas notícias advindas do Supremo Tribunal Federal sobre a quebra de sigilo bancário nos inquéritos a respeito dos atos antidemocráticos (inquérito iniciado em 2020 após uma sequência de atos em Brasília) e novas informações sobre as *fake news* (inquérito aberto em 2019 em meio aos ataques ao STF nas redes sociais). Foram identificados financiamento internacional a pessoas e a grupos radicais que usavam as redes sociais para atacar o STF, buscando criar caos e desestabilizar a democracia no país. Para o Ministro Dias Toffoli, do STF, as investigações sobre o financiamento internacional mostravam que as pessoas que atacavam as instituições não eram um "grupo de malucos" (cf. CAMARGO, C. Ataques à democracia têm financiamento externo, aponta Toffoli. *Folha de S.Paulo*, p. A7, 23/02/2021).

Em março de 2021 a situação da saúde e sanitária piorou, com o aumento do número de mortes e casos graves e o surgimento da nova variante do vírus em circulação, Gama (P.1), originária de Manaus. A atuação do Ministério da Saúde e seu ministro, o General Eduardo Pazuello, tornaram a situação de saúde e sanitária crítica, levando à troca do ministro. À crise na saúde adicionou-se a crise entre os militares devido a expressões utilizadas pelo Presidente Bolsonaro em cerimônias militares, que foram interpretadas como tentativas de politizar as Forças Armadas, levando à renúncia coletiva inédita dos três comandantes das Forças Armadas. Manchetes sobre "risco de golpe" proliferaram-se meios de comunicação. No mês de março ainda houve a decisão da Segunda Turma do STF que declarou o ex-Juiz Sérgio Moro parcial em processo sobre o ex-Presidente Luiz Inácio Lula da Silva, abrindo caminho para a consolidação do nome do ex-presidente como candidato à sucessão de Bolsonaro em 2022. É interessante observar os impactos dos fatos no momento, e depois reavaliá-los tempos depois. Neste último caso, o ex-Juiz Sérgio Moro foi caracterizado na imprensa como um "fim de carreira pública", "manchou a biografia", "carta fora do baralho" no jogo político nacional etc. 1 ano e 8 meses depois ele retornou à cena pública como candidato à presidência da República pelo Partido Podemos, e naquela ocasião (novembro de 2021) aparecia com índices maiores de intenção de voto do que a soma de vários outros pretendentes da chamada *terceira via*.

Apoiadores de Bolsonaro voltaram a se manifestar promovendo atos em várias capitais do país em 14 de março. Desta vez o ex-Presidente Lula também foi alvo de protestos, pois ele havia recuperado seus direitos políticos na semana anterior com decisão do Supremo Tribunal Federal; e, portanto, também surgiu como uma pedra no caminho para o projeto de continuidade no poder do atual Presidente Bolsonaro.

Novos documentos e manifestos foram lançados em março de 2021, partindo de diferentes camadas da sociedade, e não apenas de setores da oposição, como no ciclo de manifestos de 2020. Em 21 de março, uma carta aberta – assinada por economistas, banqueiros, empresários etc. – pedia medidas mais eficazes para o combate à pandemia. Naquele mesmo dia, três lideranças do movimento negro: Celso Athayde[16], fundador da CUFa (Central Única das Favelas); Preto Zezé[17], também dirigente da CUFa; e o fundador e presidente da Gerando Falcões, Edu Lyra, publicaram na p. A3 da *Folha de S.Paulo* um artigo denúncia-alerta-apelo sobre a devastação da segunda onda da covid-19 na população das favelas e que as medidas preconizadas pelas autoridades não tinham condições de se viabilizarem para essas populações. Pediam campanhas de esclarecimento sobre a vacina e prioridade para a população favelada, porque essa camada estava atuando no setor de serviços. Ou seja, enquanto o governo federal estava

---

16 Celso Athayde, criador da CUFa (Central Única das Favelas) e do Favela *Holding*, teve seu reconhecimento ao ganhar o Prêmio Empreendedor do Ano de 2021, concedido pela Fundação Schwab, para integrar a comunidade de inovadores sociais ligada ao Fórum Econômico Mundial.

17 Francisco José Pereira de Lima, conhecido como Preto Zezé, foi fundador do Laboratório de Inovação Social. Nasceu na Favela Quadras em Fortaleza, trabalhou como lavador de carros, e desde 2012 é membro-dirigente da CUFa. Participou do Programa Roda Viva da TV Cultura, e na atualidade se apresenta como "empresário, produtor cultural e escritor". É membro da Frente Nacional Antirracista, e, a partir de 2022, colunista da *Folha de S.Paulo*.

preocupado em antecipar a campanha para as eleições de 2022, setores sociais em polos opostos estavam preocupados com a aceleração das mortes nesta nova onda, a morosidade na vacinação e o jogo de cena entre compra e chegada da vacina: manchete diária nos noticiários. Outros setores representativos das populações vulneráveis organizaram campanhas nacionais, como a Coalização Negra por Direitos, entidade que engloba mais de 200 organizações ligadas ao movimento negro com a colaboração da Uneafro, parceria com a Oxfam, Anistia Internacional, a ABCD (Associação Brasileira de Combate às Desigualdades), Nossa Rede de Ativismo, Redes da Maré, 343 Artes etc. A Coalização lançou em 16 de março a campanha Tem Gente com Fome, com o objetivo de levar cestas básicas a quase 223 mil famílias, organizando um sistema de coleta de doações, compra e pontos de distribuição de alimentos, produtos de limpeza e de proteção contra a covid-19.

Em 31 de março foi lançado um novo manifesto, dessa vez assinado por seis pré-candidatos à presidência em 2022, denominando-se Manifesto pela Consciência Democrática; foram eles: Ciro Gomes (PDT), Eduardo Leite (PSDB), João Amoedo (Novo), João Dória (PSDB), Luiz Henrique Mandetta (DEM) e Luciano Huck (sem partido). Foi o início da construção de uma coalização que depois foi chamada terceira via. Veremos ao final de 2021 que destes seis, apenas dois permaneceram como pré-candidatos: Ciro Gomes e João Dória. Os outros nomes entraram no rol de nomes pré-candidatos, como a Senadora Simone Tebet, o Senador Rodrigo Pacheco e o ex-Juiz Sérgio Moro. A terceira via não consolidou nenhum acordo ou nome forte até dezembro de 2021; alguns nomes se descolaram dela, como Ciro Gomes, e a corrida eleitoral passou a ser o termômetro e régua das relações e negociações políticas, em meio à maior crise de saúde dos últimos cem anos, com a crise econômica, fome, desemprego etc.

Em 26/04/2021 o Senado Federal instaurou uma CPI (Comissão Parlamentar de Inquérito), denominada CPI da Pandemia. Inicialmente, o alvo da CPI foi a demora na compra de vacinas pelo governo federal e a atuação do ex-Ministro Eduardo Pazuello. No primeiro trimestre de atuação da CPI ela despertou grande interesse público por ser transmitida pela TV, ocasionando grande desgaste ao governo federal, dado o teor dos depoimentos e as denúncias apresentadas quanto à sistemática de retardamento na compra de vacinas, às estratégias adotadas em relação aos medicamentos sem comprovação científica e à defesa da "imunidade de rebanho" no início da pandemia.

No primeiro trimestre de 2021 novamente ocorreram manifestações de entregadores por aplicativos. Em 16/04/2021, *motoboys* organizaram, via chamadas por WhatsApp, um ato em frente ao Estádio do Pacaembu, em São Paulo, pedindo prioridade à vacina para poderem trabalhar, e também demandas da categoria: pagamento de taxa mínima por pedido, transparência nos cálculos, fim dos bloqueios indevidos e de programas de entregas mais rápidas. Ou seja, um ano após a organização e protestos em 2020, as demandas da categoria continuavam as mesmas, mas a demanda por vacinas contou com o apoio da Amobitec (associação que reúne iFood, Uber Eats e Zé Delivery, em São Paulo).

Novo ciclo das manifestações públicas nas ruas: maio a outubro de 2021

A partir de maio de 2021 as ruas voltaram a ser termômetros políticos, espaços de expressão de demandas, tanto da esquerda como da direita, e *locus* de confrontos políticos. É interessante relembrar a produção de Arendt (2005) sobre a natureza política dos espaços públicos, já que eles são o conjunto de território geográfico, artefatos, habitantes/ocupantes, história, representações simbólicas e ideologias; posições também defendidas por Lefebvre (2001) ao abordar o caráter político do espaço público e sua representação conformada por ideologias:

O direito à cidade se manifesta como forma superior dos direitos: direito à liberdade, à individualização na socialização, ao *habitat* e ao habitar. O direito à obra (à atividade participante) e o direito à apropriação (bem distinto do direito à propriedade) estão implicados no direito à cidade (LEFEBVRE, 2001, p. 134).

Em São Paulo, a Avenida Paulista se consolidou, desde 2013, como palco de disputa para visibilizar os atos públicos, e este caráter foi reforçado com as manifestações de protesto contra o atual governo no biênio 2020-2021 e sua atuação na crise sanitária etc. Este espaço também foi disputado pelos grupos conservadores dos atos antidemocráticos. Sabe-se que a Avenida Paulista se consolidou como espaço público de representação do capital por ser endereço da Fiesp (Federação das Indústrias do Estado de São Paulo) e também do capital cultural devido à presença do Masp (Museu de Arte de São Paulo) e outros museus, bem como ser *rua de lazer* aos domingos. A região do Vale do Anhangabaú e a Praça da Sé, regiões centrais, viraram espaços alternativos de protesto, pelo fácil acesso de metrô e acessibilidade de camadas mais pobres, mas também por seu simbolismo histórico. Este dualismo também pode ser observado em outras capitais brasileiras, nas quais há um lugar central, histórico e um novo centro expandido em que está o capital, em várias modalidades; especialmente o econômico e cultural. Na divisão desses espaços também é possível observar que a segregação socioespacial está presente e se refere não somente à moradia, mas também ao habitar de forma geral, aos usos dos espaços e sua distribuição também no campo da luta por direitos, a favor ou contra, nas manifestações nas ruas; como cada categoria social ocupa os espaços públicos, as suas representações simbólicas em termo da história, memória e pertencimentos de classe social. David Harvey assinala:

> É por esse motivo que o direito à cidade deve ser entendido não como um direito que já existe, mas como de reconstruir

e recriar a cidade como um corpo político socialista com uma imagem totalmente distinta: que erradique a pobreza e a desigualdade social e cure as feridas da desastrosa degradação ambiental (HARVEY, 2014, p. 247).

A imprensa nacional registrava em maio dados sobre o aumento do desemprego, retorno da inflação com aumento contínuo dos combustíveis, gás de cozinha, contas de luz, aumento de pessoas que passaram a morar em barracos nas ruas e embaixo de viadutos etc. As articulações para a resistência inicialmente focalizaram a defesa da democracia. A defesa da liberdade de imprensa também esteve em pauta em eventos on-line, reunindo jornalistas, juristas, chefe da Unesco no Brasil etc. O marco relevante foi a articulação de uma série de atos que ficaram nominados como Fórum Fora Bolsonaro, com participação majoritária de camadas médias, movimentos sociais clássicos da oposição, três organizações sindicais dos trabalhadores, do MST, do MTST, da juventude estudantil, do movimento de organizações de luta contra o racismo etc. Organizou-se uma Campanha Nacional Fora Bolsonaro, um fórum de organizações e partidos, especialmente da esquerda. Na ocasião, alguns participantes do Fórum ainda tinham a questão do *impeachment* do presidente na pauta, mas este tema sempre teve divergência por inúmeras razões que passavam por argumentos como: se não ocorrer o *impeachment* o presidente sairia fortalecido; caso ocorresse o *impeachment* o vice, Gal. Mourão; assumiria e, portanto, o que se deveria fazer é contestar a chapa que venceu em 2018 etc. Mas um argumento transparecia em muitos depoimentos da oposição: o de que era melhor esperar 2022, deixando o presidente "sangrando" e derrotá-lo nas urnas com a provável vitória de Lula, já que o ex--presidente ao longo de 2021 aparecia sempre em primeiro lugar nas pesquisas de opinião. Seja lá por qualquer um destes motivos, o fato é que o Fórum articulou, entre maio e outubro de 2021, seis grandes atos de protesto nas ruas, que abordaremos a seguir.

O primeiro ocorreu em 29/05/2021. Se os atos de protestos de 2020 podem ser vistos como de grupos localizados e muitas vezes com causas focalizadas como os atos antirracismo, *motoboys*, grupos de clubes de futebol, organizando-se a distância com panelaços, carreatas, representações teatrais etc., maio de 2021 pode ser considerado como o início de várias tendências de oposição, à esquerda, saíram às ruas. Isso foi precedido de longo debate entre a rede de participantes que aderiu, em questões que envolviam, por exemplo, como convocar a população num momento em que o isolamento social era fundamental. A CUT e o MST não fizeram convocações institucionais, especialmente a CUT, que defendia vacinação dos profissionais da educação e condições seguras, num momento em que governos e entidades particulares pressionavam para o retorno de atividades presenciais. A articulação/organização foi feita pelo MTST, pelas Frentes Povo Sem Medo, Brasil Popular e Coalização Negra por Direitos. Seis siglas partidárias da oposição também apoiaram. O crescimento de atos dos contramovimentos que apoiavam o Governo Bolsonaro e sua aparição semanal em atos públicos de ruralistas, atos motociclísticos em ruas de grandes cidades, faixas de apoio ao presidente e a favor do voto impresso, contra o STF, "contra os comunistas", como também a pesquisa do Datafolha divulgada nos dias que antecederam à manifestação que registrava 54% de rejeição à forma de condução da pandemia por Bolsonaro foram fatores fundamentais que levaram à resposta dos movimentos, partidos e sindicatos da oposição a organizarem uma frente de oposição a Bolsonaro, convocando manifestações para o dia 29 de maio. Elas também foram precedidas por atos isolados em algumas cidades, como um ato-*performance* no gramado em frente ao STF em Brasília, no dia 26 de maio, para denunciar o aumento da fome no país, a má gestão da crise sanitária e o reajuste do auxílio emergencial. Havia no ato um boneco preto com uma máscara da morte e réplica do famoso *Grito*, do pintor Edvard Munch. Na oportunidade, dezenas de sacos de alimentos foram distribuídos a catadores de material reciclável.

As manifestações do dia 29 de maio ocorreram em 213 cidades brasileiras, sendo 27 capitais e 14 cidades, com público estimado de 420 mil pessoas, num momento em que o país ultrapassava 460 mil mortes pela pandemia e cerca de 200 em 24h. Elas demandaram aceleração da vacinação, retorno do auxílio emergencial de 600 reais, a luta antirracista, o combate à violência policial, o ataque às privatizações e a defesa da educação pública. No Recife houve violência policial contra os manifestantes, com balas de borracha, sendo que duas pessoas perderam a visão de um olho. No dia 30 de maio as principais manchetes da imprensa brasileira estamparam cenas da manifestação, com muitas fotos e páginas na parte interna dos jornais, um fato que não se via desde a época do *impeachment*. Um ponto em comum entre as lideranças políticas, da oposição e do governo, foi que a manifestação de 29 de maio colocou em pauta as eleições de 2022 como prioridade, antecipando em 1 ano e 5 meses a campanha eleitoral de outubro de 2022.

O avanço da pandemia, atingindo a cifra de 500 mil mortes em 19/06/2021, levou à retomada dos movimentos sociais em defesa da democracia de forma mais expressiva nas ruas, no segundo ato coletivo de oposição ao governo federal e em defesa da democracia. Em junho as manifestações foram convocadas por movimentos sociais clássicos como o MST, o MTST, a CMP, a Uniafro, muitos deles aglutinados à Frente Povo sem Medo, ao Brasil Popular, à Coalização Negra por Direitos, ao Povo na Rua – todas do campo progressista que reúnem centenas de entidades. Participaram também dez centrais sindicais, e partidos políticos de perfil mais à esquerda deram apoio, enfatizando que a organização ficou a cargo dos movimentos sociais. Entidades estudantis, movimentos dos povos indígenas e ambientalistas, torcidas organizadas de futebol e inúmeros grupos de coletivos envolvidos com causas feministas e antirracistas foram os demais componentes da grande frente articulatória organizadora dos atos de protestos. Segundo os organizadores, os protestos de 26 de junho contabilizaram 427 atos em cidades brasileiras e de 17 países, como Estados Unidos, Portugal, Espanha, Holanda, Áustria. Em São Paulo, a manifestação ocorreu na Avenida Paulista, ocupando 10 quarteirões, com um público estimado de 80 mil pessoas. O "Fora Bolsonaro" foi o ponto comum, com posicionamento claro de algumas lideranças políticas pelo *impeachment* do presidente, dentre uma pauta de reivindicações que novamente demandava mais vacina, auxílio emergencial de 600 reais, emprego, educação, contra a violência policial, contra o negacionismo e de apoio à CPI da covid (vista como um caminho para responsabilização de Bolsonaro pelas mortes na crise sanitária). Os atos daquele 29 de junho ganharam manchetes na primeira página e ampla cobertura com fotos de vários jornais diários da imprensa brasileira, recolocando as manifestações no centro dos noticiários, como em junho de 2013 e nos atos de 2015-2016, época do *impeachment* de Dilma Rousseff. Igualmente naquela data houve protestos contra a realização da Copa América no Brasil. À crise da pandemia se acrescentava, além do altíssimo números de mortes e contaminações diárias, o temor de uma terceira onda e uma nova variante (Delta) que se manifestava pelo mundo.

Um registro relevante: os atos de 29 de junho contaram com o apoio do grupo autodenominado Geração 68 Sempre na Luta, formado por uma coalizão de personagens históricos na luta contra o regime militar pós-1964, como Chico Buarque, José Miguel Wisnik, Sebastião Salgado, Marilena Chauí, Fernando de Moraes, José Dirceu, Luiza Erundina, Roberto Requião, Rene Lois de Carvalho (filho de Apolônio de Carvalho), Ricardo de Azevedo e José Genoíno, que escreveram uma carta-manifesto. A música de Chico Buarque da época do regime militar: *Apesar de você* foi cantada em vários dos atos de 29 de junho.

Em 30 de junho foi protocolado na Câmara dos Deputados novo pedido de *impeachment* do Presidente Bolsonaro. O documento com 271 p. reuniu cerca de 120 pedidos anteriores em um só, apontando mais de vinte tipos de acusação. Ele resultou de uma articulação de partidos, movimentos e organizações civis, reunindo cerca de 140 deputados, inclusive de partidos ligados ao MBL (que tinha rompido com Bolsonaro) e o PSL/SP. Mas um eventual *impeachment* necessita de 342 votos dos 513 da Câmara; portanto, ficou longe do necessário, e mais uma vez foi ignorado pelo presidente da Câmara, Arthur Lira.

O mês de junho também contou com mobilizações/acampamentos de povos indígenas em Brasília, tendo em vista o julgamento pelo Supremo Tribunal Federal das ações de reintegração de posse dos povos indígenas de Santa Catarina, da Terra Indígena Raposa Serra do Sol e de outras. O que estava em pauta teve grande relevância para futuras demarcações, suspensas desde a posse de Jair Bolsonaro. O que está em questão é o direito dos povos indígenas as suas terras originárias, anterior ao próprio Estado brasileiro, direito já assegurado em legislações desde o Período Colonial (um alvará de 01/04/1680, decorrente da Lei Imperial 601) e na República nas Constituições de 1934 e de 1988. Ruralistas e defensores da ocupação de territórios indígenas tentam fazer valer o argumento da existência de um marco temporal, dado em 05/10/1988 pela Constituição. Alegam que os indígenas que não estavam em suas terras naquela data não teriam mais o direito sobre elas, ainda que possam ter pertencido a seus antepassados, com registros antropológicos certificados. Com isso, povos que foram expulsos e tiveram suas terras invadidas não teriam seus direitos restabelecidos, pois as invasões estariam legalizadas na versão da narrativa dos ruralistas e outros. Relatório divulgado em outubro de 2021 pelo Cimi (Conselho Indigenista Missionário) a respeito da situação dos povos indígenas em 2020 na pandemia, registrou que 832 das 1.299 terras indígenas do Brasil –

ou seja, 64% – seguem com pendências para a sua regularização. Destas, 536 são reivindicadas pelos povos indígenas.

Também houve várias manifestações do grupo de apoio ao Presidente Bolsonaro, ocorridas em junho de 2021. Uma nova motociata ocorreu em 12 de junho em São Paulo, ocasionando extenso congestionamento no trânsito porque o trajeto incluiu ruas da capital, alguns quilômetros de uma rodovia paulista e o retorno para São Paulo, reunindo cerca de 12 mil pessoas. Junho também foi um mês tensionado pelas investigações sobre os atos antidemocráticos, em inquérito aberto em abril de 2020 após manifestantes pró-Bolsonaro defenderem o fechamento do STF e do Congresso Nacional, volta da ditadura militar etc. Segundo informes da *Folha de S.Paulo* (14/06/2021), em oito meses de apuração, quebra de sigilos bancário e telemático, a Polícia Federal coletou nomes influentes no bolsonarismo entre membros da equipe de comunicação, blogueiros e empresários. Tudo isso fez de junho um mês de forte tensionamento político que contribuiu para a retomada de manifestações nas ruas por parte da oposição, como atos de resistência aos ataques à democracia.

Em 3 de julho ocorreu a terceira grande manifestação da Campanha Nacional Fora Bolsonaro e em defesa da democracia com 352 atos de protesto nas ruas contra o Governo Bolsonaro e a situação crítica do país com a pandemia, em 312 cidades do Brasil e 35 no exterior.

A quarta manifestação em defesa da democracia ocorreu em 24/07/2021. Segundo os organizadores: "O quarto dia de mobilização nacional em menos de 60 dias levou mais uma vez centenas de milhares de pessoas às ruas e alcançou 509 cidades no Brasil e no exterior, o maior número desde a retomada das mobilizações de ruas".

A defesa da democracia era o grande eixo aglutinador dos atos ocorridos até então, diante das declarações e ameaças que o regime sofria cotidianamente nas redes e mídias por parte do governo federal e de seus adeptos e seguidores. Yascha Mounk havia destacado meses antes que "o objetivo não deve ser exportar a democracia para países autocráticos, mas preservar as instituições democráticas de países como Índia e Brasil, onde estão ameaçadas. A ordem do dia é proteção da democracia, não a promoção da democracia" (MOUNK. Como conter a onda autocrática? In: *Folha de S.Paulo*, 17/03/2021).

Os meses de agosto e de setembro de 2021 foram ocupados, no noticiário nacional, pela tensão provocada pelos promotores de atos antidemocráticos e ameaças ao Poder Judiciário, partindo de várias fontes, inclusive do próprio poder executivo federal. As manifestações no campo da luta por direitos partiram de vários segmentos e categorias, a exemplo do Ato no Congresso Nacional em defesa da vida, do SUS e da democracia, realizado no dia 5 de agosto, Dia Nacional da Saúde. Servidores(as) públicos(as) municipais, estaduais e federais, apoiados(as) por integrantes de outras categorias profissionais, ocuparam ruas e praças de 19 estados brasileiros e do Distrito Federal para protestar contra a Reforma Administrativa (PEC-32) proposta pelo Governo Federal e que tramita no Congresso Nacional. Povos indígenas ocuparam praças em Brasília contra o STF em relação ao Projeto de Lei 490 em tramitação, que institui um marco temporal para as terras indígenas.

A primeira semana de setembro de 2021 foi de tensão. Os noticiários relatavam ameaças dos grupos antidemocráticos na organização de atos planejados para o dia 7 de setembro. Esses grupos eram compostos por ruralistas (associações e sindicatos de produtores rurais, movimentos como Brasil Verde e Amarelo, com pautas de avanço das áreas plantadas e menos restrições ambientalistas); caminhoneiros (algumas lideranças regionais com pautas de redução do preço do diesel, da diminuição das tarifas de pedágio, do reajuste da tabela do frete); policiais e militares da reserva (pertencentes a associações com pautas de críticas ao que denominam ameaça esquerdista, críticas ao STF etc.); grupos de evangélicos (várias igrejas, como Renascer em Cristo, Fonte da Vida e Bola de Neve, com pautas a valores progressistas e ataques ao STF); ativistas de vários grupos como Nas Ruas, Avança Brasil e Foro Conservador (com pautas de defesa de valores conservadores, voto impresso, críticas ao STF etc.); grupos que apoiam as causas do Governo Bolsonaro (como de motociclistas, monarquistas, integralistas, liberais econômicos etc., igualmente com pautas de defesa de valores conservadores, reeleição, reformas econômicas, privatizações, críticas ao STF etc.).

Dentre as ações coletivas dos conservadores e contramovimentos pré-ato 7 de setembro foi registrado um grande aumento das *fake news* e ação de robôs pró-Bolsonaro nas redes sociais, paralelamente ao inquérito das *fake news* que se desenvolvia no STF; ameaças às instituições públicas; organização de caravanas e tensões entre polícias e ameaças de insurgências em vários estados brasileiros. As pretensões de ruptura institucional, intervenção militar e fim do STF transpareceram nas redes sociais de vários desses setores e enraizavam muitos organizadores das mobilizações. Na época, apoiadores do Governo Bolsonaro tentaram se lançar como candidatos a vários cargos para as eleições de 2022; a política foi usada como luta pela conservação do poder e como força motriz de todas as ações.

Em São Paulo a disputa pelo uso de territórios no dia 7 de setembro para atos de protesto ou de defesa do governo federal acabou sendo mediada pela justiça. Por um lado, o grupo dos bolsonaristas protocolou primeiramente o pedido de uso da Avenida Paulista para o ato público, e a Polícia Militar, por outro, baseava-se em decisão judicial de 2020 que proibia grupos antagônicos de irem à Avenida Paulista no mesmo dia, prevendo a alternância entre os lados. O poder público decidiu que a vez era dos bolsonaristas. O grupo da Campanha Fora Bolsonaro, após a negativa, anunciou a realização do ato no centro de São Paulo, no Vale do

Anhangabaú, espaço que havia sido vetado pelo governo do Estado de São Paulo para evitar confrontos. Os organizadores da Campanha recorreram e obtiveram a liminar via decisão judicial para a realização do ato baseado em texto constitucional de que "ninguém tem poder de vetar reuniões", cabendo ao Estado garantir a segurança dos manifestantes.

A quinta manifestação da Campanha Nacional Fora Bolsonaro ocorreu no dia 7 de setembro em clima de tensão e confronto, pois ocorreu no mesmo dia dos atos democráticos dos contramovimentos conservadores, de apoio à Bolsonaro, que abordaremos adiante. As manifestações da Campanha foram organizadas em 176 atos e em 168 cidades e quatro países. Em vários locais no Brasil foram organizadas em conjunto com o Grito dos Excluídos, promovido tradicionalmente no dia 7 de setembro por setores da Igreja Católica; com divergências internas sobre a participação de alguns setores de oposição a Bolsonaro, mas não de esquerda, como o MBL e o VPR (que já haviam anunciado, no mês de julho, protesto contra Bolsonaro para 12 de setembro). Assim, não foi possível articular um ato unificado de protesto. Mas os outros atos da Campanha de 7 de setembro foram importantes para demonstrar que as ruas também estão presentes na defesa da democracia, contra os atos golpistas e que apenas o STF e/ou o Congresso serem vistos como defesa das instituições democráticas era um equívoco porque eles não bastavam. Mas ficou clara a dificuldade de formar frente ampla de oposição, pois os grupos, no campo democrático, também atuavam segundo cálculos eleitorais, de olho no pleito de 2022; assim, a articulação com grupos da esquerda e alguns nomes da terceira via, em defesa da democracia, estava esgotada. O ato da Campanha Nacional Fora Bolsonaro de resistência ao golpismo bolsonarista em 7 setembro no Anhangabaú reuniu 50 mil pessoas, segundo os organizadores, e 15 mil, segundo a Secretaria de Segurança Pública de São Paulo.

O clima de ameaças de golpe e pautas autoritárias disseminado pelas redes sociais por parte dos grupos de apoio ao Governo Bolsonaro culminou com os maiores atos e concentrações antidemocráticas já ocorridos até então, em 7 de setembro, com destaque para Brasília e São Paulo. Na véspera, em Brasília, os apoiadores do presidente furaram o bloqueio de segurança e invadiram a Esplanada dos Ministérios. Em São Paulo, na Avenida Paulista, o ato reuniu 125 mil pessoas, segundo a Polícia Militar, um contingente bem menor do que os 2 milhões que diziam esperar. O presidente da República, em discurso para dezenas de milhares de apoiadores, ameaçou o Supremo Tribunal Federal, citando nominalmente alguns membros da corte, pregando a desobediência à corte, em especial aos ministros Alexandre de Moraes e Luiz Fux, e disse: "Só saio morto da presidência". Os atos não tiveram registro de violência física; ela ficou por conta dos discursos destemperados do presidente e do que foi denominado "estética opressora"; por exemplo, camisetas com os dizeres "Armai-vos uns aos outros". As manchetes dos jornais registraram o total desrespeito a protocolos sanitários, e isto num cenário de pandemia da covid-19, com ameaça de volta do crescimento do número de mortes devido à nova variante Delta, debates e planos sobre uma terceira dose, desemprego, crescimento inflacionário – especialmente em agosto de 2021 –, acirramento da crise na economia por falta de perspectivas, investimentos, e crise hídrica, com cenário provável de racionamento de energia elétrica etc. No plano político estava o debate ao redor das eleições de outubro de 2022, com a polarização entre o ex-Presidente Lula e Bolsonaro, além de vários candidatos alternativos a uma chamada terceira via.

Um boletim elaborado Adunicamp (Associação dos Professores da Unicamp) publicou um manifesto que resume bem a conjuntura e os atos antidemocráticos do dia 07/09/2021:

> Em seus dois pronunciamentos às multidões, em Brasília e São Paulo, Bolsonaro subiu o tom de suas já costumei-

ras ameaças, afirmando que não cumpriria mais ordens do Ministro Alexandre de Morais, do Supremo Tribunal Federal (STF), além de dar um ultimato ao presidente da mais alta corte do país, para que enquadrasse seus colegas, sob pena de levar à imposição de medidas de força por parte do chefe do executivo federal. Como lembraram diversas personalidades, tanto do meio jurídico como da política, tais declarações configuram, em si mesmas, crimes de responsabilidade, enquadráveis no artigo 85 da Constituição Federal (CF), que enquadra nesta categoria "atentar contra o livre-exercício dos demais poderes" (ADUNICAMP. Manifesto em Defesa da Democracia, 14/09/2021).

As declarações do presidente causaram perplexidade e instabilidade entre os poderes ao atacarem publicamente um ministro do STF. O Senador Randolfe Rodrigues protocolou pedido de investigação junto ao STF pelas ameaças golpistas. Um mês depois a PGR (Procuradoria Geral da República) defendeu o arquivamento do processo porque teria sido um "arroubo de retórica". O fato foi contemporizado dois dias depois do ato de 7 de setembro com a divulgação de uma Carta à Nação, escrita pelo ex--Presidente Michel Temer e lida pelo próprio Presidente Bolsonaro. Articulistas da mídia levantaram hipóteses de que foi feito um acordo político. Resulta que não se conhecia até o final de 2021 os termos deste "armistício", mas a instabilidade político institucional foi afastada momentaneamente após a carta.

Após os atos antidemocráticos bolsonaristas de 7 de setembro de 2021, o movimento Direitos Já[18] lançou uma nota pública:

---

18 Em setembro de 2021 o Direitos Já se autodefinia em seu site: "O Direitos Já! Fórum da Democracia é um movimento da sociedade civil em defesa da democracia e dos valores fundamentais expressos na Constituição Cidadã. Coordenado pelo sociólogo Fernando Guimarães, reúne ativistas das mais diversas organizações da sociedade civil e lideranças políticas de amplo espectro partidário (Psol, PCdoB, PT, PSB, PDT, PV, Rede, PSDB, PSD, Cidadania, Podemos, MDB, DEM, PSL, PL e Agir).

Aqueles que não se posicionarem a favor da democracia e das instituições brasileiras estarão fazendo uma escolha histórica pela arbitrariedade, somando-se à atitude ilegal de Bolsonaro, que promete descumprir decisões do Supremo Tribunal Federal. Uma vez rasgada a Constituição desta forma, o que restará? E de qual lado estarão as forças políticas, sociais e econômicas que têm silenciado diante de seguidos ataques e ameaças promovidos pela extrema-direita no Brasil?

No domingo de 12 de setembro de 2021 ocorreu uma nova manifestação nas ruas contra o Governo Bolsonaro, organizada pelo MBL (Movimento Brasil Livre), com fraca adesão de participantes. Opositores da esquerda denominaram o ato de "manifestação da terceira via" ou de "direita não bolsonarista". O fato é que as disputas sobre quem seria o candidato da terceira via monopolizavam o debate político na ocasião.

Paralelamente ao momento político de grande tensão criado pelo Governo Bolsonaro por ocasião do 7 de setembro, a luta em defesa dos territórios dos povos indígenas transcorria nos tribunais e nas praças em Brasília. A Apib (Articulação Nacional dos Povos Indígenas do Brasil) mobilizou cerca de 6 mil indígenas reunindo representantes de 176 povos do Brasil, que estavam acampados desde agosto a 2km da Praça dos Três Poderes, no Acampamento Luta pela Vida, para pressionar o STF contra o Projeto de Lei 490 que institui um marco temporal para as terras indígenas. O foco do conflito diz respeito aos direitos de terras pelos povos indígenas. Segundo suas lideranças, advogados (vários deles são indígenas que tiveram acesso ao Ensino Superior) e Ongs (nacionais e internacionais), trata-se de um direito originário, anterior à própria constituição do Estado brasileiro; direito independente da demarcação (também prevista na Constituição de 1988, que marcou um prazo de cinco anos para que todas as terras indígenas fossem demarcadas). Segundo o Cimi (Conselho Indigenista Missionário), há no Brasil 1.298 terras indígenas. Dessas, 829 (63%) apresentam alguma pendência. A *teoria do indiginato* do direito originário e o conceito de terras tradicionalmente ocupadas (o conceito de tradicionalidade; forma como aquele grupo indígena se relaciona com dado território, independente de temporalidade) estão na própria Constituição de 1988. O vínculo territorial é muito forte, independente se o grupo é mais fixo ou mais nômade (segundo suas diferentes culturas, pois os povos indígenas brasileiros não são homogêneos) em uma dada região territorial. A interpretação de setores do governo federal de que a partir de 05/10/1988, data da promulgação da Constituição brasileira, a propriedade das terras é da União e que os indígenas só podem ter direito sobre terras que estavam ocupadas até aquela data. Argumenta-se que sem o marco temporal não haverá agricultura no país. Estes conflitos têm criado situações de insegurança nas quais diferentes grupos de indígenas têm recorrido ao STF, com a ajuda de Ongs, para assegurar seus direitos. E nesta conjuntura, após um ex-ministro ter *recomendado* (em 2020) que se deveria "avançar a boiada", a insegurança culminou com a indicação de um presidente da Funai (Fundação Nacional do Índio) que não defende os índios; ao contrário, atua contra eles, segundo brilhante exposição de Manuela Carneiro da Cunha no 45º Encontro Nacional da Anpocs, em outubro de 2021. A autodeclaração como instrumento de posse tem levado à apropriação indevida por invasores das terras. Nesta luta por direitos dos povos originários, os interesses econômicos dos agentes externos que se apropriam e exploram as áreas são protegidos por alianças com grupos políticos com representação no congresso nacional, as tais bancadas BBB (Boi, Bala e Bíblia), nos dizeres da mídia. A questão é complexa e envolve inúmeros atores, interesses e problemas envolvendo o garimpo ilegal, organizados em cooperativas e mecanizados (não mais o garimpo de indivíduos do passado, da Serra Pelada), as modernas mineradoras, voltadas para extração de cerca de 60 minerais, com destaque para o ouro, como também os interesses do agronegócio e sua fome pela contínua expansão e ocupação de terras para a criação de gado e cultivo de soja, de milho etc. para exportação. Disso resulta a apropriação fundiária ilegal de terras indígenas. Lembrando ainda que as terras indígenas, especialmente na Amazônia, são fundamentais para conter o desmatamento.

O julgamento do marco temporal foi adiado e o acampamento desmobilizado. Registra-se ainda que a luta contra o marco temporal teve, durante o período do acampamento em Brasília, o apoio de vários artistas e personalidades do mundo político-cultural, como também o apoio do movimento indígena norte-americano de resistência The Red Nation. Um de seus líderes é Nick Estes, da tribo Sioux, que reúne índios das etnias Dakota e Iakota, no centro-oeste dos Estados Unidos. Ele também é professor da Universidade do Novo México, integrando a delegação da Internacional Progressista (IE), que pode ser considerado um movimento societário global e tem reunido nos últimos anos experiências de diferentes movimentos como o BLM (Black Lives Matter), formando articulações de apoio a várias lutas em diversas partes do globo. A IE conta com o apoio de personalidades do mundo artístico e cultural, como o filósofo camaronês Achille Mbembe, o ator Gael Garcia, a jornalista Naomi Klein, o senador americano Bernie Sanders, o guitarrista Tim Morello etc. Em síntese, o movimento dos povos indígenas, na atual conjuntura brasileira, tem desempenhado papel relevante no cenário das lutas de resistência. Provavelmente porque envolve a questão do meio ambiente, a Amazônia entra em foco, com o envolvimento dos interesses econômicos da região etc. Com isso, associações e lideranças indígenas, nacionais e regionais, com o apoio de Ongs, de lideranças políticas e da sociedade civil, têm tido a capacidade de buscar providências judiciais no país junto aos ministérios públicos estaduais e no STF, assim como no TPI (Tribunal Penal Internacional).

A crise econômica gerada pela pandemia levou ao crescimento da pobreza no país, tornando-se pauta cotidiana de debates e reportagens na mídia. Dados divulgados em outubro de 2021 por pesquisadores do Insper/São Paulo e pela Oppen Social sobre a desigualdade de renda no Brasil, usando metodologia inovadora a partir de estudos do World Inequality Lab, codirigido pelo reputado economista Thomas Piketty, demonstrou que a desigualdade caiu no Brasil de 2002 a 2015, mas voltou a crescer a partir de então. A importância da divulgação destes estudos é dada pela pauta político-econômica que dominou manchetes e noticiários em outubro e novembro de 2021 sobre os programas de transferência de renda, fim do Auxílio Emergencial (que em 2020 foi pago para 68,3 milhões de pessoas, segundo o Ministério da Cidadania e que em 2021 caiu para 39 milhões); fim do programa do Bolsa Família (programa que teve reconhecimento nacional e internacional), criação do Auxílio Brasil – um programa de caráter provisório com várias suspeitas de intenções eleitoreiras, para 17 milhões de famílias, excluindo pelo menos 4 milhões delas, também elegíveis. As questões do teto de gastos, do pagamento de precatórios etc. dominaram o debate econômico governamental até o final do ano de 2021.

Contudo, a luta dos movimentos populares seguiu pressionando em face do desemprego, fome e crise econômica. O Portal do UOL, uma das fontes de nossos dados, fez, em 23/09/2021, a seguinte narrativa:

> Ativistas do MTST (Movimento dos Trabalhadores Sem Teto) ocuparam no início desta tarde a B3, sede da Bolsa de Valores brasileira, no centro de São Paulo, em protesto contra a fome, a inflação e o desemprego. Como as negociações na Bolsa são feitas eletronicamente, os protestos não afetaram os negócios. Segundo o movimento, o local foi escolhido por simbolizar a "especulação" e a "desigualdade social". "Ocupamos a Bolsa de Valores de São Paulo, maior símbolo

da especulação e da desigualdade social. Enquanto as empresas lucram, o povo passa fome e o trabalho é cada vez mais precário. Quem segura o Bolsonaro lá são os donos do mercado!" [Disponível em https://economia.uol.com.br/noticias/redacao/2021/09/23/protesto-movimentos-sociais-b3-bovespa-sp].

Em 02/10/2021 ocorreu a sexta manifestação da Campanha Nacional Fora Bolsonaro, com 314 atos em 304 cidades do Brasil e em 18 países. Os atos reuniram menos gente do que os atos de maio e junho, e muito menos ainda do que o "ato dos golpistas" de 7 de setembro. Mas reuniu mais do que os atos de 12 de setembro convocado pelo MBL. Em sua preparação, o ato de 2 de outubro teve a tentativa de articulação de figuras históricas do Diretas Já de 1984, como José Carlos Dias e Margarida Genevois, da Comissão Arns, que compareceram à Avenida Paulista, e alguns políticos do chamado centro, visando uma frente contra o Governo Bolsonaro; mas o ato esteve longe de reeditar o Diretas Já. O MBL – que havia participado de algumas reuniões de organização – não convocou sua militância. Alguns nomes do espectro político mais centro-esquerda até enviaram vídeos gravados, que foram exibidos na Avenida Paulista, mas os atos de 2 de outubro tiveram a esquerda como protagonista principal nas ruas. As fissuras existentes foram explicitadas em vaias e ataques às falas de personagens como Ciro Gomes, por parte do PCO (Partido da Causa Operária) e outros. A fragmentação no campo das forças articuladas pela esquerda certamente não é nova, mas no caso em tela ela se aprofundou no campo progressista desde 7 de setembro entre os adeptos do PT e o também presidenciável Ciro Gomes, do PDT. A criatividade ficou por conta de ações ocorridas em Brasília: faixas reproduzindo botijões de gás, denominados *Ultraguedez*, tremularam em protesto à alta da inflação, dos combustíveis, dos alimentos e do gás de cozinha para os mais pobres. Apesar das manchetes de primeira página nos jornais do dia seguinte e proclamado pelos organizadores como grande feito, na realidade, esse sexto ato marcou o fim da tentativa de unir uma frente pelo *impeachment* de Bolsonaro[19].

O ato de outubro também mostrou fragilidades no campo da esquerda no sentido de dialogar com lideranças de um de seus partidos mais tradicionais, o PCdoB. O fato ocorreu com a presidente da Une (União Nacional dos Estudantes). Como se sabe, a Une tem uma relação orgânica e histórica com partidos políticos, tendo como presidentes estudantes vinculados ao PCdoB, há várias décadas. Em 2021, ela elegeu, pela primeira vez uma mulher, negra e do norte do país: Bruna Brelaz, também membro do PCdoB. Pouco tempo após sua eleição foi criticada nas redes sociais, por um setor da esquerda, por ter tido um diálogo com representantes do PSDB e do MBL, considerados de direita, antes dos atos de 2 de outubro. Ela defendia uma frente ampla para viabilizar o *impeachment* do Presidente Bolsonaro. Recebeu críticas racistas e machistas da parte de membros do PCO, que traz o Coletivo de Negros João Cândido no seu interior. Em entrevista à *Folha de S. Paulo* Bruna afirmou: "Fiquei com medo de sair na rua. E não fiquei preocupada por conta do bolsonarismo. [...] Essa rede de ódio precisa ser refletida pela esquerda" (IZIDORO, A.; LINHARES, C; BRELÁZ, B. *Folha de S.Paulo*, p. A14, 18/10/2021). Trata-se de um exemplo sobre as dificuldades das organizações e agrupamentos

---

19 A Fundação Perseu Abramo divulgou o seguinte boletim sobre os atos de 2 de outubro: "novas manifestações massivas contra o Presidente Jair Bolsonaro e seu governo de destruição e morte. No momento em que o país contabiliza 597.749 mortos durante a pandemia, pelo menos 700 mil pessoas ganharam as ruas de 304 cidades do Brasil e em 18 países no exterior para defender a vida, exigir a saída do presidente da República e protestar pelo aumento da fome, da miséria e do desemprego. A maioria das capitais e grandes cidades do país foi tomada por manifestações contra Bolsonaro e seu governo. Em cartazes, faixas e palavras de ordem, a denúncia da alta dos preços, do desemprego e da fome. As dificuldades vividas pelo povo foram acompanhadas pela cobrança de *impeachment*, engavetada pelo presidente da Câmara, Arthur Lira. As manifestações também expressaram a busca da unidade das forças progressistas e populares. Líderes dos movimentos sindicais comemoraram a ampla adesão, inclusive de setores que ainda não haviam saído às ruas em protesto contra o governo".

da esquerda no país e como é difícil mudar o racismo e a cultura política arraigada na sociedade, também em setores da esquerda. A liderança da UNE recebeu o apoio e a solidariedade de inúmeros políticos, especialmente de mulheres.

Em outubro de 2021 foi reiniciada uma série de atos isolados dos movimentos progressistas, de um grupo ou movimento específico, com participantes das próprias siglas. Assim, MST espinafrou o ministro da Economia, Paulo Guedes, na entrada do ministério, em Brasília. Os manifestantes fizeram uma encenação teatral que denunciou Paulo Guedes, cantando: "Gritou o Paulo Guedes, falando baboseira. E a elite brasileira lucrando sem pudor. Tira o dinheiro e bota no estrangeiro e a fome vai causando muita dor. Tá tudo caro!" Na lateral do prédio do ministério houve uma intervenção com as frases "Guedes no paraíso e o povo no inferno" e "Guedes lucra com a fome" (Fundação Perseu Abramo, 04/10/2021, n. 30).

Outubro de 2021 também marcou o encerramento do relatório da CPI da covid, no qual foram apontados crimes contra a humanidade, prevaricação e charlatanismo por parte de autoridades públicas federais. Ele sugeriu o indiciamento de 2 empresas e 66 pessoas, incluído o presidente e 3 de seus filhos. Outro fato ocorrido em outubro relacionado às manifestações diz respeito à ordem de prisão, expedida pelo Ministro Alexandre de Moraes ao blogueiro Allan dos Santos, investigado desde maio de 2020 por atos antidemocráticos, em inquérito já mencionado anteriormente quando retratamos fevereiro de 2021. O ministro disse que o blogueiro é um "dos líderes do esquema montado para desestabilizar a democracia", sendo ele o organizador de diversas reuniões entre membros de uma organização criminosa (Terça Livre) com definição de estratégias a serem adotadas. Moraes classifica as condutas de Santos como de "elevado grau de periculosidade que não podem ser consideradas apenas como crimes de opinião. [...] contribuindo de maneira inequívoca para a animosidade entre os poderes da República" (TEIXEIRA, M.; MATTOSO, C.; SERAPIÃO, F. Moraes manda prender blogueiro e cita vínculo com invasor do Capitólio. *Folha de S.Paulo*, p. A9, 22/10/21, p. A9).

Novembro de 2021 foi um mês de grande visibilidade dos movimentos de luta contra o racismo e dos ambientalistas, com certa desarticulação das manifestações nas ruas na luta pela democracia. Um ato previsto para 15 de novembro não foi confirmado. Também ocorreu o encerramento da CPI da covid, com um relatório volumoso mas sem impactos efetivos num primeiro momento; houve o lançamento oficial de novos candidatos presidenciáveis, como o ex-Juiz Sérgio Moro; a indicação dos institutos de pesquisa a respeito dos candidatos à presidência para 2022, indicando Lula como vencedor em diferentes cenários; a disputa interna no PSDB entre João Dória de São Paulo e Eduardo Leite do Rio Grande do Sul nas prévias para definir o candidato do partido a concorrer à presidência em 2022, vencida por João Dória.

No campo do associativismo, manifestações planejadas por movimentos sociais e partidos da oposição para o dia 15 de novembro não aconteceram. Mas é interessante detalhar um pouco mais este fato porque ele fornece elementos para a reflexão sobre as dificuldades para se construir frentes democráticas e como os interesses de grupos político-partidários se sobrepõem a interesses mais amplos da própria sociedade e suas necessidades. Após o 7 de setembro imaginou-se fazer uma coalização de siglas; uma frente ampla de movimentos e partidos. O já citado Direitos Já, fórum com 18 siglas representadas por partidos como PT, PSDB, DEM, Cidadania etc. endossou a ideia, propondo algo como um grande evento, inspirado nas Diretas Já de 1984. Entretanto, em novembro de 2021 a pauta nacional das *urgências* na política foi dominada internamente pelas disputas em torno de manchetes que viabilizassem candidaturas para 2022. Este foi o eixo articulatório dos diferentes matizes das correntes políticas brasileiras: eleições de 2022. Ele foi muito bem manipulado pelo governo federal, e as demais forças políticas correram atrás, defendendo, resistindo, denunciando; mas todas, sempre de olho nas agendas das candidaturas, já postas ou em disputa. Também ocorreu o fim do auxílio emergencial, do Bolsa Família; o novo Programa Auxílio Brasil, o pagamento de precatórios e o furo dos gastos públicos foram os temas que dominaram a pauta dos debates e embates públicos.

Se de um lado as manifestações, marchas, concentrações etc., articuladas por múltiplos grupos se arrefeceram em novembro, de outro lado, como foi assinalado, as manifestações temáticas tiveram destaque, tanto no associativismo civil nacional como no internacional, com manifestações nas ruas, eventos e marchas de protestos, destacando-se a COP-26 em Glasglow e as celebrações do Dia da Consciência Negra no Brasil, comemorado em 20 de novembro, que teve o apoio e adesão da Campanha Nacional Fora Bolsonaro. É importante registrar que a COP-26 conseguiu unir a questão ambiental e a do racismo denunciando as consequências da crise climática para as comunidades quilombolas no Brasil. Isto porque a entidade brasileira Coalização Negra por Direitos, composta por organizações como Uneafro do Brasil e Conaq, enviou uma comitiva à COP-26 para pautarem o tema em carta-documento, na qual afirmam que o desmatamento é zero nas comunidades quilombolas já reconhecidas e há anos que não ocorre mais titulação de transferência aos quilombolas. Durante a pandemia, grupos de quilombolas tiveram de entrar na justiça para que fossem considerados como grupos prioritários para a vacinação. Os líderes quilombolas que participaram denunciaram a invisibilidade e negação das experiências de organização política do povo negro. O grupo brasileiro também participou, após a COP-26, da Marcha pelo Clima, evento que ocorreu em vários países da Europa (cf. mais informes sobre as atividades dos quilombolas em entrevista feita por Priscila Camazano a Douglas Belchior, publicada na *Folha de S.Paulo* em 17/11/2021).

Entidades universitárias de acompanhamento e debate de questões sociais, como o Observatório das Metrópoles, Ongs e representantes de movimentos de luta pela moradia realizaram em 05/11/2021 a primeira plenária de organização do Encontro da Sociedade Brasileira pelo Direito à Cidade, iniciativa que visava recolocar a luta pelo direito à cidade no centro do debate político nacional. Esse encontro decidiu organizar para o início de junho de 2022, em São Paulo, a Conferência Popular pelo Direito à Cidade, objetivando três enfoques, segundo documento divulgado pelos organizadores:

> 1) Construir democraticamente uma plataforma de lutas urbanas voltada para o combate à desigualdade social e à predação ambiental.
>
> 2) Participar da redemocratização do país por meio de uma articulação nacional de agentes, atores e entidades vinculados à vida urbana e produção das cidades.
>
> 3) Inserir o tema das cidades no projeto nacional a ser definido socialmente por ocasião das eleições de 2022 [Disponível em https://www.observatoriodasmetropoles.net.br/conferencia-popular-pelo-direito-a-cidade/].

Deixamos estes registros no livro não como propaganda do evento, mas como elementos indicativos das pautas elaboradas ao final de 2021 que mobilizarão a luta pela moradia nos territórios urbanos em 2022. Observam-se na pauta propostas de articulação de movimentos, como se constrói o calendário de lutas dentro de uma temática, assim como pode ser observada a relação das lutas com o calendário político-eleitoral do país.

Em 20 de novembro, atos públicos de entidades da causa antirracista celebraram a conquista de avanços na luta contra o racismo. Dentre estes se registra a proposição de um observatório contra o racismo advinda de uma comissão de juristas negros criada pela Câmara dos Deputados, em janeiro de 2021, para avaliar mudanças na legislação de combate ao racismo; debateu-se a política de cotas no mercado de trabalho, titulação dos quilombolas, mudanças na elaboração do orçamento público e a participação de pessoas negras no setor de mídia e audiovisual. Silvio de Almeida, professor universitário e um dos destaques na análise da questão do *Racismo estrutural* – título de seu *best-seller* – foi o relator final do texto da comissão. O documento trata do racismo estrutural institucional, mas Sílvio de Almeida alertou sobre a necessidade de iniciativas para a prevenção, detecção e responsabilização de práticas racistas no setor privado. Nos atos e manifestações nas ruas, em 20 de novembro, vários grupos e organizações de esquerda incorporaram a bandeira "Fora, Bolsonaro racista", mas o foco era a luta do movimento negro, e não uma demonstração de mobilização e consenso da sociedade para pressionar o *impeachment* do presidente. O Dia da Consciência Negra é uma tradição de comemoração no país já alguns anos, sendo feriado.

Dezembro de 2021. Uma outra manifestação temática foi proposta para o dia 4 de dezembro por entidades do segmento das mulheres, especialmente coletivos que compõem a Campanha Fora Bolsonaro, mas com pouco impacto na mídia. O destaque de dezembro veio do exterior: a Cúpula da Democracia, um evento on-line realizado entre 9 e 10 de dezembro nos Estados Unidos. Pautada para ser algo como a Cúpula do Meio Ambiente, na realidade foi uma tentativa de estabelecer uma aliança de países democráticos, com destaque para a liberdade de imprensa, em oposição à China e outros países de regimes não democráticos na atualidade, como a Hungria. O Brasil foi incluído na lista de países convidados, com uma lista de viés geopolítico claro. Cinco áreas foram destacadas como foco do evento: imprensa independente, combate à corrupção, reformas democráticas, uso de novas tecnologias e defesa de eleições. Antes do evento o governo brasileiro enviou à cúpula dos organizadores um documento que deveria ser para formalizar os compromissos do Brasil. Tal documento acusa a mídia profissional de desinformação e pede liberdade de expressão para vozes de diferentes ideologias. Ou seja, houve a defesa de vozes conservadoras e a reiteração do combate à mídia profissional livre e independente. A abertura foi feita pelo presidente norte-americano Joe Biden e contou com a presença virtual de 91 líderes de países estrangeiros dos mais de 100 convidados.

Em relação ao Brasil, no mês de dezembro de 2021 a Anistia Internacional lançou o relatório covid-19 e os direitos humanos no Brasil: caminhos e desafios para uma recuperação justa. O estudo se baseou em fontes de dados oficiais governamentais; organizações e coalizações da sociedade civil como a Apib (Articulação dos Povos Indígenas do Brasil) e a Conaq (Coordenação de Articulação das Comunidades Negras Rurais Quilombolas); o grupo Alerta, dados produzidos por universidades e instituições de desenvolvimento científico e tecnológico; dados do consórcio de veículos que fazem o monitoramento diário da situação da covid-19 no país desde 2020, quando o governo federal deixou de realizar este trabalho. Até 11 de dezembro, mais de 615 mil vidas de brasileiros(as) foram perdidas para a covid-19, numa crise sanitária, de saúde, crise econômica e de direitos humanos sem precedentes. As desigualdades socioeconômicas se acirraram, especialmente para as camadas sociais mais vulneráveis com a situação de desemprego, renda, educação, acesso a medicamentos e equipamentos de saúde, alimentação, moradia, segurança (com aumento da criminalidade nas ruas e da violência policial) etc. Aumento da população vivendo nas ruas e praças. A população negra foi a mais impactada, especialmente as mulheres (dados indicam que 38% delas passaram a viver em situação de pobreza). Por tudo isso, o relatório da Anistia reivindica que essas pessoas precisam viver com dignidade e ter de volta seus direitos humanos que foram violados durante a pandemia (direitos estes bastante precarizados muito antes da pandemia, dada a origem histórica estrutural das desigualdades socioeconômicas no Brasil).

O ano de 2021 terminou com uma nova ameaça à saúde pública: a Ômicron, a nova variante da covid-19, que espalha rapidamente, embora num primeiro momento não tenha sido tão letal às pessoas, desde que devidamente vacinadas; mas também mata e há casos graves com internação. Como ela se espelha rapidamente, a escalada de números de contaminados, hospitalizados e mortos, ela propiciou o retorno ao número de casos de forma alarmante, especialmente após as celebrações de Natal e final de 2021. Com isso as necessidades de leitos, vacinas, testes e a vacina para as crianças voltaram às manchetes e páginas da mídia. E a solidariedade aos mais pobres, nas favelas e regiões de vulnerabilidade, que haviam diminuído ou desativada, tiveram que se reorganizar rapidamente para diminuir o impacto da proliferação abrupta de novos casos de covid-19 e de uma nova gripe que surgiu concomitantemente, o vírus Influenza H3N2. Paraisópolis, em São Paulo, por exemplo, citada no cap. 1, em 2020 manteve por um ano uma ambulância privada para socorrer moradores, ação coordenada pela União de Moradores local e paga com doações; o crescimento de casos ao final de 2021 levou à recontratação da ambulância, e desta vez fez um plano para o financiamento de ambulância própria. Como se observa, as organizações comunitárias locais que ficam atentas buscam se reinventar para gerar respostas rápidas e soluções, papel que o Estado não tem, ou não realiza a contento e com agilidade. Um censo realizado pela Prefeitura de São Paulo entre outubro e dezembro de 2021 registrou que houve aumento de 31%, desde 2019, da população vivendo nas ruas da capital; há famílias inteiras e não apenas o perfil anterior de pessoas com problemas de alcoolismo, drogas ou saúde mental; o perfil do morador em situação de rua mudou. As políticas públicas locais não dão conta de atender com abrigos provisórios, tendas etc. porque a defasagem é de décadas. E não se trata apenas de defasagem, mas de um modelo de planejamento urbano que sempre privilegiou o mercado imobiliário voltado para o lucro, tendo como alvo as camadas médias e altas, que podem pagar pela moradia, com financiamento ou não, e não quem precisa de fato ter moradia/habitação. Raquel Rolnik (2022) denomina esse modelo de "planejamento da desigualdade". Portanto, o cenário geral para 2022 se apresentava nebuloso; na saúde, na moradia, na economia, na qual os juros voltavam a subir; a inflação terminou o ano em 10,75% (a previsão no início de 21 girava em torno de 4 e 5%); aumento de desemprego e acirramento da luta política pelo poder central, visando às eleições de outubro de 2022. Inúmeras greves estão previstas para 2022 no setor do funcionalismo público, especialmente no plano federal.

No cenário político-eleitoral, 2021 terminou com propostas de uma novidade, que são as federações; ou seja, a possibilidade de os partidos concorrerem como se fossem uma só legenda, uma inovação da última reforma eleitoral. Dois ou mais partidos podem lançar chapas conjuntas nos estados e municípios e atuar unidas no Congresso por no mínimo quatro anos. As legendas passaram a fazer acordos e negociações, apostando nesse novo formato, que ainda depende de discussões finais no STF.

O ativismo das ações coletivas encerrou 2021 com uma nota pública assinada por inúmeras entidades científicas e organizações civis em defesa da autonomia universitária, em resposta a ações do Ministério da Educação a respeito do calendário escolar, retorno às aulas etc. Intitulada Nota em defesa da saúde nas Instituições de Ensino Superior, o documento assinala: "a Constituição garante às universidades autonomia e, perante a ameaça que volta a recrudescer, com a nova variante da covid-19 se espalhando rapidamente pelo mundo, esta autonomia necessariamente inclui o direito de adotar os cuidados exigidos pela preservação do bem maior, que é a vida".

Quanto ao ativismo em movimentos sociais populares e em organizações civis, o ano de 2021 se encerrou com campanhas de arrecadação para o Natal. O MST organizou a Campanha Nacional Natal sem Fome em 24 estados, distribuindo toneladas de alimentos a cerca de 250 mil famílias, buscando também se reinventar. O MST e a Frente Brasil Popular propuseram a criação de comitês populares ao longo do ano de 2022, em todo o país, para debaterem a crise e formularem propostas para um novo ciclo, um novo governo.

Aprofundar a democracia participativa ouvindo o povo, reduzir desigualdades, promover os direitos humanos e promover o cuidado e a defesa do meio ambiente parecem ser eixos básicos essenciais para um novo tempo no Brasil. O grande desafio é como fazer isso, como construir processos com ações efetivas que deem substância para um projeto para o país, e não apenas um manual de intenções ou uma lista genérica das áreas em que há necessidade de ações concretas; há necessidade de propor políticas públicas efetivas. Ainda que a maioria desses líderes estrategistas se coloque no campo progressista, vários adotam discursos populistas, não propondo planos e projetos fundamentados em análises, mas apenas consulta à população. Ao longo deste livro estamos tentando demonstrar que os ativistas progressistas da atualidade, especialmente os jovens, não pensam e nem agem mais como os antigos militantes de movimentos e partidos políticos tradicionais. Eles são motivados a agir e se engajar em ações não hierárquicas, que dizem respeito diretamente à experiência de vida deles, e não as organizadas por estrategistas.

Concretamente temos a percepção da necessidade de se reconstruir o tecido social associativo, de base, para a era digital. Sabemos que o ativismo nas redes digitais não é suficiente; por si só ele poderá mobilizar centenas e milhões, mas não gera consciência sobre o que realmente está movendo as ações em pauta. É preciso incentivar a agregação de núcleos participativos, temáticos e interconectados; incentivar a territorialização destes núcleos participativos – não a moda de planos e interesses de estrategistas políticos – a partir de interesses dos próprios grupos, para que em conjunto com aqueles que se propõem a reinventar a política no parlamento e nos cargos do poder executivo, tirem o país da crise e atoleiro atuais, elaborem e construam planos, projetos e visões críticas. O clamado *povo*, especialmente as camadas populares e a classe média (que também foi muito impactada pelos acontecimentos) reaprenda a sonhar, e não apenas a sobreviver, aquilo que a maioria da população de renda média e baixa faz neste país.

Em síntese, ao longo do cap. 2 demonstramos que a pandemia em 2020 e 2021 aprofundou o cenário da desigualdade social no Brasil, ampliou a pauta das reivindicações, especialmente relativas ao sistema sanitário e de saúde; a crise decorrente da necessidade de isolamento, com o trabalho e as escolas em *home office*, e suas consequências para o sistema escolar, para o trabalho das mulheres, dos(as) trabalhadores(as) essenciais que se ficarem em casa não têm salário (emprego doméstico, p. ex.); o desemprego e a fome; além das denúncias de queimadas na Amazônia, invasão de terras indígenas etc. Tudo isso em um contexto de necessidade de reinvenção das formas de protesto, com manifestos nas mídias e uso intenso das redes sociais, carreatas, panelaços nas janelas etc., porque as ruas se tornaram fonte de perigo e medo de contágio do vírus. Mas a pandemia colocou nas ruas outros atores políticos, até então não tão visíveis: os antidemocráticos com atos fincados na defesa de pautas negacionistas, contra a ciência, defesa de porte de armas, contra isolamento social, contra investimentos em vacinas, a favor de tratamentos médicos ineficazes contra o vírus, como o já famoso caso da cloroquina. Contudo ocorreram aprendizados na sociedade distinguindo a civilização da barbárie, e a adesão majoritária da população às vacinas contra a covid-19 é um dos grandes indicadores. Outro grande ganho do período foi em relação ao racismo; além de ser categorizado como crime – portanto, sendo condenado por lei –, passou a ser exposto, repudiado, combatido. O mesmo também ocorreu com as questões ambientais, combatendo-se a degradação, a destruição, e a não preservação. A justiça, os ministérios públicos e os tribunais passaram a ser o porto de ancoragem e esperança da população aos crimes cometidos. Diferentes mídias têm colaborado para visibilizar aquilo que antes eram lutas isoladas, apenas dos atingidos. Concluo este capítulo com uma citação de Júlio Fulks em artigo inspirado na obra de José Saramago *A viagem do elefante*:

> Por ora vamos resistindo aos lobos, mas não sei se seremos capazes de resistir caso a violência se estenda por quatro anos mais. Como não somos vaca, como somos dotados de linguagem, ainda podemos nos valer das palavras para denunciar o disparate de toda essa história e convencer que não o façam, homens bestiais, que parem de alimentar os animais ferozes que querem nos matar. Não sei se aprendemos a lutar, mas sei que, depois destes anos selvagens, não poderemos parar nunca mais [Disponível em https://www.uol.com.br/ecoa/colunas/Julian-Fuks/Resistir aos homens bestiais – Acesso em 08/01/2022].

Segunda parte

3
Teorias e categorias de apoio às análises sobre as ações coletivas destacando-se os movimentos sociais

Apresentação

Conhecer a realidade das ações coletivas e debater a produção do conhecimento sobre o tema é tarefa dos pesquisadores. Que teorias, categorias, conceitos, métodos de abordagem e metodologias operacionais de pesquisa têm sido utilizados nos estudos a respeito das ações coletivas? Por muito tempo, falar de ações coletivas e de movimentos sociais era praticamente tratarmos de termos sinônimos. No meu livro *Teorias dos movimentos sociais: paradigmas clássicos e contemporâneos* trabalhei essa diferenciação, apresentando os clássicos na abordagem das ações coletivas e os teóricos e teorias dos movimentos sociais. As ações coletivas são o guarda-chuva mais abrangente. Elas podem ser compostas por movimentos, coletivos, organizações civis, Ongs etc. Há diferenças marcantes no associativismo gerado em cada forma. Alguns pesquisadores focalizam a temática do associativismo civil contemplando as diferentes modalidades de ações coletivas (cf. LÜCHMANN, 2021).

Por isso indago: As abordagens sobre as ações coletivas continuam adequadas no cenário de crise mundial da década de 2020, especialmente após a pandemia da covid-19? Ou há novos personagens em cena, deslocamentos e a necessidade de novos aportes e conceitos? Estas foram as motivações prioritárias para dar continuidade, aprofundar e expandir investigações sobre a temática que temos nos dedicado e publicado nas últimas quatro décadas. As linhas delineadas a seguir se inserem neste campo de preocupação.

O ponto de partida tem como suposto de que há necessidade de ampliarmos o escopo analítico para entendermos ações coletivas a partir da década de 2010. Isto porque o leque de formas associativas civis, tanto no campo progressista como no conservador, ampliou-se com a proliferação de coletivos (cf. cap. 4), a expansão das Ongs e das associações civis voluntárias ou articuladas a apoios do setor privado, bem como com o surgimento ou ressurgimento de outras ações coletivas no campo da direita, com atos e organizações antidemocráticos – sendo melhor denominá-los contramovimentos – registrados neste livro enquanto ocorrências no período em tela, mas não analisados porque não são meu tema de investigação. Para tal, indico, entre outros, Donnatela (2013), Codato (2015), Solano (2018), Silva e Pereira (2020), Rocha (2021); Solano, Rocha e Medeiros (2021), Solano e Rocha (2022) etc. Em síntese, temos diferentes tipos de ativismos no mundo do associativismo civil.

Os movimentos sociais continuam ativos e têm se reformulado, tanto no plano local como no geral/global, com o surgimento de movimentos globais. Esses últimos se organizam via plataformas digitais globais ao redor de temas como meio ambiente, povos originários indígenas, questões de gênero, a crise dos imigrantes fugindo de regimes opressivos ou em busca de condições de vida e trabalho, a fome, o desemprego etc. Eles são globais não apenas porque suas pautas ocorrem em várias partes do globo e nem somente porque têm articulações globais (GOHN, 2019a). São globais porque se estruturam e se organizam de forma global via plataformas, redes com ações concretas de acompanhamento, denúncias, encaminhamentos, estratégias de resistência etc. No cap. 2 apresentamos exemplos de articulações globais dos povos originários indígenas.

Uma das diferenças e inovações dos movimentos que participam de articulações globais é a forma como se organizam. Ao final do século XX criticou-se as estruturas verticalizadas, em modelos únicos de organização, a exemplo do sindical atrelado aos partidos políticos. Redescobriu-se o valor e a importância das estruturas horizontais criadas no passado para a organização de trabalhadores nas primeiras décadas do século XX, com as ligas e outras formas associativas de matriz anarquista. No século XXI esses formatos organizativos ganharam força com o Fórum Social Mundial e em todos os movimentos de indignados e *Ocuppys* ao redor do mundo no início da década de 2010. Isso muda a cena do associativismo civil destacando o ativismo como central, e não a militância atrelada a algum partido ou sindicato. O ativismo globalizou as ações coletivas graças fundamentalmente às relações virtuais, on-line, nas redes e canais sociais. As ações globais ocorrem em dados momentos em função de dados acontecimentos, baseadas em relações de confiança e complementaridade. O BLM (Black Lives Matter) nos Estados Unidos é um exemplo e gerou aprendizado não apenas organizacional, mas também o de saber construir e aproveitar as oportunidades políticas de dados momentos, mirando até a ocupação de espaços institucionais, como se observa no Brasil com a constituição dos *mandatos coletivos*, a serem tratados no cap. 4.

Outro dado relevante no campo das articulações globais: essas ações coletivas não se enquadram apenas no campo progressista. Há também ações e movimentos globais da direita, redes da ultradireita que promovem encontros e suporte a regimes autoritários ou nacionalistas/populistas. Este livro não aprofundará este tema porque exige muitas pesquisas e não é nosso recorte de pesquisa estudá-lo.

Inicialmente vamos retomar neste capítulo as abordagens sobre os movimentos sociais. Num passado já distante, no Brasil, falar de movimento social era sinônimo de estar falando de movimentos contestatórios e reivindicantes de direitos, vistos como movimentos progressistas, emancipatórios. A questão central, ou a novidade como dizia o debate na época, era diferenciá-los entre velhos ou clássicos (sindicais, estudantis, luta pela terra etc.) e os novos movimentos (identitários, culturalistas). Mas todos estavam numa mesma chave, movimento social. Com o passar das décadas, organizações políticas ou pré-políticas passaram a mobilizar e a organizar a população, algumas se transformando em movimentos sociais (ou passaram a se autodenominar movimentos) ou movimentos políticos, dentro de um espectro político-ideológico de valores de centro e de direita: conservadores, reacionários, liberais e neoliberais. Por isso, também se deve fazer a diferenciação entre movimento social, movimento cívico, movimento político, movimento cultural, movimento societário, movimento dialógico-midiático e suas múltiplas articulações. Muitos deles são fragmentados, não são consistentes, fluem tanto na forma como no conteúdo, conforme o conflito em tela. É necessário, portanto, qualificar os termos dos debates e narrativas para sabermos de que tipo de movimento estamos tratando, pois generalizar e focalizar um só conceito, o de movimento social, poderá confundir os sujeitos em cena. Um outro destaque a registrar é quando uma determinada causa gera uma mobilização ao seu redor, formando um coletivo de pessoas que representam partidos políticos, instituições civis etc. que a mídia, ou ele próprio denomina como movimento social. Na realidade, eles são uma articulação política importante; são movimentos políticos, e não movimentos sociais como foi o Diretas Já nos anos de 1980, e os Direitos Já, a partir de 2019, na defesa da democracia, já citados nos cap. 1 e 2.

Retomando a polêmica entre velho, novo, novíssimo e a questão da autonomia

Faz-se urgente retomar a discussão e a qualificação atribuída, em cada momento histórico, às categorias temporais de análise: velho, novo e novíssimo. Isso é importante na atualidade para que não se reduza os novíssimos a sinônimos de movimentos autonomistas ou à forma autodenominada como coletivos, no universo das ações coletivas. Em publicação de 2017 tratei deste assunto e retomo-o agora a partir do que disse sobre o novo com uma longa citação a respeito para, a seguir, verificar como isso se deu no Brasil. Escrevi em 2017:

> O novo nasce do velho, a partir de estruturas que se transformam e se decompõem num processo dialético. Portanto, o novo não resulta de um processo estrutural, mecânico, algo posto de fora para dentro, algo que nunca tinha existido. O novo se instaura, na realidade, a partir da ação humana, construída por diferentes sujeitos, e gera narrativas que buscam dar sentido e direção a essas ações. Esses sujeitos, usualmente coletivos, disputam e ressignificam interpretações existentes sobre as questões em tela, ressignificando, portanto, com isso, a cultura política vigente, criando discursos, novas práticas, novas representações e imaginários sobre o fato sociopolítico, econômico ou cultural em questão. Registra-se ainda que o novo não é, em princípio, dotado de virtualidades que o qualifiquem como bom, progressista, um avanço no campo das relações sociais, uma conquista de novos direitos etc. O novo poderá ser também uma volta a valores passados, um retrocesso em relação às conquistas sociais, um retorno ao conservadorismo, a formas autoritárias, entre outros. É o desenrolar dos fatos, as disputas, as lutas na cena político-social, econômica e cultural que o qualificam. O novo é datado. Por isso usamos as categorias clássicos, novos e novíssimos para nomear sujeitos sociopolíticos distintos. O novo não é, portanto, uma

categoria analítica, uma ferramenta dada *a priori* para uso dos pesquisadores; ele é uma construção histórica. O investigador deve coletar e sistematizar dados e, ao analisá-los, destacar os achados que são "novidades", reinserindo-os na conjuntura estrutural econômica e político-social para interpretá-los, verificar se são realmente "novos" ou simplesmente uma novidade – uma moda passageira (GOHN, 2017, p. 13-14).

Na bibliografia de análise sobre as ações coletivas o novo ganhou força nas décadas de 1960, 1970 e 1980, esta última especialmente no Brasil. O novo não era sinônimo de autonomismo, ele destacava "novos sujeitos históricos" ou "novos atores em cena" (SADER, 1988) que advinham do mundo da vida cotidiana, da moradia, do viver o dia a dia nos bairros, especialmente nas zonas periféricas. O debate tratava os "novos sujeitos" como movimentos sociais. Ele se contrapunha às velhas formas de organização de partidos e sindicatos, centralizadores, hierárquicos, que destacavam apenas aspectos estruturais da sociedade, a relação capital x trabalho, as contradições do capitalismo e seus reflexos quase que diretos sobre a sociedade. Os novos movimentos sociais, tanto na prática como na teoria que passou a ser criada ao seu redor, reivindicavam o poder das bases contra o centralismo organizacional; chamavam atenção para aspectos da subjetividade, clamavam pela identidade sociocultural e política dos atores em cena e suas demandas. Isto não quer dizer que não existisse a defesa da autonomia, como muitos autores e publicações daquela época registraram, a exemplo de Sader (1988). Castoriadis (1985) também defendia a autonomia dos movimentos nos anos de 1970-1980 como teoria e projeto político em oposição à heteronomia, à burocracia e ao mecanicismo teórico do marxismo ortodoxo. O novo se contrapunha ao velho não só na forma de se organizar, mas também nas ideias e projetos de sociedade. Contrapunha-se à forma/ação dirigida por vanguardas. No Brasil houve tensão, no campo sindical, entre o velho e corrupto sistema sindical e o novo, que nascia nos polos mais avançados da indústria, no ABCD paulista, por exemplo. No mesmo período (década de 1970) o movimento de bairro também se contrapunha entre as velhas práticas pelegas associadas a lideranças políticas tradicionais e o novo movimento de bairro, organizado a partir de associações comunitárias ligadas às Comunidades Eclesiais de Base. Observem que não estamos falando até agora de coletivos. Embora estes tenham entrado no campo do associativismo brasileiro no século XX, segundo alguns pesquisadores na década de 1980, em algumas novas modalidades de ação coletiva bastante associadas ao campo da cultura. No campo do associativismo popular vão aparecer nos anos de 1990 no MST (retomaremos isso no cap. 4). Na década de 1980, os novos movimentos sociais progressivamente se tornaram hegemônicos em termos de números e destaque tanto na mídia como nas pesquisas. Isto não quer dizer que eram hegemônicos no sentido de modelo único, de algum tipo de unidade. Ao contrário, eles inauguraram a era da heterogeneidade, fragmentação e pluralidade de formas e demandas; visões, valores e demandas, mesmo dentro de uma mesma causa, como analisam Francisco Oliveira (1972; 1988; 1994); Machado e Ribeiro (1982); Scherrer-Warren e Krischke (1987).

É importante registrar também que os principais autores que influenciaram as pesquisas no Brasil sobre os novos movimentos sociais tinham como fonte de dados realidades diferentes do Brasil, a exemplo de Claus Offe (1989), Alberto Melucci (1989), Castells, (1972; 1974) e Touraine (1965; 1974; 1978). Charles Tilly, com outra abordagem dos confrontos políticos e com grande influência nas análises sobre movimentos sociais no Brasil, também utiliza as categorias novo e velho, mas para se referir a uma categoria-chave na sua análise: repertórios. Para Tilly, no século XX, a história dos movimentos sociais, greves, passeatas, criação de sindicatos e ligas de trabalhadores, reforma agrária, processos jurídicos eram ações de um novo repertório, em comparação com o século anterior. É importante registrar que para Tilly o velho não desaparece, ele coexiste com o novo repertório, significando que um não substitui o outro no sentido de uma sucessão linear, mas a dinâmica da confrontação política é outra e passa a ter prevalência do novo repertório.

Melucci enfatizava a solidariedade como componente básico da identidade coletiva partilhada e construída entre os atores. Os novos movimentos se agruparam no Brasil e no exterior ao redor de causas identitárias, temáticas, de grupos feministas, negros, índios e comunidades *gays* do período (há toda uma trajetória de construção até chegar ao LGBTQIA+). E foi esta categoria dos novos movimentos sociais, os identitários, que mais cresceu e ganhou visibilidade a partir da década de 1980, e não os movimentos populares, comunitários de bairros pobres da periferia ou das favelas que reivindicavam bens e equipamentos coletivos básicos como água, luz, transporte, creches e postos de saúde na periferia; ou seja, os movimentos sociais populares urbanos reivindicavam direitos sociais básicos, cidadania e direito à cidade (LEFEBVRE; 2001; 1999; HARVEY, 2008; 2014). O direito à cidade, o direito da periferia pobre de ter os mesmos equipamentos dos bairros tipo Jardins (tomando São Paulo como exemplo) foi uma categoria que demarcou a época e diferenciava os movimentos populares dos identitários, que demandavam direitos culturais, igualdade de tratamento nas questões raciais, de gênero, étnicas etc. Os movimentos populares urbanos também se diferenciavam dos movimentos dos sem-terra rurais, que predominaram no Brasil ao final da década de 1970 e início da década de 1980, que demandavam terra para viver e trabalhar. O conjunto desses movimentos populares tinha, de fato, a solidariedade como amálgama das relações existentes. Em síntese, tanto os movimentos populares como os identitários tinham uma chave comum: luta por direitos e construção da cidadania no país.

Os novos movimentos sociais identitários cresceram a partir de conquistas institucionais, especialmente após a Constituição de 1988 e da gestão pública de órgãos e governos por parte de partidos e instituições progressistas. Foi possível a conquista de direitos às mulheres, aos negros e às comunidades quilombolas, à comunidade LGBTQIA+, aos índios e aos povos sem terra[20]. Elas foram fruto de longas e persistentes lutas pontuais, sem reformas abrangentes, na base de grupos que se organizavam, mais pressionavam e sobretudo tiveram alguns de seus membros ou simpatizantes com acesso ao poder. Era preciso estar agrupado, afinado politicamente. Carone (2017) nos traz um exemplo: ele analisou a atuação de movimentos feministas com repertórios voltados para o Legislativo Federal na tramitação da Lei Maria da Penha, uma das grandes conquistas do movimento das mulheres na esfera do legislativo. Políticas públicas de apoio às causas identitárias, acompanhadas de editais para projetos sociais de apoio às temáticas, facilitaram a aproximação de vários dos grupos já envolvidos na militância política, partidária etc. Estou insistindo nestes pontos porque a literatura publicada sobre a *fase movimentalista* no Brasil tende a focar a partir da década de 1980, e não faz distinção entre os movimentos populares, com longa trajetória a partir da década de 1960, e os movimentos identitários, que demarcaram posições na cena enquanto grupos de pressão, mais especificamente a partir dos anos de 1980. Nos movimentos populares dos anos de 1970, mesmo que tivessem grande participação das mulheres, como o da luta por creches, não eram apreendidos nas análises como movimento identitários, de gênero, mas como

---

20 O Estatuto da Igualdade Racial, Lei 12.288, promulgado em julho de 2010; o Estatuto das Pessoas com Deficiência, Lei 13.146, em 2015; leis que visam o combate à violência contra a mulher, como a Lei Maria da Penha (Lei n. 11.340), que data de 2006; e à recente Lei do Feminicídio (Lei 13.104, de 09/03/2015). No tocante aos direitos LGBTQIA+, houve avanços proporcionados pelo poder judiciário como, p. ex., o reconhecimento pelo STF (Supremo Tribunal Federal) da equiparação da união homossexual à heterossexual, em 2011.

movimentos reivindicatórios de bens e equipamentos à periferia, ainda que as mulheres tivessem destaque nos subtítulos das publicações (GOHN, 1985). A luta das mulheres certamente existia e foi muito forte no Brasil na década de 1970, com os comitês de mães em luta pelo desaparecimento de filhos pelo regime militar, articulações internacionais em 1975 com o Ano Internacional da Mulher, decretado pela ONU, e os primeiros encontros e congressos locais ou regionalizados. Tudo isso gerou ações e grupos como o Centro de Desenvolvimento da Mulher, mas usualmente eram movimentos específicos das mulheres e se apresentavam como tal. E rever isso é importante não apenas para revisitar a história, mas para entender a construção e os desdobramentos dos movimentos identitários no século XXI, os caminhos dos movimentos populares nos fóruns de articulação que foram sendo criados e o crescimento dos coletivos na atualidade; assim como lançar luzes para entender a persistência das desigualdades socioeconômicas predominantes justamente na parcela dos mais vulneráveis que compõem os movimentos populares, os mais fracos nesta trajetória.

Como desdobramento das pautas e lutas identitárias, na atualidade, Myrian Sepúlveda dos Santos nos dá uma bela demonstração e análise:

> No Brasil, afrodescendentes e populações indígenas têm se organizado em movimentos por revisões históricas do passado colonial e escravocrata, em que são exigidas políticas reparatórias e equidade na distribuição de recursos e direitos. Conceitos como os de diáspora, hibridismo e diversidade passaram a fazer parte das atuais demandas por cidadania e liberdade. Este tem sido um processo dinâmico e político em que grupos se organizam e fazem demandas em função de suas formações identitárias, denunciando concomitantemente ciclos históricos repetitivos de exploração e genocídio. A população se torna mais ciente dos efeitos políticos de mitos, monumentos, histórias e crenças oficiais e não oficiais. Nesse contexto, identidades unificadas muitas ve-

zes por processos radicais e violentos de homogeneização têm sido contestadas por grupos que passam a valorizar o diálogo com o "outro" do conflito no intuito de superação de impasses (SANTOS, 2021).

Em 2013, boa parte dos jovens que saíram às ruas não estava nos movimentos identitários, nem nos populares, tendo escassa relação com correntes político-partidárias. No século XXI as periferias se reconfiguraram, e bolsões de pobreza ou vulnerabilidades em áreas centrais se expandiram. Em São Paulo, por exemplo, a pobreza passou a fazer divisa com as classes média e alta em regiões como Morumbi. Na realidade, os pobres já estavam nestes territórios há várias décadas, mas a expansão imobiliária decorrente da verticalização de imóveis para as camadas médias transformou territórios que antes eram considerados periferias em locais valorizados, e os pobres permaneceram em bolsões nessas áreas ou foram para regiões nos municípios vizinhos à Grande São Paulo ou ainda para as inúmeras ocupações de prédios na área central da capital paulista, onde desenvolveram vários movimentos sociais de habitação, diferente dos antigos movimentos dos "cortiços" (GOHN, 1991) nessa mesma região. As antigas favelas não são mais denominadas favelas, mas *comunidades*. Não são mais moradores da *periferia*, são de *comunidades*, onde muitos jovens são alçados a participar de projetos sociais de Ongs e entidades do Terceiro Setor, sem nunca terem participado da militância por demandas coletivas, podendo vir a ser ativistas de causas, em coletivos, no novo ciclo de lutas no urbano impulsionado pelas agendas antirracistas, feministas, ambientalistas etc. (a ser tratado no cap. 4).

Os jovens da atualidade, das camadas populares ou de classe média, são de outra geração. Daí o fato de eu nomeá-los em junho de 2013 como "novíssimos" (GOHN, 2014). Alguns advindos de coletivos, outros da própria irrupção de junho de 2013 etc. Mas este novíssimo não era homogêneo e muito menos na atualidade, porque as matrizes político-ideológicas deles variam do campo da esquerda à direita. Na ocasião denominei os novíssimos da direita como *organizações movimentalistas*, e não movimentos sociais propriamente ditos. Logo depois, algumas destas "organizações" utilizaram a sigla movimento para se lançarem, caso do MBL (Movimento Brasil Livre), que quis pegar carona no sucesso do MPL (Movimento Passe Livre), com protagonismo inédito em junho de 2013. Atualmente, com o crescimento dos atos e grupos antidemocráticos, prefiro nominá-los contramovimentos (para bibliografia a respeito desta categoria, cf. MEYER; STAGGENBORG, 1996; WIEVIORKA, 2003; VANH, 2018; SILVA; PEREIRA, 2020; SOLANO, 2018; 2021; ROCHA, 2021).

Os novíssimos da atualidade também não devem ser reduzidos à caracterização de Day (2005), que se refere a grupos dos autonomistas de raiz anarquista. Alguns ativistas, dentre os que participaram de junho de 2013, fundamentavam-se em pautas anarquistas e/ou anticapitalistas, de crítica ao fenômeno da globalização, mas esta não é a característica predominante dos *novíssimos*. A característica principal deve ser vista não em comparação com modelos do passado, mas em relação à ressignificação das práticas da ação coletiva ao redor de uma questão clássica: a desobediência (cf. JORDAN, 2002). Entretanto, como assinalam os organizadores do Colóquio Quando a Desobediência é Social: protestos democráticos e novas formas de ação coletiva (Universidade de Catania, out./2021), a desobediência não é apenas um direito ao protesto, no plano dos direitos civis. Para este grupo a desobediência é também no plano social, e como tal ela representa um método de participação política, um processo alternativo de construção da realidade na defesa de direitos humanos, por exemplo. A desobediência social se tornou um meio pelo qual as formas de cidadania ativa podem desafiar quaisquer ataques autoritários à sociedade ou grupos sociais específicos.

Os estudos sobre os movimentos sociais na literatura brasileira recente

Uma observação relevante diz respeito aos estudos sobre os movimentos sociais e as mudanças paradigmáticas na sua abordagem pelos pesquisadores. Os movimentos espelhavam mudanças na conjuntura política, mas muitos pesquisadores, no afã de propagar a necessidade de ampliação do leque de abordagens, para dar conta das novas relações sociais geradas pelo avanço tecnológico e seus efeitos nas redes e mídias sociais e as mudanças operadas pela globalização e pelas políticas econômicas neoliberais, confundiram ou reduziram o marxismo como sinônimo de análises estruturais, determinismo dos sujeitos e da realidade social etc., passando a olhar para alguns estudos feitos nas décadas de 1970-1980 – especialmente no caso brasileiro –, que tiveram, naquele período uma grande influência das análises marxistas, especialmente via leituras de Antonio Gramsci, como estudos estruturalistas. Outros estudos, desenvolvidos a partir da década de 1990, passaram a buscar ou focar quase exclusivamente na década de 1980 os vestígios da participação institucional em órgãos públicos, esquecendo-se de observar o que de fato ocorria na sociedade civil naquela época, quem estava participando nas políticas públicas, e como ocorria esta participação; e, sobretudo, quais as outras formas de participação que estavam sendo geradas, estimuladas pela nova conjuntura ou até mesmo por políticas públicas. Certamente que o olhar para as políticas públicas, para o Estado e buscar os impactos e efeitos dos movimentos na construção de novas formas de institucionalidades, novas leis, programas etc. tem grande importância. Este livro destaca no cap. 4 uma forma institucional, os mandatos coletivos, por exemplo, resultado de articulações da sociedade civil organizada em movimentos e coletivos, assim como conquistas das mulheres, grupos LGBTQIA+, povos indígenas etc., conforme registrados no cap. 1. E meu livro *A força da pe-*

riferia"[21], publicado em 1985, teve, como fontes de dados não apenas registros diretos das mulheres em luta por creches, mas também registros importantíssimos da antiga Fabes (Secretaria Municipal da Família e do Bem-Estar Social), da Prefeitura de São Paulo, que cuidava das demandas das creches na época. Portanto, não estou contrapondo a participação em estruturas institucionalizadas com a participação na sociedade civil em termos de qual a mais relevante. Estou apenas alertando para os equívocos quando se faz a leitura de acontecimentos e fatos do passado, confundindo os lugares que os diferentes atores sociais ocupavam. Portanto, produzir/pesquisar em outro tempo histórico, como foi no período áureo de vigência da chamada *democracia participativa*, do final dos anos de 1990 até 2015, deve-se atentar para as diferenças, e não generalizar e privilegiar as abordagens institucionalizadas em seus trabalhos, com forte dose do pragmatismo, para qualquer momento histórico em análise.

A literatura internacional sobre as ações coletivas também contribuiu para o recorte das abordagens que destacam a participação institucionalizada, indagando sob quais condições os movimentos sociais produzem certos resultados, a exemplo de Giugni, McAdam e Tilly (1999) na obra *How Social Movements Matter*. Carlos (2021), analisando estes referenciais, assinala que no início foram destacados os efeitos biográficos, culturais e políticos (destacados, p. ex., em GIUGNI, 2008; AMENTA e al., 2010), e que esta agenda se ampliou na década de 2010 com a busca dos efeitos institucionais nos processos burocráticos, nas políticas públicas, na aquisição de direitos e até no mercado (cf. BOSI; GIUGNI; UBA, 2016). Carlos corrobora essa busca por resultados trazendo exemplos no Brasil:

---

21 O livro *A força da periferia – A luta das mulheres por creches em São Paulo* foi escrito a partir de minha tese de doutorado intitulada "Estado e participação popular – O movimento de luta por creches em São Paulo" (FFCLH/USP, 1983, sob a orientação de Leôncio Martins Rodrigues). O título do livro foi proposto pelos editores da Vozes, na época, Leonardo Boff e Rose Marie Muraro.

Nos estudos brasileiros, a criação da Lei Maria da Penha é um caso exemplar de influência do movimento feminista no legislativo federal, por meio da inclusão de conteúdo na agenda e aprovação de projeto de lei de seu interesse (MACIEL, 2011). Têm sido menos frequentes, no entanto, os trabalhos sobre os efeitos de movimentos na burocracia do Estado, nos partidos e nos regimes políticos. Ao investigar os efeitos da ecologia de movimentos nos partidos, Piccio (2016) enfatizou seus impactos discursivo e organizacional, enquanto Bosi (2016) demonstrou a complexa relação entre movimentos sociais e democratização do regime político. No caso de mudança política significante, Alonso (2014) ressalta a influência política do movimento abolicionista nacional na abolição da escravidão (CARLOS, 2021).

A autora citada conclui que mudanças políticas associadas aos movimentos sociais foram várias e ocorreram em diferentes arenas, processos políticos e setores públicos. Eu acrescento que as mudanças ocorreram também na forma de produzir o conhecimento, no uso de paradigmas teóricos, para explicar mudanças básicas que ocorreram nas transformações da própria realidade sociopolítica, que passaram a exigir leituras teóricas renovadas, não implicando na negação de análises passadas, mas na necessidade de contextualizar os diferentes tempos históricos.

Novos aportes precisam ser mobilizados ou ressignificados, pois as teorias institucionalistas datam do século XX. Isto não significa abandonar uma teoria e suas categorias e substituí-las por outras, como uma moda, ou abandonar o olhar sobre a sociedade civil focando apenas na sociedade política, nas administrações públicas, nos agentes do governo, nos aparelhos institucionais estatais, em busca das consequências políticas e institucionais produzidas pelos movimentos sociais no país. Até porque, numa visão crítica gramsciana, o Estado é uma somatória da sociedade civil e da sociedade política. Portanto, os efeitos das pressões e mobilizações da sociedade civil podem gerar resultados no plano distributivo de bens e acesso a novas regulamentações que ampliam a institucionalização de direitos. Mas não se trata de um processo mecânico, e sim dinâmico, no qual há avanços e recuos, com diferentes atores e agentes tencionando o processo sociopolítico, econômico e cultural. Ter foco na sociedade civil é básico, até para não ser surpreendido por ondas de conservadorismo como as que ocorreram na atualidade. O apoio ou o engajamento institucional de movimentos sociais em instituições participativas e programas governamentais pode ser um dos vetores para a compreensão do processo de participação social e as ações coletivas no país, mas não é, de forma alguma, o único ou o mais importante. Se o fosse, as mudanças em tempos de forte controle social dificilmente ocorreriam. A categoria engajamento, em suas diferentes formas, deve ser destacada nas análises. Em 2010 eu já havia observado, em relação aos movimentos sociais:

> A categoria movimento social tem sido substituída, na abordagem de vários analistas, pela de mobilização social, que também gera uma sigla M.S., voltada para a ação coletiva que busca resolver problemas sociais, diretamente, via mobilização e engajamento de pessoas (cf. TORO, 2006). Nestas abordagens, a dimensão do político é esquecida ou negada, substituída por um tipo de participação construída-induzida. E a dimensão do político é o espaço possível de construção histórica, de análise da tensão existente entre os diferentes sujeitos e agentes sociopolíticos em cena (GOHN, 2010, p. 28).

Ao final do século XX e início do XXI, Touraine também chamou a atenção dos pesquisadores da área temática:

> É necessário não aplicar a noção de movimento social a qualquer tipo de ação coletiva, conflito ou iniciativa política [...]. O essencial aqui é reservar a ideia de movimento social a uma ação coletiva que coloca em causa um modo de dominação social generalizada. [...] só há movimento social se a ação coletiva – também ela com um impacto maior do que

a defesa de interesses particulares em um setor específico da vida social – se opõe a tal dominação.

Touraine conclui retomando sua definição já clássica:

> Um movimento social é a combinação de um conflito com um adversário social organizado e da referência comum dos dois adversários a um mecanismo cultural, sem o qual os adversários não se enfrentariam, pois poderiam se situar em campos de batalha ou em domínios de discussão completamente separados (TOURAINE 2006a, p. 18-19).

Em resumo, o estudo dos movimentos sociais – do ponto de vista das abordagens teóricas e as possibilidades de sua aplicação, para entender a realidade de um país, região etc. – é de suma importância. Mas é preciso destacar que há várias abordagens e em cada uma há diferenças em seu interior. Algumas ficam só no plano institucional e os movimentos são analisados na lógica clássica positivista, busca de causas e efeitos. Com isso, novas formas de expressão das ações coletivas na sociedade civil, ou a reconfiguração de outras pelos avanços tecnológicos, por novas pautas e práticas, a exemplo dos diferentes tipos de coletivos, a serem abordados adiante, não são observados. Além disso, é imperioso que a discussão teórica contemple as diferenças de cultura e desenvolvimento: locais, regionais e nacionais. Várias abordagens se apresentam como hegemônicas, ignorando as diferenças e aplicando teorias como modelos únicos, sem mencionar as diferenças entre os contextos históricos que deram origem ao seu desenvolvimento e à realidade em tela na análise; a brasileira, no caso. Sem esquecer os estudos que analisam os movimentos exclusivamente segundo as ideologias e crenças de seus produtores. Sobre isso Meyer (2016) tem razão quando disse: "Muitos pesquisadores que estudam movimentos sociais os tratam como unidades autônomas e independentes. Alguns deles escrevem sobre os movimentos pelos quais eles sentem afinidade" (MEYER, 2016).

Disso resultou a criação de vários grupos de produção de análises e narrativas, em estudos e pesquisas, especialmente na academia, e entre intelectuais, alguns atuando como porta-vozes de alguns movimentos. Este fato separava quem tratava de qual movimento: sem-terra e luta pela moradia de um lado, junto com sindicatos progressistas; de outro, os movimentos identitários, das feministas, os movimentos LGBTQIA+, movimentos negros (não obstante as inúmeras articulações identitárias entre raça, gênero e sexualidade, no caso, p. ex., de mulheres negras transexuais etc.), com abordagens sobre identides coletivas, culturais. A questão econômica, a desigualdade socioeconômica, não era uma chave prioritária; era abordada somente no primeiro grupo. Talvez porque, para tratar dela, é impossível não olhar para as estruturas macroeconômicas, e isso poderia ser visto, por alguns adeptos do pragmatismo, como volta ao passado, uma análise estrutural marxista. A pandemia tem sido o grande fator que força todos(as) a mudarem de opinião. A este respeito Della Porta observa:

> Se volvió evidente que conceptos conocidos como el papel de las oportunidades políticas, la movilización de los recursos y los procesos de encuadramiento, requerían ser actualizados para tener en cuenta las condiciones socioeconómicas de las protestas. En lo que sigue argumentaré que, para volver a poner al capitalismo dentro del análisis de las protestas, necesitamos vincular la literatura sobre movimientos sociales con los aportes críticos a la economía política del capitalismo neoliberal (DELLA PORTA, D. Capitalismo, clase y protesta. *Internacional Sociological Association*, vol. 10, n. 1, p. 49, abr./2020).

Ou seja, retomar análises estruturais, recolocar a política no centro, no foco dos conflitos, é uma tarefa da atualidade. Não significa fazer análises engessadas, rígidas, com pressupostos deterministas que, *a priori*, sempre há um culpado, exterior aos fatos e acontecimentos, e os indivíduos, grupos sociais, quer sejam militantes, ativistas ou apoiadores das ações coletivas, ficam invisibilizados, obscurecidos pela lógica determinística que guia a realidade. Retomar os contextos das estruturas macro nas análises implica reconhecer que tratar de diversidade, inclusão etc. é impossível sem se referir às estruturas que perpetuam a exclusão, a hierarquização e as desigualdades. A representatividade de diferentes categorias sociais historicamente excluídas na sociedade, nas políticas públicas etc. não pode se limitar à presença de indivíduos nas estruturas de poder. Esta representatividade tem de ir além da presença porque precisa estar aliada à autonomia e à autodeterminação dos sujeitos sociais que ela representa.

Teorias e categorias

Nossas pesquisas e publicações anteriores sobre a questão das teorias (GOHN, 2017b; 2014a), especialmente nos estudos e análises sobre os movimentos sociais no Brasil, levam às seguintes observações: em épocas de regime político fechado, as teorias críticas advindas do campo marxista tiveram campo maior de desenvolvimento, a exemplo da década de 1970; em períodos de recrudescimento da luta pela redemocratização, especialmente entre 1982-1988, as teorias culturalistas identitárias proliferam mais rapidamente; após 1988, com a nova Constituição, as teorias *institucionalistas* dominaram a cena no Brasil até 2010, enquanto em outros países da América Latina as teorias decoloniais, ou descolonialistas, impactaram mais o debate.

A repolitização dos movimentos sociais a partir do final da década de 2010, sob novos paradigmas inspiradores das ações coletivas, levou a uma onda de renovação do debate teórico, configurando, de um lado, a retomada de algumas abordagens construídas a partir de ideias e utopias já bem antigas, como citadas anteriormente ao se referir à questão da autonomia. De outro lado, teorias também antigas do conservadorismo são ressuscitadas e ressignificadas com vieses modernos do neoliberalismo, nas redes on-line. As lógicas de confronto, as dinâmicas de individualização e solidariedade, de digitalização etc. têm sido debatidas em literatura recente, assim como questões tratadas na teoria social clássica, como a relação entre agência e estrutura, retornam ao debate contemporâneo.

Com isso, novos aportes teóricos entram em cena a partir de 2010 na discussão sobre os movimentos sociais ou das ações coletivas em geral; entre eles, as teorias do autonomismo ou socialismo libertário, assinaladas anteriormente, que já estavam presentes na história das lutas sociais no Brasil, desde o início do século XX, em associações anarquistas – denominadas anarco--sindicalismo –, num período anterior à existência de sindicatos formais. Na década de 1960, os protestos dos autonomistas foram denominados "contracultura" e minimizados.

Na atualidade, a crise econômica e a crise de instituições da democracia, como tem ocorrido a partir de 2013 no Brasil – teorias libertárias ou autonomistas – se tornaram fontes de inspiração para os mais jovens; assim como as teorias focadas em dimensões econômicas da crise, ou macroestruturais, ressurgiram como necessidade imperiosa de entendimento dos rumos do capital e da política. Novas versões de teorias conservadoras, nacionalistas ganharam força entre negacionistas, conservadores, conforme visto nos cap. 1 e 2. E as teorias identitárias culturalistas passaram a ter dois polos simultâneos de defesa de direitos adquiridos ou a adquirir, como também de ataque e negação por parte daqueles que atribuem às políticas identitárias as diversas crises atuais (econômica, política, moral etc.).

Com isso concluímos: a necessidade de revisão e ampliação do campo das análises das ações coletivas não é apenas no plano de incorporar as novas formas e *performances* de atuação, mas também no campo das categorias de apoio que são utilizadas na sua análise como identidade, mobilização, ativismo, redes etc.

Há a necessidade de rever/atualizar categorias teóricas e até mesmo construir novas para explicar a realidade; as categorias que estamos trabalhando datam da segunda metade do século XX. Meio século já se passou de lutas e movimentos, o avanço tecnológico reestruturou as formas de comunicação humana e as relações sociais. Categorias sociológicas teorizadas e debatidas na academia ou na literatura da área no passado, tais como isolamento e distanciamento social, entraram na ordem do dia, para examinarmos o comportamento e a reação das pessoas e grupos sociais, face às políticas públicas e na mídia. Surge a necessidade de retomar essas categorias na literatura dos clássicos, assim como atualizar e buscar quais as novas categorias teóricas são necessárias para explicar uma realidade na qual se observa o confronto de duas correntes: o racionalismo e o não racionalismo, conforme já citado no cap. 1. Tudo isso em um cenário de guerras culturais e disputas de narrativas. Refletir e teorizar sobre as emoções para além das abordagens de recorte exclusivamente psicologizantes se tornou imperioso em tempos de redes sociais, de mensagens disparadas em massa, especialmente as *fakes News*, construídas para gerar emoções e comoções. É necessário investigar sobre os efeitos que as emoções podem despertar na ação coletiva. Sabe-se que o interacionismo simbólico tratou da questão desde a década de 1930, e que Gofmann, nas décadas de 1960-1980, deu contribuições valiosíssimas. Maturana (1999) é outro autor que dedicou parte de sua obra ao tratamento da temática. Manuel Castells, que sempre destacou a importância dos fatores estruturais para o entendimento dos movimentos e mobilizações, passou a chamar a atenção para as emoções a partir do final da década de 1990, quando adentrou com profundidade no estudo das redes comunicativas e quando analisou os protestos do início da década de 2010 com a Primavera Árabe etc. (CASTELLS, 1996; 1987; 1988; 2013; 2018). Mas foi Jasper (1998; 2011) e Jasper e Goodwin (2000) que pautaram as emoções como força central para a análise das ações coletivas contemporâneas.

A abordagem interativa ganhou força no Brasil para a interpretações de junho de 2013 em diante, com a tradução da obra de Jasper (2016), com um prefácio à edição brasileira, assim como em relação a Flam (2005; 2015). Passa-se a abordar os protestos tanto como gritos de revolta, mas também como parte da existência humana, presente nas ações coletivas de jovens que querem vivenciar experiências coletivas de forma diferente de gerações anteriores, tendo suas demandas e formas de ler e interpretar o mundo. Há *performances* nas ações coletivas, e a questão está na necessidade de se analisar a interação entre os manifestantes e essas *performances*. Alguns engajamentos ocorrem após processos de mobilização a protestos, e eles são, por si sós, performáticos porque são engajamentos emocionais, decisivos para participar ou não de um ato público. Há, portanto, diferentes níveis de engajamento. A cultura do grupo em ação é vivenciada e recriada o tempo todo. Jasper diz que a cultura tem a ver com "o modo como pensamos e nos sentimos a respeito de outros atores, com nossas normas, valores e tradições, com uma variedade de emoções e sensibilidades" (JASPER, 2016, p. 12).

A categoria *oportunidades políticas*, assim como o conjunto de outras categorias articuladas a ela como repertórios, tem sido apropriada por vários grupos com projetos de vida e mundo muito diferentes, e este ponto das teorias de Tilly e Tarrow são importantes. Tilly, ao realizar análises ao longo de séculos da história, em diferentes regiões do globo, estabeleceu diferenciações entre velhos e novos repertórios. O velho, do século XVIII, tinha como marca a confrontação direta de pessoas contra pessoas, com ações que envolviam casos de vingança contra ofensas morais e políticas, em repertórios de caráter paroquial (aquele que atende a interesses particulares de uma comunidade local), deixando as questões nacionais para as autoridades. O "novo repertório" – surgido no fim do século XVIII – passou a ter por características ser modular, nacional e autônomo, com greves, passeatas, ligas e sindicatos, demandas agrárias e alguns processos de judicialização das demandas e contendas. Nas análises de Tilly, os repertórios velhos e os novos coexistem, um não substituindo o outro no sentido de uma sucessão linear. Ele nos chama a atenção para a dinâmica da confrontação política, como o velho cruza e é confrontado pelo novo, como se transforma no novo. Isso é o que é necessário fazer na atualidade: ver o confronto das ações coletivas conservadoras e os novos repertórios herdeiros das identidades culturais. Como isso se dá em contextos nos quais as identidades que conquistaram espaços públicos de direitos via legislações não encontram mais bases de sustentação nos espaços governamentais; ao contrário, são combatidas, negadas, tendo de se recolherem a reorganizações na própria sociedade civil.

Portanto, os pontos da teoria dos confrontos, repertórios etc. focalizados excessivamente em análises institucionais, especialmente no caso brasileiro, têm de ser revistos, assim como o arcabouço construído a partir de realidades dos países desenvolvidos. Vários analistas brasileiros "descobriram" as teorias da mobilização política ou processos políticos, especialmente a partir dos anos de 1990, na versão elaborada por C. Tilly e S. Tarrow, e a adotaram como uma grande renovação do debate e a tratando como "a teoria", ignorando a trajetória de construção dela, que é muito anterior, assim como o diálogo/debate com autores de outras teorias das ações coletivas. Na realidade, esta teoria foi muito oportuna para o momento que o Brasil atravessava, para explicar a transição para um estado democrático de direitos, com políticas de inclusão social e construção de direitos para mulheres, grupos LGBTQIA+, povos indígenas, ambientalistas etc. E esta teoria foi sendo utilizada juntamente com teorias que destacam as políticas públicas em seus ciclos constitutivos, a saber: na formação de agenda, na especificação de alternativas, na decisão política e na implementação. Conforme assinalado acima, esta abordagem foi importante para destacar os efeitos das pressões de ações coletivas, especialmente movimentos sociais, sobre o Estado e seus aparelhos, sobre as conquistas dos movimentos; conquistas vistas como sinônimo de sucesso, nos termos de Gamson (1990).

A abordagem institucionalista focaliza os resultados das ações dos movimentos sobre o plano institucional, em busca das "consequências institucionais" nos aparelhos de poder, na estrutura do Estado (governo, parlamento e burocracia), na legislação, partido político ou no regime político, assim como mudanças nas práticas e rotinas administrativas (formais e informais) e nas normas (cf. CARLOS, 2021). Destaca-se também o papel relevante dos ativistas institucionais (ABERS; TATAGIBA, 2014). Tudo isso é importante e indica o quanto os movimentos impactam para entender os processos de mudanças. Mas sozinha esta abordagem é insuficiente para entender toda a dinâmica do processo de mudança e transformação social porque faz uma leitura bastante direcionada da realidade social, de cima para baixo, num modelo de análise de administração pública: *top-down* (RUA; ROMANINI, 2013). Privilegia-se a sociedade política, o poder público, as instituições estatais etc. É preciso fazer leitura *bottom-up* (de baixo para cima) dos diferentes tipos de ativismos presentes nos movimentos sociais, coletivos, organizações civis, tais como instituições filantrópicas e/ou organizações sem fins lucrativos. Isso tudo porque os conflitos sociais – as vozes que, silenciadas ou não, vivem suas vidas, seus relacionamentos, em diferentes posições sociais etc. – importam muito e devem ser combinadas e articuladas com as mudanças operadas nas instâncias institucionais, para se entender o sentido e os significados dos processos em curso. Dagnino (2004) assinalou no passado a respeito da gestão democrática, que é preciso focar o Estado Democrático de Direito, a participação social sem distinção de classe social, credo religioso, raça-cor etc.

Sobre o ativismo institucional, nota-se que ele tem várias dimensões e tipos. Poderá ser a atuação de assessores de funcionários do poder público, os próprios funcionários na execução de políticas públicas ou grupos externos ao poder constituído em ações/pressões diretas (similar a *lobbies*) nos poderes executivo e legislativo. Certamente que estas formas geram ativismos diferenciados. Também deve se lembrar que o ativismo institucional não é uma *criação* pós-Constituição de 1988. Há inúmeros registros históricos durante o regime militar, especialmente na última etapa, que corresponde à fase de reorganização da sociedade civil, com movimentos sindicais, movimentos sociais populares de base, construção de novos partidos políticos. Em São Paulo, por exemplo, funcionários da ex-Secretaria Municipal da Família e Bem-Estar Social da Prefeitura de São Paulo foram perseguidos, demitidos etc. no início da década de 1980 por apoiarem ações do Movimento Unificado de Luta por Creches da capital (cf. Relatório Comissão da Memória e Verdade da Prefeitura de São Paulo, 2016). Este tipo de ativismo institucional tem caráter de engajamento com certas causas e pautas sociais.

Resta lembrar que a participação estimulada por políticas públicas, por órgão da gestão pública via programas e projetos não é uma especificidade da realidade brasileira, certamente. Apenas como exemplo cito uma rede internacional, criada em 2013 pela Fundação Rockfeller, denominada Cidades Resilientes, na qual fazem parte 100 cidades, entre elas Paris e as brasileiras Porto Alegre, Rio de Janeiro e Salvador. A resiliência urbana é vista como um fenômeno coletivo, definido como "a capacidade das pessoas, comunidades, instituições, empresas e sistemas dentro de uma cidade sobreviverem, adaptarem-se e prosperarem, independentemente dos tipos de estresse crônico e das crises agudas que as atinjam" (BRANDÃO, 2022).

A ideia de que se deve dar formação aos cidadãos(ãs), via programas públicos, para o enfrentamento das crises que afetam a cidade, sejam elas decorrentes das mudanças climáticas ou da ação social, está presente nesses programas de participação institucionalizada, visando formar cidadãos ativos na própria comunidade. O Estado atua nesses casos como indutor, e de certa forma como ator impulsionador. Aqui o ativismo dos funcionários públicos (caso exista, pois neste caso pode estar associado à parceria com Ongs) não é necessariamente um ativismo engajado em causas, mas em problemas detectados que necessitam ser resolvidos com a participação da sociedade civil. São ações que poderão resultar em processos de aprendizagem coletiva e de valores; como exemplo, a empatia e a solidariedade para com os pobres, com moradores nas ruas etc., numa área que denomino "educação não formal". Um problema dos projetos é que o foco está na formação do indivíduo (participante ou agente receptor em situação de vulnerabilidade) e as causas daquelas desigualdades, os responsáveis por tais situações, as estruturas econômicas vigentes, os interesses de políticos nas políticas públicas são "escamoteadas" e nunca tratadas/abordadas. Criar exércitos de voluntários "do bem" é certamente relevante, a exemplo dos casos narrados nos cap. 1 e 2 deste livro, durante a pandemia; mas eles, por si sós, não resolvem os problemas da pobreza socioeconômica, injustiças de toda ordem. Essas ações poderão ter efeitos e resultados provisórios e imediatos enquanto os projetos vigoram e os gestores estão no poder. Contudo, quando termina ou muda a gestão, restará uma memória coletiva que certamente poderá ser acionada pelos grupos civis participantes, sendo um saldo que poderá impactar em ações futuras: a memória das ações em experiências e vivências coletivas. Este é também um exemplo do diferencial entre uma visão/abordagem meramente estruturalista, mecânica, determinista e uma abordagem que não esquece o estrutural, mas sempre está ligada e prioriza a ação dos agentes externos e, fundamentalmente, dos sujeitos locais envolvidos.

Retomando a categoria das oportunidades políticas, foi bastante favorável às análises em tempos de democratização, mas ela precisa ampliar seu escopo para ser útil nos tempos de desdemocratização e desinstitucionalização de espaços democráticos antes conquistados. Apreender as oportunidades políticas em tempos de crise econômica, política, ética, moral, sanitária, ecológica etc. nos obriga a: mudar as lentes de investigação, nos apoiarmos em outras categorias, retomarmos o lugar das classes sociais nas análises nos termos apontados por Della Porta (2020b), investigarmos as ações coletivas, quer sejam de organizações da sociedade civil, movimentos sociais, coletivos etc., e apreendermos como está se redefinindo o mundo da solidariedade social (PLEYERS; BRINGEL, 2020).

Os aspectos técnico-administrativos (legislação e normativas, órgãos e instituições, financiamento e burocracia) e político-relacionais (conselhos, conferências e outros colegiados) devem ser analisados também como operam em tempos adversos, a exemplo da pesquisa de Carla Bezerra (2022).

Para concluir, a teoria do processo político tende à construção de quadros explicativos homogeneizadores, nos quais não se consideram as especificidades socioeconômicas, políticas e culturais dos países ou regiões onde se está aplicando. Não há ferramentas teórico-metodológicas para captar os elementos singulares e distintos da realidade em questão; o que existe é uma certa normatização dos passos e procedimentos, como se existisse um princípio comum a todas as realidades em conflito.

Em relação às teorias identitárias, elas são muito importantes nas análises de grupos específicos, como os movimentos de mulheres, povos indígenas e negros. Talvez algumas tenham de ser revistas no que diz respeito ao foco exclusivo nas identidades culturais. Sabe-se que estes grupos avançaram em suas pautas e conquistas, adquiriram visibilidade, porque politizaram suas demandas; no campo das desigualdades, injustiças e processos de significação e subjetivação da realidade social, interferiram no debate sobre as políticas públicas, e muitas delas se transformaram em projetos de lei. Mas muitas dessas políticas públicas identitárias criaram divisionismos e, segundo Mark Lilla (em artigo no *New York Times* em 2016), ao analisar a realidade dos Estados Unidos, estava ocorrendo na sociedade "pânico moral em função de temas de gênero, raça e identidade sexual, e que se ocorre o risco de perder sua capacidade de tratar das grandes questões" [Disponível em https://www.nytimes.com/2016/11/20/opinion/sunday/the-end-of-identity-liberalism.html].

Mas há também novidades em construção partindo de muitos movimentos identitários nos quais as lutas contra a violação de direitos, por exemplo, não se resumem às diferenças étnicas, culturais, de gênero, sexualidade etc. Não basta celebrar a diferença e os novos direitos, sendo preciso ter horizontes compartilhados. Ter valores comuns, elementos comuns que ampliam e amplificam suas demandas de forma que diferentes grupos que são estigmatizados e destituídos de seus direitos se tornem solidários, aliados e participem da luta; via intercâmbio social, buscar universalizar questões que na origem têm singularidades. Como afirma Butler (2016), não há um sujeito singular ou multiplamente determinado, mas um processo social dinâmico, um sujeito que está não apenas em marcha, mas que é constituído e reconstituído no decorrer do intercâmbio social.

O espaço da representação política, quando se resume a um espaço de defesa de interesses de grupos, tende a dar lugar à defesa de teses e postulados, e a polarização se instala. Talvez a discussão tenha que trilhar para universos mais amplos, fazer análises relacionais que abarquem o dinamismo dos processos sociais dos sujeitos envolvidos, contemplando também as diferenças territoriais, a história cultural e econômica distinta da região, as classes sociais dos grupos daquele território.

Na realidade, estas questões têm suscitado um grande debate – que não é novo, mas se acirrou nos últimos anos – sobre o chamado *identarismo* das pautas dos grupos identitários. Certamente, muitos dos que contestam as pautas ou as políticas identitárias, no fundo estão defendendo pautas conservadoras ou de grupos liberais, mas que não aceitam mudanças, acreditando em uma suposta ordem social natural, permanente. Confundem, por ignorância ou propositalmente, três termos constitutivos dos processos social e cultural em questão: a discriminação (atribuição de tratamento diferenciado, que implica uma ação; atos que excluem, retiram ou ignoram), o preconceito (ideias estereotipadas que operam no plano do pensamento e geram comportamentos preconceituosos), e o racismo propriamente dito (que é um processo estrutural e diz respeito às relações políticas, econômicas, jurídicas, institucionais e até familiares). Com isso estes "analistas" chegam a criações fantasiosas ao falarem, por exemplo, da existência de um racismo reverso (de negros contra brancos).

Os argumentos que poderão trazer elementos para o avanço dos debates colocam no centro o tema da universalidade (e a desigualdade social como eixo da discussão) *versus* o particular (presente nas demandas de gênero, raça, etnia, sexualidade etc.). Certamente entram outros elementos na discussão, como objetividade (do universal visando o geral, estrutural, a totalidade), subjetividade (do lado do particular, individual, as emoções e subjetivações) e singularidade (aquilo que a torna único, específico, no conjunto do todo etc.). Rios de tintas já foram gastos na filosofia, sociologia, psicologia, ciência política, história etc. sobre estes temas e seus princípios, não sendo o caso simplificar a discussão. Mas é preciso destacar que na atualidade, como uma das consequências das divisões e oposições existentes, o debate acadêmico e público nas redes e mídias tem destacado, de um lado, o crescimento e o empoderamento das identidades, via lutas das minorias consagradas em políticas identitárias; e de outro, o esvaziamento e precarização do mundo do trabalho, como também a criação de outras formas de exploração via informalidade, que se generaliza como empreendedorismo. Sabe-se que a desigualdade socioeconômica, que sempre existiu, exacerba-se em momentos de crise, como na pandemia, sendo que o desemprego e a violência contra os(as) cidadãos(ãs) passam a caminhar juntos. As teorias do universal – que colocam o trabalhador, a classe operária, a produção, a exploração pelo capital, os sindicatos de defesa dos trabalhadores, as contradições do capital etc. – tendem a ser deixadas de lado, questionadas, e com elas o marxismo. E sem as ferramentas macroeconômicas, as análises ficam no achismo, nas ideologias ou na mistificação. O debate sobre a desigualdade econômica e a desigualdade no tratamento/relacionamento de inúmeras opressões-pautas das lutas identitárias precisam andar juntas. A respeito, já registramos análises de Della Porta (2020b); também acrescentamos e concordamos com a afirmação de Nunes: "É preciso incluir questões como raça e gênero na luta contra a desigualdade econômica, tanto quanto pautar a desigualdade na luta contra diferentes opressões. Não há outra saída" (NUNES, R. Não existe universal grátis. *Folha de S.Paulo*, p. C8, 09/01/2022).

Na década de 1980 este debate foi pautado nas ciências sociais, mais especificamente no campo das ações coletivas, como uma dualidade: ação *versus* estrutura (cf. GOHN, 2017b); o micro e o macro como opostos e excludentes; depois foi caminhando para o debate sobre teorias estruturais *versus* teorias culturais, sempre vistas como excludentes, opostas. Consideramos que a pesquisa não ideologizada deve cobrir os dois lados, os dois grandes elementos que compõem a problemática. J. Alexander (1987) já tratou desta questão de forma relevante.

Portanto, a questão das desigualdades socioeconômicas, assim como o tema das classes, de gênero e raça tem de entrar no debate sobre o denominado identitarismo, deve analisar a intersecção das diferentes questões em jogo. Conforme já dito no capítulo anterior, a ideia de interseccionalidade amplia a compreensão sobre os fatores e clivagens sociais envolvidas nas várias desigualdades sociais, segundo as posições dos sujeitos em tela. Um aspecto importante da identidade, o sentimento de pertencimento social, também foi tratado por Pierre Bourdieu (2015), o qual propicia um caminho para estas intersecções ao abordar o pertencimento em termos de capital dos indivíduos e grupos: capital econômico, capital social (referente às relações interpessoais) e cultural (referente à origem familiar e ao capital educacional). Ele cria um esquema analítico para a compreensão da reprodução do capital pautando também a dominação simbólica, que inviabiliza e tornam opacas as relações de desigualdade. As resistências e as disputas pela apropriação do espaço que assinalamos, por exemplo, no caso das manifestações nas ruas e avenidas, desenvolvem-se com reflexos no âmbito simbólico (BOURDIEU, 2011); cada espaço público com seu capital econômico, social, cultural etc.

O próprio conceito de identidade precisa ser visto enquanto processo que se constrói nos relacionamentos, e não como algo dado pela natureza, por ser negro, ou mulher etc. Deve-se inserir este conceito no universo da socialização dos indivíduos, de suas experiências, a exemplo do que faz Dubar (2005). Hansted (2020), em sua tese de doutorado, faz uma excelente síntese da concepção de Dubar, destacando que ele compreende a socialização como "um processo de construção, desconstrução e reconstrução de identidades". Na teoria de Dubar

> não há distinção entre uma suposta identidade individual e uma identidade coletiva; o que existe é uma identidade social, em que se articulam duas transações: uma "interna" ao sujeito e uma "externa", que se estabelece entre o indivíduo e as instituições com as quais ele se relaciona. [...] a identidade nunca está dada *a priori*, mas está sempre em processo de construção e reconstrução. [...] Para Dubar, portanto, a produção da identidade se dá na articulação de dois processos, concomitantes e heterogêneos: um biográfico (a identidade para si) e um relacional (a identidade para o outro). Em outras palavras: a construção da identidade é compreendida como resultado da articulação entre a identidade atribuída pelos outros e a identidade construída na

trajetória dos indivíduos. E é esse processo de construção identitária, em que as dimensões biográfica e relacional se interpenetram, que constitui o processo de socialização. De modo que a identidade pode ser entendida como "o resultado a um só tempo estável e provisório, individual e coletivo, subjetivo e objetivo, biográfico e estrutural, dos diversos processos de socialização que, conjuntamente, constroem os indivíduos e definem as instituições" (HANSTED, 2020, p. 183 e185).

Atualmente os movimentos sociais mais ativos passam pelas questões identitárias, das mulheres, dos negros, dos povos indígenas, da comunidade LGBTQIA+. Como entrecruzar a discussão, por exemplo sobre o feminismo negro? Qual é o papel e o lugar da fala dessas identidades oprimidas e silenciadas ao longo de séculos. Ou seja, estigmas ideológicos impedem o avanço do debate e a construção/reconstrução de categorias que expliquem a realidade multifacetada atual, especialmente devido à reconfiguração das identidades, cada vez mais complexas e multirreferenciadas. Táticas e estratégias devem ser repensadas, articulando-se. Uma das chaves parece ser a interseccionalidade, que citamos ao analisar o(s) feminismo(s).

Outro exemplo são as tensões entre singularidade e identidade, indivíduo e coletividade; as identidades que foram destacadas no passado, por redes e relacionamentos diretos, em reuniões e mobilizações em espaços que constituíam um coletivo das identidades. Esses espaços construíam os alicerces políticos e simbólicos dos movimentos. O tempo mudou, ocorreu a emergência de uma nova geração de ativistas e de movimentos; os espaços das ações coletivas também mudaram, tornando-se predominantemente virtuais. Há rupturas e permanências nas ações coletivas. Continuo com Della Porta ao analisar a questão da(s) identidade(s). Recorto uma longa citação que diz:

> Touraine tem uma ideia de identidade coletiva que se inclinaria para a consciência de classe, enquanto outros acadê-

micos, também em estudos de movimentos sociais, usaram o conceito de identidade coletiva em um tipo de perspectiva micro, observando mais as maneiras pelas quais os indivíduos vão de uma identidade individual para uma identificação com outros e como o processo é em seguida politizado [...]. Os movimentos sociais tenderam a sempre trabalhar muito na tentativa de desenvolver novas identidades emergentes: movimento de mulheres, movimento ambiental, por exemplo. Agora, penso que o desafio é passar do tipo fragmentado e específico de identidades para identidades mais amplas e globais. Então, ao mesmo tempo, a linguagem do passado precisa ser atualizada: a classe trabalhadora não poderia ser a única identidade coletiva, mas também acho que há uma tentativa de ir além da fragmentação, e o "trabalho de identificação" é importante [DELLA PORTA, 2019, p. 385).

Em síntese, as teorias da mobilização dos recursos, dos confrontos e do processo político, e as culturais/identitárias dos novos movimentos sociais, oferecem subsídios relevantes, mas isoladas não dão conta da complexidade contemporânea e da realidade atual, com forte acento no virtual, nas redes de relacionamentos on-line, motivo pelo qual não faz sentido seguir reproduzindo esses referenciais como as únicas teorias e nem eleger uma delas como a *explicação por excelência* sobre os movimentos sociais. A oxigenação do debate dos movimentos sociais, portanto, é fundamental e já está sendo produzida em diálogo com as teorias social e política, bem como com a práxis dos próprios movimentos e ações coletivas em geral.

Na construção de agendas de pesquisa é importante qualificar o tipo de participação na democracia, tanto em termos de seus projetos políticos e econômicos, como em termos dos espaços e territórios em que se viabilizam. Pesquisar os engajamentos (FILLIEULE, 2001), não só do ponto de vista individual, das escolhas de cada um visando retribuições, em uma lógica de custos *versus* benefícios, como fez Mancur Olson na década de 1960. Pesquisar os engajamentos do ponto de vista da construção de busca de sentidos, ver as pautas a partir de narrativas coletivas, construídas nas redes de compartilhamento e solidariedade. As redes sociais são uma das principais vias de engajamento e socialização na atualidade, especialmente entre os jovens: analisar as narrativas, como são construídas, dentro de determinados contextos; buscar entender os sujeitos da ação como sujeitos híbridos (LATOUR, 1991). Os espaços de socialização dos indivíduos são diversos, para além de recursos oriundos da socialização familiar, religiosa ou escolar. Isso implica retomar as categorias da solidariedade e isolamento social nas teorias clássicas da ação coletiva, não apenas sob perspectivas humanistas ou psicológicas, mas do ponto de vista das relações e contextos políticos, culturais, sociais e econômicos existentes. Valores e representações incorporados pelos indivíduos possuem equivalentes no grupo social de pertencimento; por meio de processos como a socialização é que representações sociais se tornam representações coletivas, passando a ser compartilhadas, e os indivíduos aprendem o que fazer e como se comportar em determinado contexto. Identificar as novas formas de sociabilidade numa era de aceleração e velocidade de mudanças e digitalização da vida via redes e mídias da internet passa pelo reconhecimento de que há novas formas de sociabilidade política (não estou dizendo partidária). Sociabilidade política como forma de desenvolvimento de relações com laços em territorialidades, em diálogo com a pólis, os locais de vida e atuação dos indivíduos; os territórios condensam tramas do tecido social mais amplo.

Finalizando a discussão sobre aos métodos de abordagem e referenciais teóricos, destaco um item importante: as metodologias operacionais de pesquisa de campo. Certamente, trata-se de um item complexo que demandaria um outro capítulo. Assinalo apenas a necessidade de articular texto e contexto: contextos a partir dos cenários macroestruturais e conjunturais em cena; texto a partir de instrumentos de coleta e registro que captem, no caso do estudo sobre as ações coletivas, as vozes e trajetória particulares dos atores em cena. Sobre isso registro uma bela observação e contribuição de Boltanski:

> Para visar à objetividade, os sociólogos precisam conectar os instrumentos de descrição com pontos de referência que nos permitam ter uma visão crítica sobre essa realidade. Isso não pode ser vinculado a uma moral específica, porque esses pontos críticos de referência devem reivindicar uma certa universalidade. [...] Uma maneira de proceder envolve seguir os atores quando eles fazem a crítica. Esses atores são realistas. Eles levam em conta a situação em que estão agindo para que eles possam transformar vários contextos em vantagem para eles, dizendo algo diferente em cada contexto, por exemplo. [...] Eu penso que nós devemos seguir o processo da construção social, as maneiras com que as próprias pessoas constroem o mundo. Inicialmente, cada experiência é particular, não há nada além de singularidades no mundo. Então as pessoas vão compartilhar essas experiências, torná-las equivalentes, dar-lhes uma linguagem, transformá-las em demandas e tentar construir propostas e reivindicações, bem como modificações da realidade e dos formatos em que a realidade se baseia. É muito interessante seguir o mais rigorosamente possível as operações de qualificação e crítica, bem como a forma como os vários elementos da realidade são construídos e desconstruídos (Questionando a realidade, uma entrevista com Luc Boltanski. *Revista Diálogo Global*, vol. 7, mar./2017, p. 10 [Disponível em http://isa-global-dialogue.net/wp-content/uploads/2017/03/v7i1-portuguese.pdf – Acesso em 21/03/2017].

Em resumo, as teorias institucionalistas das oportunidades políticas e a das identidades culturais, que imperaram nas últimas décadas para analisarem os movimentos sociais, devem ser revisadas. Oportunidades políticas, por exemplo, sempre estiveram associadas a mobilizações de movimentos progressistas, mas nos últimos anos observa-se que elas são apropriadas por vários grupos, com projetos de vida e mundo muito diferentes: conservadores, de direita. O sinal mudou, sendo necessário qualificar a oportunidade como espaço apropriado por qual sujeito coletivo, para quais objetivos, especialmente diferenciando os *sujeitos populares, periféricos* dos sujeitos de outras classes e camadas, no que se refere aos projetos e valores que professam. É preciso ficar atento para a tensão entre permanências e inovações, bem como para a ênfase nas tendências mais gerais e transversais, as inflexões, as variações das trajetórias de militantes e ativistas, as disputas internas e externas aos grupos e os deslocamentos de sentido vivenciados nos últimos anos pelos movimentos sociais. Com isso encaminho à seguinte conclusão deste capítulo: deve-se rever as teorias à luz das reconfigurações nas ações coletivas na realidade atual, captando novas categorias, ressignificando algumas já clássicas, confrontando as mudanças que também se operam nas teorias dos novos movimentos sociais, ou nas teorias mais institucionalistas, como do confronto político; e, fundamentalmente, recolocando as teorias sobre as classes sociais no debate. Não é possível compreender as desigualdades sociais contemporâneas (que sempre existiram, não foram criadas pela pandemia) apenas pelo lado cultural, da herança identitária; é necessário alavancar as demandas identitárias para além dos protestos, inserindo-as no quadro das desigualdades estruturais existentes em um país ou território; é necessário também ir além das conquistas de reconhecimento jurídico, de inscrição de leis; é preciso de estruturas de cobrança e vigilância dessas leis. Educar a população para uma cultura política igualitária e ao sistema escolar tem papel relevante nessa tarefa, mas também não se pode ignorar o papel da subjetividade coletiva, das emoções em uma sociedade na qual predomina o relacionamento virtual, com narrativas modelando e mudando a opinião das pessoas. Tem-se que avançar na questão de mudança cultural na sociedade, para que as leis sejam respeitadas, para que o reconhecimento seja efetivo. Tudo isso não se esquecendo de contextualizar historicamente o período em análise. Nas décadas de 1970-1980, por exemplo, os eixos articuladores das lutas e movimentos progressistas eram os direitos e a cidadania; atualmente esses eixos se alteraram na reconquista dos direitos e na reconstrução da cidadania, e o olhar para a conjuntura dá elementos para essa grande alteração. A defesa do Estado de Direito é indispensável porque sem ele existe sempre o risco de a sociedade civil se dividir em campos antagônicos, exacerbar a polarização, e com isso a supressão da liberdade é uma ameaça constante aos indivíduos.

4
Ativismo nos coletivos

Novas formas de expressão e de reestruturação na lógica
das ações coletivas, reconfiguração do ativismo urbano ou
nova geração de movimentos sociais?

Apresentação

Este capítulo discute a natureza da categoria *coletivo* enquanto ação coletiva; apresenta suas principais características e diferenciações, formatos organizativos, territórios básicos nos quais se desenvolvem e o papel dos grupos identitários e das ideologias na constituição, permanência e/ou dissolução deles. Inicialmente é feito um resgate da categoria *coletivos*, objetivando apresentar antecedentes históricos; pesquisou-se a literatura acadêmica recente a respeito visando localizar os pressupostos teóricos e metodológicos que fundamentam essa categoria. A seguir, visando contextualizá-los no universo das ações coletivas no Brasil contemporâneo, são demarcadas diferenças e semelhanças dessas ações com outras, especialmente com os movimentos sociais. Finaliza com exemplos de duas categorias de coletivos: as que fizeram do ativismo urbano, via intervenções na cidade, seu campo de atuação, produzindo cartografias do espaço urbano; e o ativismo em questões identitárias que foram suporte para lideranças adentrarem ao campo da política institucional. No primeiro exemplo registram-se coletivos com intensa participação de estudantes em projetos de extensão ou de cursos regulares nas universidades. Neste universo são selecionados coletivos que elaboram cartografias do território urbano e apoiam ações coletivas populares de defesa de alguns desses territórios, especialmente quanto ao uso ou destinação de espaços públicos ou preservação da memória de lugares simbólicos. No segundo exemplo analisam-se coletivos identitários e coletivos focados em pedagogias de aprendizagens políticas que apoiaram jovens a adentrarem no mundo da política institucional, concorrendo a cargos públicos em eleições na cidade de São Paulo, atuando tanto no plano municipal, estadual como no federal. Vários deles elegeram candidatos a cargos públicos, em "mandatos coletivos" em diferentes esferas do poder legislativo, em 2016, 2018 e 2020. A chave principal para a investigação neste item é indagar a natureza e o objetivos das formas de associativismo civil que apoiaram os candidatos, como se deu o engajamento dos jovens nas entidades (movimentos, coletivos ou organizações civis) e o papel que elas representaram na trajetória de vida deles, até entrarem para a vida pública parlamentar como candidatos.

O capítulo atenta também para as diferenças na construção dos quadros de referências teóricas que explicam, a partir das manifestações de 2013, as mudanças de comportamento nos grupos, especialmente nos compostos por jovens, e seus reflexos e impactos na cena pública. Busca-se investigar sobre as causas que têm levado os jovens a optarem pela participação em coletivos civis ou pela participação institucionalizada pública parlamentar (em mandatos coletivos), considerando que no ciclo participativo de junho de 2013, a participação institucional era negada/criticada pela maioria dos ativistas. Estas diferenças são investigadas tanto do ponto de vista de referenciais explícitos, nominado por manifestantes, como os que orientam a sua visão de mundo (a exemplo dos autonomistas), como pela falta ou ausência de referenciais, em jovens sem experiência anterior de militância, os quais vivem a participação nos protestos como ativistas em atos de "experimentação"; assim como nos jovens adeptos de um liberalismo moderno que se posicionam no centro do espectro político ideológico e que almejam uma renovação na política, negando a "velha política" e advogando uma "nova política" (embora este último ponto tenha sido tema de debate até as eleições de 2018; com o Governo Bolsonaro, a narrativa de contraposição entre a nova e a velha política foi saindo de cena).

Partimos da hipótese de que os coletivos, embora não sejam uma novidade histórica, representam na atual conjuntura brasileira uma reconfiguração do ativismo urbano, no cenário do associativismo civil, com novas formas de engajamento e construção de ações coletivas. Eles são uma forma de ação coletiva diferente dos movimentos sociais e expressam um novo ciclo geracional de protestos, assim como uma nova cultura política no campo da participação social. Por isso, já enunciamos o suposto: temos de ampliar o escopo analítico para entendermos ações coletivas a partir da década de 2010, pois o leque de formas associativas civis, tanto no campo progressista como no conservador, ampliou-se com a proliferação dos chamados coletivos. A maioria deles se baseia em valores, projetos societários e organização diferentes dos movimentos sociais. Não são mais centrados em movimentos de transformações econômicas e políticas como os movimentos de oposição política do século XX, originários de movimentos sindicalistas. Vários coletivos também descreem dos partidos políticos, embora vários deles tenham optado pela via partidária para vocalizar demandas, como veremos adiante. Mas ser contra partidos não é novidade. Touraine já destacava isso nas décadas de 1980-1990 para os movimentos sociais:

> não se trata mais de lutar pela direção dos meios de produção, e sim sobre as finalidades das produções culturais, que são a educação, os cuidados médicos e a informação de massa. [...] As novas contestações não visam criar um tipo de sociedade, menos ainda libertar as forças de progresso e de futuro, mas "mudar a vida", defender os direitos dos homens, assim como o direito à vida dos que estão ameaçados pela fome e pelo extermínio, e também o direito à livre-expressão ou à livre-escolha de um estilo

e de uma história de vida pessoais (TOURAINE 1994a, p. 260, 262).

Como conclusão, Touraine afirma:

> os movimentos sociais mobilizam princípios e sentimentos. O que está em crise, e em vias de desaparecimento, é o papel dos partidos políticos como representantes da necessidade histórica, acima dos atores sociais e muitas vezes contra eles. Os novos movimentos sociais falam mais de uma autogestão do que de um sentido de história, e mais de democracia interna do que de tomada de poder (TOURAINE, 1994a, p. 262).

Observa-se, portanto, que Touraine previa algo similar aos atuais coletivos, porque no desenrolar da história, os novos movimentos sociais identitários, no caso brasileiro, aproximaram-se dos partidos.

Muitos dos atuais coletivos têm orientações libertárias, com posições demarcadas pelo anti-institucionalismo; outros se relacionam com o Estado e suas políticas públicas. Portanto, são múltiplas e fragmentadas as suas orientações e ideologias, dificultando enquadrá-las em uma só tipologia. São ativistas que se envolvem com lutas mais diretas e imediatas, e muitos têm a horizontalidade como forma organizativa, sem lideranças hierárquicas (o que não significa que não tenham lideranças; podem ter vários líderes que atuam por comissões, por atividades, de forma horizontal, e não a verticalização do mando de um líder que, na maioria das vezes, se perpetua no poder). Eles reivindicam a autonomia como princípio, o que também não quer dizer que sejam completamente isolados de instituições civis, partidos e mesmo estruturas estatais. Relacionam-se quando há afinidades e interesses; eles têm outros referenciais de projeto societário. Muitas vezes são compostos de jovens com menos de 30 anos, a chamada geração Z, e envolvem-se em causas de áreas temáticas identitárias como feminismo, racismo, LGBTQIA+, problemas ambientais e de qualidade de vida ou de preservação da memória de territórios; apresentam-se como apartidários, mas não anti-partidários, e com causas a defenderem.

É importante relembrar que em junho de 2013 inúmeros coletivos se apresentavam como apartidários, mas não antiparti-dários, e que o principal agenciador das manifestações nas ruas foi um grupo que se autonomeava MPL (Movimento Passe Livre) (GOHN, 2014b). Na ocasião, eu os denominei de novíssimos, por serem muito diferentes dos novos movimentos sociais advindos da segunda metade do século XX, com pautas identitárias e cul-turais. Mas após 2013 houve crescimento de coletivos que não se autodenominam movimentos. Retomaremos este ponto a seguir.

Coletivos[22] com antecedentes históricos e a literatura acadê-mica recente afim

A área da cultura tem papel pioneiro na história dos coleti-vos como ação societária comum. Por isso, uma diferenciação re-levante a ser feita desde logo é entre coletivos culturais, coletivos na área da cultura e a utilização de linguagens das culturas em um coletivo, de defesa de causas das mulheres ou outro. Isto porque, para nós, a cultura sempre está presente, em qualquer coletivo, movimento social, organização socioeducativa etc. Está presente como visão de mundo, valor, ideologias, emoções. Queiroga, ao regatar da história a existência de coletivos diz:

---

22 Coletivo, segundo o *Dicionário Aurélio*, advém do latim e significa aquilo que abrange muitas coisas ou pessoas. Gramaticalmente, "no singular designa várias pessoas, animais ou coisas como: povo, rebanho, laranjal". *Aurélio* ainda acrescenta: "Que manifesta a natureza ou a tendência de um grupo como tal ou pertence a uma classe, a um povo, ou a qualquer grupo". Deve-se lembrar também o uso do termo *coletivo* para ônibus e derivados do transporte coletivo de pessoas. Encontramos, assim, no dicionário, qualificações como adjetivos, substantivos e atividades coleti-vas que dão conta de grupos de pessoas que se juntam para um determinado fim. Portanto, qualquer que seja o público de humanos, animais ou objeto envolvidos, a nomenclatura não é nova.

As experiências de grupos de pessoas com características próximas dos coletivos hoje já existiam em diversos lugares no mundo no século XX. Na Espanha e no México, nos anos de 1930, existiam coletivos fotográficos com ideais que revolucionaram a forma como seriam encaradas as vendas de fotos e a formação de novos fotógrafos (QUEIROGA, 2012, apud SANTOS, 2018, p. 40).

Santos mostra que na Espanha se destacava o trabalho do coletivo Hermanos Mayo. "Este coletivo funcionava como uma agência composta por cinco fotógrafos em busca de uma maior liberdade em suas ações" (SANTOS, 2018, p. 40).

Pesquisas de Marques (2021) sobre coletivos culturais também registram estudos em que se encontram experiências de agrupamentos/coletivo desde a década de 1930. Este autor divide os registros, com presenças em destaque, como "ondas", sendo que a primeira onda coletiva ocorreu nas décadas de 1960-1970 e nas décadas de 1980-1990; a segunda onda, e a terceira onda ocorrerem no século XXI. Moore diz que "a coletividade é a base para a produção artística" e que "na história da arte os coletivos surgiram quando eram necessários. Artistas se associavam continuamente como parte de seu trabalho, e os grupos eram formados em resposta a condições específicas, quando algo precisava ser feito" (MOORE, 2002, s.p.). Bassani (2016) assinala que desde a década de 1980 têm-se notícias de coletivos, assim nominados ou autodenominados, na cena pública na área da cultura, passando a ser os mais expressivos até a atualidade.

As organizações sociais no campo de temáticas sociais contemporâneas, como de gênero e raça, que se autointitulam coletivos, também não são tão recentes. Segundo Santos, "organizações identificadas como 'coletivos' podem ser encontradas na década de 1970 nos Estados Unidos, como o coletivo Combate River, formado por um grupo de militantes negras e lésbicas" (HAIDER, 2019, apud SANTOS, 2022, p. 6). "Na Itália, coletivos conhecidos como *désirant*, cuja tendência libertária é inspirada na filosofia de Félix Guattari, são identificados no final dos anos de 1970" (SCHIFRES, 2008, apud SANTOS, 2022, p. 6).

O termo coletivo na atualidade também necessita ser confrontado com outras experiências históricas internacionais, e também avaliados e contextualizados segundo as traduções gramaticais. Na Argentina há vários coletivos no campo da cultura e das atividades comunitárias e lúdicas para a população; mas também há muitos associados às lutas pela redemocratização, busca dos desaparecidos na época do regime militar etc. Na Venezuela, outro exemplo bastante diverso: coletivos são grupos comunitários, equipes de moradores, voluntários, suportes das políticas sociais desde a época de Hugo Chaves, atuando em bairros carentes. Mas alguns são noticiados pela mídia – escrita ou redes sociais – com um papel similar às milícias paramilitares no Brasil. No campo do movimento estudantil, os coletivos não são recentes; encontramos registros em vários países, com destaque para o Chile. Em 2008, em Portugal, os coletivos já eram analisados na academia (cf. MESQUITA, 2008). No Brasil, segundo Santos, o termo coletivo se apresenta como ator político na universidade: "o coletivo Ladrões de Alma em Brasília, na UnB, reafirma em suas principais redes que se configura o primeiro coletivo nacional enquanto ator político" (SANTOS, 2018, p. 41).

Coletivos na prática e questões teóricas

Observa-se, portanto, que a forma *coletivo* não é uma criação recente; não nasceu neste século, e há inúmeros estudos que registram isso. Na contemporaneidade, a novidade é a de que eles cresceram enormemente na cena pública em diversas áreas. Parte da explicação pode ser creditada a fatores sociopolíticos e culturais, que formataram novas culturas políticas sobre ações coletivas em espaços públicos; dentre estes fatores são registrados incentivos que foram dados durante o período de democratização no Brasil, da década de 1990 até 2015, com políticas de inclusão social e, ao mesmo tempo, incentivo à participação em políticas de agrupamentos identitários ou de incentivo ao empreendedorismo social em comunidades vulneráveis, por diferentes agentes sociais. Neste sentido, os coletivos podem ser fruto da conjuntura política existente nas duas primeiras décadas deste século no Brasil, ainda que alguns tenham se voltado contra a forma de funcionamento dessas instituições, a exemplo de 2013, ao clamarem: "Eles não nos representam". Outra parte considerável do crescimento e expansão dos coletivos na atualidade deve ser creditada ao avanço das novas tecnologias da informação e comunicação, que têm revolucionado as formas de agir, de se comportar, de se relacionar da grande maioria das pessoas. Talvez possamos afirmar que o conhecimento ou o domínio dos recursos tecnológicos se constituem uma nova frente de capital; o capital tecnológico de pessoas e grupos, na acepção de Bordieu (2015).

No Brasil, até a eclosão das manifestações massivas de 2013, os coletivos eram apresentados na literatura sociológica usualmente pelo seu lado cultural, analisados sob aspectos da criatividade artística, sob abordagens que se apoiam em Deleuze (1977), Guattari (1981), Foucault (1981) Latour (2012), Castoriadis e Cohn-Bendit (1981), H. Marcuse (1967), P. Marcuse (2009), Dubet (1994) etc. Raymond Williams, décadas atrás, já havia chamado a atenção para este fenômeno quando escreveu sobre "formas de organização e de auto-organização que parecem muito mais próximas da produção cultural" (WILLIAMS, 2000, p. 57). Neste capítulo o foco básico não são somente os coletivos culturais, ou os coletivos da área da cultura, tal como posto nas políticas públicas (museus, cinema, literatura e as artes em geral); o foco é para a multiplicidade de coletivos com causas sociais, político-culturais e identitárias, assim como os coletivos que cresceram numericamente na última década em função de causas temáticas específicas, alargando o campo das ações coletivas civis para novos repertórios e formas de atuar, tendo também valores específicos.

Na produção acadêmica brasileira recente, os coletivos têm sido registrados em teses e dissertações, como Paim (2009), Medeiros (2017), Pereira (2018), Oliveira (2019), Guimarães (2021) e Santos (2022). Trabalhos apresentados na Anpocs (Neto, 2018) e na SBS (Marques, 2021; Gohn, 2021; Costa, 2021) atestam que a temática ganhou espaço e atenção entre os pesquisadores, assim como tem levado a levantamentos bibliográficos sobre sua ocorrência em periódicos, teses e dissertações registradas na Capes (Coordenação Nacional de Pesquisa do Ensino Superior). Na década de 2010 foram objeto de mapeamentos, a exemplo de Oliveira (2019) e Perez e Sousa (2017). Este último levantamento assinala que foram encontrados artigos que se baseiam em estudos de caso, não propondo uma sistematização sobre o que são os coletivos e o que os diferencia de outras formas de mobilizações sociais. Os referidos autores destacam ainda que os trabalhos pontuam algumas características dos coletivos, tais como: pautas múltiplas, horizontalidade, fluidez e presença nas mídias digitais, a exemplo do trabalho de Maia (2013). Este estudo assinalou:

> a análise dos dados constatou que não existe apenas um tipo de coletivo, mas sim sete tipos: coletivos universitários, coletivos vinculados a partidos, coletivos vinculados a movimentos estudantis, coletivos que atuam com causas sociais, coletivos de artes, coletivos promotores de eventos e coletivos empresariais (PEREZ & SOUSA, 2017, p. 28).

Duas grandes tendências podem ser agrupadas nas referências nestes trabalhos que têm surgido na última década no Brasil: a primeira, mais forte, são explicações que defendem a autonomia do sujeito nos moldes de Castoriadis (1975), Marcuse (1967), Debord (1994) e Day (2005); a segunda, o destaque da vivência de experiências e desenvolvimento de consciências, na linha de

Thompson (2004), Dubet (1994) e Larrosa (2002). Adiante retomaremos a questão da experiência.

O debate recente entre acadêmicos, na busca de compreensão dos coletivos, tem, a meu ver, se misturado à noção de coletivo enquanto categoria teórica e coletivo como prática, forma de organização de uma ação coletiva. No primeiro caso confunde-se a categoria tratada pelos clássicos, a exemplo de Max Weber e as teorias das ações coletivas, ou pelos teóricos dos movimentos sociais, a exemplo de Touraine, para o qual existe a figura de um sujeito coletivo. Touraine (1988) vê os movimentos sociais como sujeitos na história, já Melucci (1995) e Diani (1992) tratam de situar as bases culturais dos movimentos que lhes conferem identidades coletivas. Estes casos serão retomados ao tratarmos das relações com os movimentos sociais. Há uma outra confusão na ação prática dos coletivos: alguns autores têm reduzido e tratado estas práticas como sinônimo de autonomismo, nos termos de Day (2005). Trata-se de um debate importante, e por isso temos que diferenciá-los para não dar como exemplo experiências históricas passadas como sendo iguais aos atuais coletivos. No caso da redução a premissas do autonomismo registra-se que, sem dúvida, parte significativa dos coletivos tem raízes históricas no passado, em matrizes do socialismo libertário, no anarquismo, no chamado autonomismo da década de 1960 etc. Eu mesma já destaquei isso em publicação anterior (GOHN, 2017a).

Os grupos autonomistas presentes em maio de 1968 na França e os movimentos autônomos na Itália e Alemanha nos anos de 1960 e 1970 exercitavam a defesa da autonomia em confronto com a tecnocracia burocrática (nos sindicatos, p. ex., ou via parlamentar), assim como se contrapunham ao centralismo partidário; advogavam a horizontalidade e o espontaneísmo nas ações coletivas. Mas mesmo naqueles tempos, o autonomismo não era um modelo único, homogêneo. Os pesquisadores daquele período demonstram que havia pelo menos três correntes do maio de 1968 francês. Santos nos relembra estas três correntes:

> Diante do imaginário de época, o autonomismo passou a marcar diferentes campos, seja entre os grupos denominados Conselhistas de Esquerda, seja entre os Situacionistas de Guy Debord[23] ou autonomismo operaísta de Mario Tronti e Antonio Negri, ou a autonomia de Castoriadis, campos que se diferem de acordo com suas correntes teóricas. Entretanto, as diferentes correntes destacaram a "autonomia política" a partir do espaço de ação, a resistência diante das formas de subsunção dos sujeitos às estruturas produtivas, às formas centralistas de subordinação de políticas partidárias e sindicais, e às condições de trabalho e de vida (SANTOS, 2022, p. 10-11).

Disso concluo que as diferentes matrizes do autonomismo são importantes para entendermos as raízes históricas de uma das modalidades de coletivos. Embora a grande maioria deles tenha na atualidade a autonomia como um princípio discursivo, na prática encontraremos coletivos próximos de partidos, organizações e até mesmo facções sindicais, muito distantes do ideário dos autonomistas acima citados. A tipologia criada por Alonso (2017) entre autonomistas e patriotas poderá reduzir as ações coletivas a um dualismo homogeneizante e não captar os matizes do leque das diferenciações. A temática identitária, conforme já discutimos no cap. 3, é uma das chaves para a compreensão das aproximações e diferenciações entre os coletivos, e deles para outras formas de ação coletiva, como os movimentos sociais. Os movimentos identitários não se resumem ao universo dos autonomistas e muito menos dos patriotas.

---

23 Guy Debord foi um dos principais nomes do movimento situacionista, destacado pela obra *A sociedade do espetáculo*.

Características, especificidades, articulações, formatos organizativos, territórios dos coletivos e relações com os movimentos sociais

Para os fins deste capítulo, trabalhamos com o sentido e o significado dos coletivos enquanto atores sociopolíticos e culturais na cena pública, preocupando-nos mais em qualificar o tipo de ativismo e a forma como se organizam para viabilizar suas ações. Para nós, coletivo é um agrupamento sociopolítico e cultural articulado por um conjunto de ideias e valores, com identidades fragmentárias, pautas e agendas diversificadas, formas de expressão e repertórios diferenciados, práticas organizacionais descentralizadas e muitas vezes tendo a horizontalidade como meta. Mas como são heterogêneos, não há também homogeneidade em suas características; eles podem ter transversalidades e combinarem, por exemplo, horizontalidade com a verticalização em algumas ocasiões; podem mudar o alvo de suas ações e demandas periodicamente; utilizam intensamente as formas de comunicação e participação social on-line (cf. GOHN, 2019a; 2017a).

Muitos buscam participar de projetos sociais que envolvem a distribuição de fundos financeiros para a realização de suas ações, a exemplo de vários coletivos na área da cultura. Eles são distintos dos novos movimentos sociais culturais, identitários das décadas de 1980-2000; são diferentes dos movimentos políticos: agrupamentos em torno de fatos da conjuntura política, a exemplo das frentes amplas de representações de partidos e instituições em dado momento histórico, do movimento Diretas Já na década de 1980 ou Direitos Já na atualidade, apresentado no cap. 1. Assim como se diferenciam dos movimentos sociais clássicos de luta por trabalho, moradia, terra e equipamentos públicos, embora possam ser criados no interior de um movimento, em algum momento, enquanto objetivo estratégico, como já citado acima, no caso do MST e na luta pela moradia em São Paulo no MSTC (a ser exemplificado no final deste capítulo).

O protesto sempre esteve presente nos coletivos e nos diversos tipos de manifestações nas quais, por meio da ira, buscam se reinventar. Especialmente por meio da arte e da cultura, os coletivos jovens sempre buscaram inventar uma gramática nova, dentro do repertório de entendimentos da língua dominante: a gramática da ira. Exercitam essa gramática via práticas de resistência ao *status quo* dominante, e promovem a auto-organização das ações coletivas, tendo como parâmetro, em suas relações sociais, quatro elementos básicos: a subjetividade dos participantes, as formas de sociabilidade existentes, a diversidade de métodos e procedimentos de agir, e a valorização do espaço de experiência. Alguns estudos, ao tratarem da experiência nos coletivos, fundamentam-se em Dubet (1994), quando abordam o caráter subjetivo da experiência (representação do mundo vivido) e o seu caráter cognitivo (a reflexividade e a consciência crítica); em Thompson (2004), dada a reelaboração que a experiência propicia ao se confrontar com a cultura vivenciada pelos sujeitos em ação; ou em Larrosa (2002), que destaca as aprendizagens que a experiência propicia. Diz Larrosa:

> o saber da experiência é um saber particular, subjetivo, relativo, contingente, pessoal. Se a experiência não é o que acontece, mas o que nos acontece, duas pessoas, ainda que enfrentem o mesmo acontecimento, não fazem a mesma experiência (LARROSA, 2002, p. 27).

Os movimentos sociais populares do passado valorizavam a experiência como troca de relatos das situações vivenciadas e as formas que usavam visando a resolução dos problemas. Eram relatos do passado em busca de entendimento do presente, que se transformavam em planos de ação visando o futuro; portanto, ressignificando as experiências. Nos coletivos atuais, a experiência no presente é mais importante: vivenciar algo novo, ter acesso a práticas negadas ou inacessíveis economicamente, e especialmente vivenciar corporalmente a experiência dos corpos dos sujeitos da ação. Por isso, a área da cultura, com suas inúmeras linguagens e formas de expressão, como a dança, a música, as artes visuais, o teatro etc. canaliza desejos dos proponentes, via projetos sociais para faixas etárias, com destaque para jovens, crianças, adolescentes e trabalhos com mulheres, idosos etc. E as linguagens da arte amplificam a vivência dos corpos, pois podem ser corpos negros, de mulheres, *gays*, lésbicas, transexuais etc.

Afirmamos inicialmente que trabalhamos com a hipótese de que os coletivos, na atualidade, são uma das formas de ação coletiva, diferenciando-se dos movimentos sociais, embora possam ser originários destes ou se articularem circunstancialmente com eles. A especificidade deles é a de que são atores de uma ação coletiva, e não um sujeito coletivo nos termos tratados por Touraine para os movimentos sociais. A questão do sujeito é complexa e está presente na abordagem marxista e na culturalista, que dialoga com a estrutural. Entretanto, os coletivos podem participar de articulações políticas visando, em determinados contextos, formar blocos de apoios, coalizações, alianças etc., junto com movimentos sociais, contribuindo para o fortalecimento de novos sujeitos coletivos. Ao atuarem, as demandas compartilhadas ganham visibilidade na esfera pública, e problemas sociais, culturais, ambientais etc. são pautados como problemas que demandam resoluções, especialmente por parte dos poderes públicos. O sujeito coletivo construído se altera na relação, tanto dos movimentos como dos coletivos, e estas alterações perduram enquanto durar o relacionamento. Não obstante essas alianças e coalizações serem habituais, os coletivos não podem ser pensados como um ato especial dentro do campo dos movimentos sociais, pois são diferenciados e estão mais próximos do campo dos movimentos culturais ou das organizações sociais civis.

Na atualidade, o grande crescimento do número de coletivos ocorre não apenas na área das artes ou da cultura em geral, mas também no campo social, na área da solidariedade (a exemplo de coletivos de psicanalistas que oferecem atendimento gratuito em ruas e praças), justamente em um momento de crise de representatividade das formas tradicionais, como partidos, sindicatos e crise dos próprios movimentos sociais clássicos. É importante registrar que a crise dos sindicatos não é generalizada; ela ocorre em sindicatos tradicionais de luta por direitos dos trabalhadores e que foram esvaziados nos últimos anos com o decréscimo de trabalhadores com carteira assinada em empresas, fim da contribuição sindical, emprego temporário e outras alterações na reforma nas leis trabalhistas ocorrida em novembro de 2017. Com a pandemia, o que se observa é o aumento de atividades de sindicatos em manifestações públicas, com atos pontuais, como o Simesp (Sindicato dos Médicos, em São Paulo), com reivindicações sobre a necessidade de novas contratações e a exposição pública das condições exaustivas de trabalho deles, especialmente nas UBS (Unidades Básicas de Saúde). Outro sindicato que "emergiu" e ganhou visibilidade foi o dos entregadores de produtos e serviços, conforme já descrito nos cap. 1 e 2.

Os coletivos, ao contrário de movimentos ou outras formas mais tradicionais, são agrupamentos fluidos, fragmentados, e muitos têm a autonomia e a horizontalidade como valores e princípios básicos. Não há, portanto, um modelo único; há uma diversidade e multiplicidade de formas, temáticas, pautas e demandas e campos de atuação, número de participantes, permanência ou duração no tempo histórico, formas de funcionamento/operacionalização, suportes financeiros para atividades, apoios externos e relações com órgãos ou políticas institucionais (caso de coletivos que se abrigam em editais de apoio e financiamento público). Marques e Marx assinalam:

> [compreendemos] que a percepção da novidade dos coletivos deve ser localizada na e a partir da construção discursiva de uma posição diferencial em relação a outras formas organizacionais de estruturas sociais coletivas con-

temporâneas presentes em nossa sociedade, tais como os partidos políticos, sindicatos, Ongs, organizações de movimentos sociais, associações profissionais, dentre outras (MARQUES; MARX, 2020, p. 11).

Os movimentos sociais usualmente têm opositores, identidade mais coesa, projeto de sociedade ou de vida ou para resolução aos problemas sociais que demandam, liderança, base, assessoria e laços de pertencimento; sendo, portanto, algo mais estruturado do que um coletivo.

Um movimento social é fruto de uma construção social histórica, e não algo dado *a priori*, resultado de contradições sociais dadas aprioristicamente (cf. CASTELLS, 1999; TOURAINE, 1997; MELUCCI, 1996, TARROW, 1994; TILLY & TAROW, 2007; SADER, 1988; DELLA PORTA; DIANI, 1992; 2015; GOHN, 2017b). O movimento social constrói a figura de sujeito aos seus militantes, um sujeito de direitos. O indivíduo se transforma em sujeito através do reconhecimento por parte dos outros indivíduos; ao ser parte de um dado movimento social, passa a fazer parte de um sujeito coletivo. Resumo esta questão com a síntese elaborada no livro *Novas teorias dos movimentos sociais*:

> Consideramos "sujeito" uma categoria fundamental que constitui e posiciona indivíduos na história dos processos sociais, culturais e políticos de uma sociedade. Ela confere protagonismo e ativismo aos indivíduos e grupos sociais, transforma-os de atores sociais, políticos e culturais em agentes de seu tempo, de sua história, de sua identidade, de seu papel como ser humano, político, social. O sujeito é reconhecido – objetivamente – e reconhece-se – subjetivamente – como membro de uma classe, de uma etnia, como parte de um gênero, de uma nacionalidade, e muitas vezes de uma religião, culto ou crença. Os sujeitos se constituem no processo de interação com outros sujeitos, em instituições privadas e públicas, estatais ou não. Sujeitos coletivos expressam demandas de diferentes naturezas,

têm capacidade de interlocução com a sociedade civil e política. Têm também a capacidade de propor ações, criam e desenvolvem uma identidade com o grupo que compõem, baseada em crenças, valores compartilhados. A noção de sujeito coletivo tem a ver com a capacidade de interferir nos processos sociais. Eles criam sistemas de pertencimentos (GOHN, 2014, p. 112-113).

Ao longo de cinquenta anos de pesquisas e análises sobre os movimentos sociais, talvez a melhor síntese que elaborei sobre como entendo o conceito é: "Um movimento social é sempre expressão de uma ação coletiva e decorre de uma luta sociopolítica, econômica ou cultural" (GOHN, 2014a, p. 14). Portanto, ações coletivas que não envolvem lutas, demandas, protestos, opositores e militância não são movimentos sociais. Sem estes componentes/elementos podem ser coletivos, ativistas de coletivos, por exemplo. Entretanto, reconheço que o ativismo de inúmeros coletivos da atualidade, especialmente os coletivos que se estruturam via causas identitárias, como gênero, raça, etnia ou meio ambiente, poderão formar "sujeitos coletivos periféricos", na nova acepção de periferia. São periféricos não apenas porque se localizam no espaço geográfico da periferia da cidade, e muitos advêm de lá, mas podem ser gerados também em regiões centrais. São periféricos porque são excluídos, marginalizados, invisibilizados.

Jasper (2016), ao destacar os elementos que constroem um protesto, oferece-nos *a priori* um roteiro interessante para verificarmos as diferenças, ou semelhanças, entre os movimentos e os coletivos. O autor assinala que para observar um protesto é preciso analisar vários elementos que o compõem, tais como a infraestrutura que ele possui, seus atores, o significado dessas ações para os atores, as motivações, as reivindicações e os resultados obtidos. Considero este roteiro uma primeira parte da investigação, pois os elementos assinalados se circunscrevem ao universo micro das ações, defendido por Jasper. Mas consideramos que para analisar de fato o significado daquelas ações, o universo macro tem que ser abordado. Por isso, defendemos a necessidade de contextualização de fatos e acontecimentos, para que a apuração fina dos dados obtidos alcance seu significado. Daí é possível compreender o alcance dos resultados, impactos e grau de importância naquele momento histórico.

Os participantes de um coletivo se autodenominam ativistas, vivem experiências e experimentações que podem ser tópicas ou mais permanentes, fragmentas ou mais articuladas; são ativistas de causas. Viver experiências é uma das grandes fontes de motivação para participar de um coletivo, e isso pode dar subsídios para mudanças na visão social, política e cultural. A consciência de algo vai depender do tipo de ação coletiva e do grupo que a compõe; não é um processo automático. Um coletivo poderá desenvolver práticas contestatórias ou não, dependendo de seu perfil e das estruturas relacionais existentes entre os jovens, que contestam e renovam práticas e valores estabelecidos por meio de sua cultura.

O principal elemento articulador dos membros de um coletivo é uma causa, a defesa de uma causa. Os membros participantes de um movimento social são nominados, usualmente, como militantes, também de causas, mas é algo mais do que um ativista porque não foi convocado on-line; ele tem laços de pertencimento com um grupo. Portanto, ser ativista ou militante são ações com sentidos e históricos estruturantes diferentes; todos têm uma causa para defenderem, mas a forma e as concepções que fundamentam as ações coletivas são diferentes. Os modos de engajamento também são distintos, tomando a concepção de engajamento de Fillieule (2002).

Um coletivo pode se transformar em movimento social ou se considerar parte dele; exemplo são as centenas de coletivos formados por grupos de mulheres (MEDEIROS, 2017) ou compostos por negros (GUIMARÃES, 2020). Todos eles se identificam como parte de movimentos de mulheres ou de movimentos dos negros, afrodescendentes, ou ainda, dos pretos, como preferem alguns. Se considerarmos os coletivos advindos do movimento de mulheres, por exemplo, temos inúmeras inovações, desde como alguns coletivos se autodenominam, usando a sigla *colectiv@s*, para reforçar o lado feminista e o lado comunicacional interativo, aos coletivos que se declaram como pertencentes ao feminismo negro, lembrando também que o próprio movimento feminista passou por inúmeras transformações ou ondas, como preferem denominar as várias autoras de estudos feministas, nas últimas décadas; temática já tratada no cap. 1.

E para complicar a cena temos coletivos dentro de movimentos sociais clássicos, como forma de organização interna, como no MST desde a década de 1990, e coletivos de mulheres, como nos demonstrou a tese de Melo (2002) – uma pesquisa pioneira no estudo de coletivos de mulheres sob a ótica da subjetividade nas relações de gênero em um movimento social clássico, o MST. Também temos coletivos, na atualidade, dentro de movimentos de luta pela moradia, como no MTST e nos movimentos de ocupação pela moradia no centro de São Paulo, MSTC; a serem tratados adiante. Registre-se, desde logo, que o fato de estarmos chamando a atenção para o crescimento de uma pluralidade de coletivos na atualidade não exclui ou diminui a importância dos movimentos sociais, especialmente os movimentos já clássicos de luta pela terra, moradia e trabalho.

Um dos grandes pontos de articulação dos coletivos aos movimentos sociais é a internet e o uso da mídia e outros meios de comunicação, assim como a predominância de coletivos, no início da década de 2010, na própria área das comunicações, a exemplo do Coletivo Brasil de Comunicação Social. Nas manifestações de 2013 ficou explícita a articulação entre coletivos e alguns movimentos sociais; a exemplo de Fora do Eixo, um grupo da mídia alternativa que teve intensa participação em junho de 2013 em várias cidades do Brasil. "Desde a década de 2010, progressivamente os coletivos passaram a dominar na área das comunicações como forma de organização, a exemplo do Coletivo Brasil de Comunicação Social. Este coletivo constituiu a Rede Fora do Eixo (FdE)" [Disponível em http://foradoeixo.org.br]. Em 2012 ele congregava 73 coletivos jovens de 112 cidades de quatro países da América Latina. Segundo Brasil, FdE é uma

> rede de coletivos juvenis complexa que envolve pessoas de diversos segmentos das artes, da cultura e da política. Uma rede de coletivos voltada a organizar eventos musicais a partir da gestão e da produção dos próprios eventos e produtos culturais, utilizando-se de recursos públicos e privados por meio de editais e outras formas criativas de financiamentos, que mostram marcantes atuações do grupo [...]. A maior visibilidade do Coletivo Fora do 14º Eixo ainda se dá através da atuação do Mídia Ninja, que nas chamadas Jornadas de Junho de 2013 conseguiram gravações inéditas dos locais em que aconteciam as manifestações, o que se repetiu nos protestos contra a Copa, em 2014. A segunda e não menos importante é a atuação econômica do Coletivo, que chegava à casa dos milhões de reais por ano, desenvolvendo atividades de economia criativa e que circulam dentro do grupo (BRASIL, 2021).

É bom lembrar também que o principal ator a dar início às manifestações de 2013 foi um grupo diferenciado dos movimentos clássicos, mas que se autodenominava como movimento social: o MPL (Movimento Passe Livre), movimento existente desde 2003, no início restrito a um núcleo militante, e em 2013 reuniu ativistas do próprio MPL, integrantes de alguns partidos políticos e coletivos libertários. Em São Paulo, inúmeros participantes do movimento das ocupações de escolas públicas em 2015-2016 entraram ou criaram coletivos depois que o movimento encerrou as ocupações.

Os coletivos usualmente formam redes e é necessário distinguir *coletivos em redes* de *redes de movimentos sociais*. Isto porque os coletivos se conectam via internet ou outro meio comunicacional tecnológico visando difundir informações e estabelecer estratégias em conjunto. Os denominados coletivos em redes têm relações ocasionais, fazem e desfazem laços. As *redes de movimentos*, já debatidas por Castells são mais complexas; atuam nos ambientes informacionais para criar ou fortalecer laços identitários e organizacionais, desenvolvendo culturas de pertencimento.

Muitos coletivos se articulam a um conjunto de outros coletivos que configuram um movimento social em determinados momentos, bastante usual nas questões de defesa do meio ambiente. Ou ainda temos coletivos que negam a forma movimento social por considerá-la presa aos modelos tradicionais de fazer política. São jovens que aderem mais aos coletivos do que aos movimentos sociais porque não se identificam com a forma movimento social e seus métodos de ação; muitos dos quais repudiam. Nesses casos também há conflito de gerações. Muitos desses coletivos não mais se autodenominam movimentos e se identificam como ativistas, e não como militantes. Sabe-se que há um grande debate a respeito das singularidades e diferenças entre as duas noções; destaco a pesquisa de Leite:

> Os resultados obtidos pela minha pesquisa contrariam a ideia de que a militância seria um modo de ação de menor valor do que o ativismo. Associar a primeira com posições políticas exclusivamente à esquerda e a última com posicionamentos à direita também não é uma conclusão possível (LEITE. Entrevista. IHU/Unisinos, 13/12/2019).

Portanto, há pluralidade de posições que oscilam entre a negação da forma movimento social por considerá-la presa aos modelos tradicionais de fazer política, aos coletivos que se consideram como um movimento ou que se unem a certas causas e dão apoio a determinados movimentos; há outros que se estruturam de forma mais livre, como o Movimento Passe Livre, já citado. Muitos coletivos criam dinâmicas da ação coletiva mais discursiva, estratégica e de confronto de ideias e valores (SNOW & BENFORD, 2000); nesses casos há grande influência de ideários anarquistas e libertários, especialmente no campo da cultura.

Concordamos com Facioli quando conclui seu trabalho de investigação afirmando:

> há relação das mídias digitais com a prática política dos movimentos sociais, de forma que ambos se constituem mutuamente. Em outros termos, uma analítica dos usos políticos da internet e das redes sociais não pode ignorar um cenário mais amplo de criação dessas ferramentas e de inserção delas em nosso cotidiano, nem mesmo pode refletir sobre um ambiente "virtual" deslocado do espaço off-line. Trata-se de um redimensionamento da gramática política, de formas de subjetivação e de conceber a esfera pública e o próprio alcance da ação coletiva e das transformações sociais (FACIOLI, 2021, p. 12).

Também é importante assinalar que o termo coletivo ainda necessita de muitas pesquisas, debates e discussões teóricas. Por ora é um termo advindo da prática, ainda com forte ocorrência na área da cultura. Trata-se de uma forma de ação coletiva, e como tal deve ser analisado no campo da participação. Mas aplicar automaticamente para seu entendimento as abordagens advindas de teorias dos movimentos sociais pode não ser o mais adequado. Por exemplo, muitos deles não têm um adversário, um antagonista claro, nos termos da teoria de Touraine. Em outros, é possível aplicar certos pontos das referidas teorias, como a de Melucci, quando se observa que os movimentos não constroem identidades a partir de pertencimentos originários – culturais, propriamente ditos –, mas são formados por adesão a uma causa que lhes traz retorno, benefícios. São agentes intermediários, e Melucci afirma: "sua função enquanto intermediários entre os dilemas do sistema e a vida diária das pessoas se manifesta principalmente no que fazem; sua mensagem principal está no fato de existirem e agirem" (MELUCCI, 1997, p. 13). Em resumo, os coletivos ainda precisam ser qualificados teoricamente. Por ora, considero equivocado simplesmente denominá-los ou confundi-los com movimentos sociais porque constituem um universo diferenciado, fragmentado, e várias de suas ações coletivas não contêm elementos que os configurem como um movimento social no sentido clássico deste conceito nas últimas décadas.

Resulta deste cenário uma mudança significativa nas ações coletivas quando articuladas por um movimento social – com coordenadores, demandas, pautas, estratégias e táticas – em que se observa, muitas vezes, um verticalismo; eles são parte de um sujeito coletivo; as práticas dos coletivos acima descritas, com ações que visam o *despertar* dos sujeitos no próprio processo do fazer, sem um projeto claro, bem definido, de sociedade, Estado ou governo, sem metas para atingir, não são um *sujeito* coletivo. Mas há muitos elementos comuns nos grupos que articulam as duas frentes de ações coletivas, como a defesa de causas, a indignação contra as injustiças sociais e desigualdades e a busca pelo respeito às diversidades.

Coletivos e ativismo em territórios urbanos

Ao tratarmos os coletivos no urbano, em primeiro lugar torna-se necessário localizar os territórios nos quais se localizam, porque uma coisa é um coletivo de camadas médias localizado em bairros de classe média ou bairros culturais (como a Vila Madalena, em São Paulo), outra são os coletivos em territórios da periferia atual da cidade, ou periferia de cidades que gravitam ao redor de uma grande metrópole como Francisco Morato, SP, ou de loteamentos à margem do Rodoanel, próximos à capital paulista. Também deve-se observar se eles se localizam em regiões/bolsões de pobreza e vulnerabilidade hoje denominadas *comunidades*; no passado nominadas como *favelas* (cf. cap. 3), como Paraisópolis e Heliópolis, em São Paulo. Nos dois casos, tratam-se de regiões classificadas como da *periferia*. Eu mesma fiz nos anos de 1970 e início de 1980 minha dissertação de mestrado sobre Sociedades de Amigos de Bairros da periferia de São Paulo, que deu origem ao livro *Reivindicações populares urbanas* (GOHN; CORTEZ, 1982). O discurso e o foco que permeava a discussão na época era a precariedade, a ausência de condições de sobrevivência, mas era também da força advinda das estratégias de sobrevivência, via mutirões, autoajuda etc. (GOHN, 1991), gerando o cenário já tratado no cap. 3. No século XX, a expansão da periferia para novos territórios levou à pauta temas como a vulnerabilidade e a violência, como também à necessidade de políticas e ações de inclusão social. A vida cotidiana, as estratégias de sobrevivência e as novas formas de associativismo foram destacadas via novos protagonistas, as Ongs; vistas por muitos intelectuais, na época, como formas de penetração do capital em ações decorrentes do novo Terceiro Setor emergente, fruto da associação de empresas que aproveitaram brechas dadas pela nova legislação que passou a ser construída. Poucos atentaram para a dinâmica que muitas dessas ações impulsionaram nos territórios periféricos, registrando os casos de movimentos de luta dos sem-teto ou as novas políticas públicas de inclusão social, que também impulsionaram o surgimento e desenvolvimento daquelas atividades. O tema das desigualdades e exclusão dominou o debate, não atentando o suficiente para o protagonismo das diversas ações criativas, culturais e políticas que deram origem às agendas e impulsionaram iniciativas autônomas para responderem aos problemas dessas populações; por exemplo, o que fazer com os jovens, as crianças e os adolescentes no dia a dia. Ongs e coletivos culturais se proliferaram. No fundo, o que essas ações coletivas expressam é vocalização de demandas por direitos de cidadania por parte dos moradores; direitos de diferentes tipos, e não apenas direitos básicos de viver, à comida, ao abrigo, à saúde, às condições sanitárias etc. Registra-se também que o próprio termo *favela* foi utilizado por lideranças populares ou organizações delas, como a já citada CUFa (Central Única de Favelas), e o termo *comunidades carentes* ou *comunidades vulneráveis* ficou mais como uma designação de intelectuais, políticos e no rol das políticas públicas. O termo periferia continua sendo utilizado para nominar, identificar pertencimentos a territórios e diferenciar as ações de vários produtores culturais que trabalham sobre a temática, como uma grande frente de resistência face ao mercado comercial de grandes mídias atuantes na área, a exemplo de Emicida. Em 2021, oficializou-se 4 de novembro como o Dia da Favela[24]. E as favelas mais antigas e tradicionais cresceram e se transformaram; há agendas positivas sendo desenvolvidas em seu interior, assim como há grandes desigualdades internas, e não apenas na relação favela *x* bairros. Licia Valladares, que faleceu em 2021, é uma das autoras de referência no estudo das favelas desde a década de 1980, especialmente no Rio de Janeiro (VALLADARES, 1980; 2003; 2005).

Deve-se, portanto, diferenciar o ativismo popular urbano que ocorre no território urbano – englobando ações coletivas em movimentos, Ongs, coletivos e outras organizações – do ativismo cotidiano que ocorre em regiões periféricas ou mais distantes dos grandes centros, regiões permeadas por carências e necessidades, mas igualmente pautados por estratégias de resistência e construção de alternativas, lutas e defesa de direitos etc.

Igualmente se deve diferenciar, no campo das formas de ativismo no meio popular, os coletivos inseridos no interior de movimentos por habitação advindos de ocupações no centro de São Paulo, a serem exemplificados no final deste capítulo.

---

24 O termo favela surgiu a partir de um morro no Rio de Janeiro denominado Morro da Providência, ocupado por soldados sobreviventes que retornaram da Guerra dos Canudos e que não receberam as casas que lhes foram prometidas se vencessem a guerra. Eles tinham a pele manchada pela planta *favela*, comum no sertão nordestino.

Resumindo, é possível ter coletivos focados em questões urbanas, relativas à vida pública nos territórios de uma cidade; coletivos identitários, especialmente os coletivos de mulheres ou feministas, com inúmeras variações, recortes e territórios de ocorrência; coletivos no interior de movimentos populares no centro de São Paulo; os coletivos universitários. Este último será tratado adiante porque cruza temáticas de intervenção no urbano e experiência anterior de vários participantes em coletivos nas periferias. Os coletivos de mulheres, na Zona Leste da cidade de São Paulo, por exemplo, em uma tese que orientei na Unicamp, foram caracterizados como

> uma forma de ressaltar a singularidade de um novo ciclo político, que parece se iniciar com o surgimento desde 2012 de coletivos feministas formados por mulheres jovens na Zona Leste de São Paulo, foi por meio do contraste com o ciclo político anterior. A primeira novidade que salta aos olhos é nominal: o associativismo de mulheres [voltado] para mulheres antes se dava majoritariamente pela forma associação (com personalidade jurídica e sede próprias), mas agora as próprias autodenominações evidenciam uma mudança significativa, pois praticamente todas as iniciativas se organizam por meio da forma coletivo (MEDEIROS, 2017, p. 24).

No Brasil do século XXI destaca-se o crescimento de coletivos no meio urbano, constituindo-se como novidades que deram visibilidade ao ativismo urbano, chamando a atenção pela forma de organização e de atuação (DUARTE; SANTOS, 2012). Desenvolveram-se coletivos no espaço urbano que podemos denominá-los *coletivos solidários*; são coletivos nas comunidades pobres com cozinhas comunitárias, distribuição de alimento e geração de renda; coletivos também de camadas médias como de profissionais psicanalistas que oferecem atendimento gratuito em ruas e praças; ou coletivos na área do lazer, como os das *bikes* – neste caso, envolvendo também as camadas altas.

Os coletivos urbanos em São Paulo, enquanto nova forma de ação coletiva, foram pioneiramente analisados por Frugoli (2018). Cristhiane Falchetti observa o papel que eles passam a desempenhar a partir de 2013:

> o desdobramento de junho nas lutas urbanas é o florescimento de um "ativismo urbano" composto por um conjunto de coletivos e práticas de ocupação e redefinição de espaços públicos, que se referem aos direitos na vida cotidiana na cidade. Essa constelação de iniciativas ainda é pouco mapeada e de difícil apreensão, justamente por ter uma forma de organização menos estruturada, vínculos mais fluidos e ações mais intermitentes (FALCHETTI, 2021, p. 17).

No início houve crescimento de um tipo de coletivo, denominado *coletivos de intervenção*. São intervenções no espaço urbano sob a ótica do urbanismo tático, visando engajamento cívico dos cidadãos, especialmente de jovens, e não o urbanismo estratégico, clássico, baseado no planejamento de profissionais da prancheta ou do *design* dos computadores (cf. SOUZA; RODRIGUES, 2004). Elas produzem práticas criativas, algumas com *performances* impactantes, mas na maioria das vezes efêmeras, porque são dependentes das verbas para acontecerem e se manterem. Acreditamos que o crescimento desses coletivos se deve, também, ao incentivo e apoio financeiro advindo de inúmeras políticas sociais de inclusão elaboradas por administrações públicas progressistas desde a década de 2000. O grande problema é que, quando muda a orientação de uma administração, via eleições, muitas práticas e programas são descontinuados, interrompidos, porque estavam lastreados em políticas de governo da gestão anterior, e não em políticas de Estado. Talvez essas práticas tenham de ser revistas, menos como táticas de intervenção sazonal, e mais como políticas culturais estratégicas em espaços públicos de uso permanente, ancoradas em leis, dotadas de verbas para manutenção, expansão etc. As verbas públicas advêm de impostos da população, e para elas é que deveriam ser dirigidas. Por isso é necessário entender os "autonomistas", não apenas fora das instituições estatais, mas também dentro, em busca de subverter a lógica usualmente presente nas políticas públicas que privilegia empresas e o setor privado como prestador de serviços, e a população é tratada como usuária, consumidora.

Certamente não se pode reduzir o crescimento do número de coletivos a uma espécie de *esperteza* ou oportunismo. São, sim, oportunidades políticas dadas pela conjuntura em determinado período e que foram aproveitadas pelos atores em cena. Mas há um outro dado relevante que tem a ver com mudança de visão, de cultura, de vivência e sobrevivência, que é a consciência que se despertou progressivamente sobre a importância do uso dos espaços públicos, especialmente depois da retomada das ruas, como espaço público para todos, na década de 2010. Em agosto de 2021, o Observatório das Metrópoles, em sua publicação *Cadernos da Metrópole*, coordenado pela PUC-SP e pela UFRJ, organizou uma série de seminários em que se destacam vários pontos de confluência com nossa pesquisa. A chamada/o convite ao evento assinala:

> além dos diversos agentes que persistem na ação ancorada na lógica inclusiva e democrática do direito à cidade e à cidadania (no âmbito dos sistemas político-partidário, estatal e cultural) percebe-se a emergência de um novo tipo de ações que podem representar resistências à ordem urbana ultraliberal. Ao lado dos movimentos sociais tradicionais temáticos (a exemplo da moradia e do transporte) vem emergindo no Brasil e no mundo uma variedade de formas de ação social e de distintos repertórios utilizados por diferentes atores que podem ser abrigados pela noção geral do uso público das cidades. [...] Conhecer os repertórios de ação, pautas e construção de narrativas por meio de casos de ativismo que representam resistências e insurgências neste momento de profundas transformações na

produção e uso do espaço urbano, permite compreender e refletir sobre êxitos e limites das diversas formas de ação coletiva ligadas ao direito à cidade [Disponível em http://ofuturodasmetropoles.observatoriodasmetropoles.net.br/programacao/ – Acesso em 05/06/2021].

Coletivos nas universidades

No ativismo urbano brasileiro da década de 2010 ganham proeminência os coletivos universitários, agrupados por temas identitários do feminismo, dos afrodescendentes e grupos da comunidade LGBTQIA+. Os coletivos no Ensino Superior expressam também mudanças no perfil dos alunos na última década, após políticas de cotas e outras, levando os estudantes a problematizarem questões antes vistas como *naturais*, como o racismo, o assédio, a homofobia etc., lutando e contribuindo para mudar a cultura da discriminação na sociedade e seus reflexos no espaço universitário. Muitos coletivos são formados por questões identitárias dos próprios estudantes, a exemplo da questão racial (cf. TRINDADE, 2021). Também há relações e articulações orgânicas de muitos coletivos com a própria universidade, especialmente via grupos de pesquisas institucionalizados, nas faculdades e programas das instituições. Vários deles nasceram não só do convívio dos ativistas na universidade, mas de programas e projetos de ensino e investigação, núcleos de pesquisas e disciplinas isoladas; esses projetos e planos de trabalho foram o ponto de partida para aglutinar jovens, temáticas e gerar causas. Partindo de abordagens interdisciplinares, desenvolvem pedagogias que articulam ativismo sociocultural, em espaços urbanos, com atividades didáticas curriculares, compondo inovações no campo da pesquisa, ensino e extensão. Exercitando práticas horizontais, sem lideranças, realizam estudos, elaboram cartografias do território urbano com linhas do tempo das intervenções dos coletivos e as produções teóricas a respeito. Assim, também participam da criação de exposições, curadorias, *webinars*, eventos culturais; ou seja, realizam intervenções urbanas que não são apenas exercícios didáticos para os alunos, mas processos de ensino/aprendizagem aos participantes, moradores ou não, de um dado território. Muitos jovens estudantes desses grupos adquirem identidades híbridas, fluidas, usando as categorias de Bruno Latour. São alunos, mas também são agentes de ação direta no espaço urbano; articulam-se a outros coletivos, formam redes e promovem atos de resistência às políticas de intervenção urbana que destroem o patrimônio público em favor de interesses da iniciativa privada. Elaboram cartografias do território urbano e apoiam ações coletivas populares de defesa desses territórios, especialmente quanto ao uso/destinação de espaços públicos ou da preservação da memória de lugares simbólicos. Como exemplo temos o Laboratório Transversais, da Faculdade de Arquitetura da Universidade Federal de Minas Gerais (cf. GOHN, 2021). Preocupado com a geopolítica da cidade e com as intervenções das administrações públicas no espaço urbano, promove atos insurgentes na disputa de narrativas pelo uso e ocupação do solo. Durante o período de construção de novas arenas e espaços de apoio à Copa de 2014 e aos Jogos Olímpicos de 2016, no Brasil foram registrados inúmeros atos insurgentes de resistência às desocupações de populações – por parte de inúmeros coletivos – em inúmeras cidades-sede dos eventos, a exemplo das manifestações na Vila do Autódromo, no Rio de Janeiro (cf. SANCHES, 2020). Eram atos político-culturais de resistência, e os grupos e laboratórios da universidade tiveram papel importante.

Segundo Perez e Souza, em pesquisa realizada em Teresina,

> Os coletivos universitários possuem as seguintes características: são formados por estudantes que utilizam o espaço universitário para promover debates sobre questões atuais como feminismo, racismo e ligadas ao universo LGBTQIA+ (utilizando os termos mobilizados pelos próprios administradores

das páginas). Em geral, as discussões são interseccionais, pois consideram, além da temática principal, clivagens como raça-cor-etnia e classe social. A principal prática desses coletivos (73% deles) é a promoção de palestras, encontros, cursos e rodas de conversa em que são discutidos textos e questões cotidianas vivenciadas pelo grupo ou noticiadas pela mídia. Trata-se de um importante espaço de reafirmação de identidade e divulgação de questões emergentes. Nota-se que os coletivos universitários entrevistados chamam suas atividades de rodas de conversa. Estas seriam diferentes dos debates pelo seu caráter mais informal, sem conflitos e sem a necessidade de regras que determinem quem tem a fala ou em quanto tempo deve ser feita a réplica. Os coletivos inventam nomes para distanciar suas práticas daqueles regidas por normas, formais e hierárquicas (PEREZ; SOUZA, 2017, p. 24).

A proliferação de coletivos nas universidades também deve ser vista sob a ótica de mudanças no próprio movimento dos estudantes do Ensino Superior, conforme assinalado no cap. 1.

Coletivos e ativismo na cidade

Em São Paulo, no período desta pesquisa, encontramos inúmeros coletivos voltados para o ativismo urbano, preocupados com determinadas causas, sem ter preocupação com unidade ou território mais amplo, apenas a defesa daquela causa. Por exemplo, em São Paulo, da luta em defesa do Parque Augusta, ou a Chácara do Jóquei, na Zona Sudoeste, e a Chácara das Jaboticabeiras, na Vila Mariana (teve uma conquista parcial porque o terreno não foi totalmente tomado). Há coletivos bem específicos como: Arquitetura e Gentrificação, Assalto Cultural, A Batata Precisa de Você, Casa Latina, Casa da Lapa, Casarão do Belvedere, Casa Rodante, Coletivo BijaRi, Coletivo Cartográfico, Contrafilé, Sistema Negro, Terreyro Coreográfico, Wikipraça e Política do Impossível. Registro importante: vários deles têm sido vitoriosos em suas lutas e ativismo, a exemplo do Parque Augusta, na região do centro expandido de São Paulo, em área nobre. O local pertenceu a uma irmandade religiosa, depois foi sede do antigo Sedes Sapiens (organização educacional de ensino superior). A luta durou anos e teve vários agentes e interesses econômicos envolvidos, especialmente por parte de grandes construtoras que, por meio de outorgas e trocas com o poder público, planejaram construir no local um grande complexo residencial e comercial. O parque foi aberto à população em 2021, denominando-se Parque Augusta/Bruno Covas, em homenagem ao ex-prefeito que participou das últimas negociações que transformaram a área em parque público – ele faleceu no início de seu segundo mandato, em 2021, vítima de câncer, antes de o parque ser inaugurado. Outra categoria de coletivo importante no ativismo urbano é o que se relaciona ao esporte e ao lazer, especialmente em relação ao ciclismo. Durante a pandemia, vários destes coletivos atuaram na área da ajuda e assistência aos vulneráveis, a exemplo do Bike System, que distribuiu *kits* de higiene pessoal e máscara para pessoas em situação de vulnerabilidade. Esse coletivo atuava desde 2015 em colaboração com a Casa da Luz, visando levar música e diversão para as ruas da cidade de São Paulo. Outro exemplo paulistano é o coletivo Malungada, formado por pessoas pretas que, durante a pandemia, juntou-se ao coletivo Nós por Nois, que distribuía roupas e comida para moradores nas ruas centrais da capital. Mais um exemplo: o coletivo Bike Zona Sul de São Paulo teve como uma das idealizadoras a jornalista Érica Sallum. Ela pautou o tema da inclusão a um grupo de ciclistas, tornando-se editora de revistas sobre o tema, como *Go Outside* e *Bicycling Brasil*. Em 2021, aos 45 anos, Érica faleceu, vítima de câncer, e seu nome foi dado à ciclovia que margeia o Rio Pinheiros. Registro estes exemplos porque demonstram a existência de ações coletivas que geram, constroem grupos de amizade e pertencimento, atuam na esfera pública, ajudam a construir o território das cidades de forma mais humanizada. Eles têm *a causa* como foco, que lhes dá identidade, e seus opositores são circunstanciais; estão mais na esfera privada, mas também poderão estar na esfera pública governamental, na gestão de bens públicos ou no plano da legislação, que lutam para mudar ou incluir coisas novas.

A pandemia foi motivação para a criação ou desenvolvimento de coletivos de diferentes profissionais para atuar, contribuindo na área da saúde, a exemplo do Coletivo Arquitetos Voluntários, que se dedicaram a reformas de instalações de hospitais para ajudar profissionais da linha de frente da covid-19. Ele foi criado em 2020 por duas arquitetas, Daniela Giffoni e Bianca Russo, que mobilizaram 130 voluntários e realizaram intervenções em 19 hospitais e postos de saúde públicos do SUS com as doações que conseguiram. Este coletivo foi um dos selecionados para o Prêmio Empreendedor Social do Ano de 2021, promovido pela *Folha de S.Paulo* e Fundação Schwab (membro do Fórum Econômico Mundial).

Alguns coletivos ultrapassam a dimensão local, regional e nacional, a exemplo do coletivo JUPLP (Juventude Unida dos Países de Língua Portuguesa). Ele foi criado durante a pandemia por um brasileiro morador de Belo Horizonte, Ricardo Soares, visando discutir o cotidiano dos países lusófonos, sua cultura e política, e entender a própria história desses países. Ricardo já atuava em coletivos voltados para a memória afrodescendente e o *hip-hop* (mais informes em PAIXÃO, M. Jovens lusófonos formam coletivo para debater cultura, política e similaridades. *Folha de S.Paulo*, p. A16, 24/10/2021).

Como tem sido feita a leitura dessas inovações democráticas, com seus atos e novas gramáticas, pela sociedade, pelos analistas, pela mídia e pelos poderes públicos, em termos de interpretação, respostas ou ações no planejamento? Uma observação ainda preliminar é a de que muitas dessas ações coletivas lutam para pautar suas demandas, mas as redes e mídias deslocam o teor coletivo das ações e focalizam indivíduos isolados – alguns com *glamour* –, desfocando a causa, criando perfis exemplares a serem seguidos, bem ao estilo da *modernidade atual,* na qual ser um influenciador, com milhares de seguidores, é mais importante do que pesquisas ou a opinião de um pesquisador de décadas de um dado assunto ou tema. São *influencers*, e a tal sociedade oculta digital segue uma rota bem diferente daquela que tem nos guiado nas análises das ações coletivas e dos processos de participação sociopolíticos e culturais, os quais já assinalei no passado:

> a participação objetiva fortalece a sociedade civil para a construção de caminhos que apontem para uma nova realidade social, sem injustiças, exclusões, desigualdades, discriminações etc. O pluralismo é a marca desta concepção de participação na qual os partidos políticos não são os únicos atores importantes, há que se considerar também os movimentos sociais e os agentes de organização da participação social, os quais são múltiplos. Uma gama variada de experiências associativas é considerada relevante no processo participativo, tais como grupos de jovens, de idosos, de moradores de bairros etc. Os entes principais que compõem os processos participativos são vistos como "sujeitos sociais". Não se tratam, portanto, de indivíduos isolados e nem de indivíduos-membro de uma dada classe social (GOHN, 2018, p. 71).

Para concluir nosso estudo sobre a relação entre os coletivos e ativismo urbano, não se pode esquecer de exemplificar a já citada relação de coletivos com os movimentos sociais clássicos, como a luta pela moradia e a luta dos sem-teto, que continuaram ativos durante toda pandemia, com protestos, às vezes presencial, mas a maioria on-line, em ato de resistência contra os despejos. Falchetti registra um dado importante ao indicar que o MTST (Movimento dos Trabalhadores Sem Teto) também criou coletivos no cotidiano de suas atividades. Diz ela:

De forma mais geral, a ação coletiva tem se deslocado das ações do âmbito nacional para o plano local com articulações internacionais, bem como ganhou relevância a dimensão territorial (em várias escalas) na formação de identidades e pautas. Essas conexões são facilitadas pelo uso das TICs. Observa-se também a mudança nos formatos, passando de estruturas mais centralizadas e institucionalizadas para formas mais horizontalizadas e fluidas, sendo cada vez mais recorrente a autodefinição como "coletivos". O MTST ocupa uma posição intermediária nessas duas faces, orientando-se bastante pela conjuntura política. Sua atuação transita entre a territorialidade e a política nacional; entre a mobilização social e a disputa política institucional. Nesse sentido, aproxima-se da forma movimento partido" (FALCHETTI, 2021, p. 19).

Outro movimento social contemporâneo de luta pela moradia em São Paulo que tem coletivos no seu interior é o MSTC (Movimento Sem Teto do Centro). Esse movimento foi criado em 2001 a partir de ocupação de prédios no centro de São Paulo, no qual a maioria dos ocupantes e lideranças é formada por mulheres. A ocupação ganhou projeção internacional pelo interesse que despertou em artistas e profissionais da área do urbanismo e do direito, sendo foco direto de interesse de cineastas e escritores, com a participação no premiado filme *Ocupação Cambridge*, de Eliane Caffé, assim como fonte direta do livro *A ocupação*, de Julian Fuks, e outros[25]. Castro e Silva desenvolveu a pesquisa junto ao MSTC, e assim a resumiu:

---

25 Castro relata "as experiências que ocorreram em 2016 na antiga Ocupação Cambridge e posteriormente na Nove de Julho – pertencentes ao MSTC – resultaram em uma linguagem 'nova' ao MSTC. Ao dialogarem com cinema durante as filmagens do longa *Era um Hotel Cambridge* (2016), da cineasta Eliane Caffé – realizado na Ocupação Cambridge –, os moradores participaram do filme enquanto 'atores do real', em que seus papéis se constituem entre corporificação da experiência individual, coletiva e narrativa semificcional. Derivada das filmagens do longa *Ocupação Cambridge, a residência artística*, trouxe para a ocupação artistas plásticos e o escritor Julián Fuks. Os processos sensíveis dos artistas durante a residência – retratou os

Em grupos de trabalho coletivo eles atuam: na melhoria da estrutura dos prédios ocupados, formação de base para os integrantes do movimento, participação na agenda pública (concorrendo a conselhos municipais, participando de audiências públicas e decisões ligadas ao plano diretor da cidade) e produções culturais. As ações sociais do MSTC afetam as biografias de seus integrantes, das parcerias que estes estabelecem e da sociedade em que eles atuam.

Há diálogos entre arte e política no coletivo Oficina de Arte Ocupação 9 de Julho, que resulta em atividades de formação, a exemplo das oficinas de técnicas alimentares, em busca de gerar renda às mulheres da ocupação (CASTRO E SILVA, 2021, p. 6, 9 e 12). Os coletivos do MSTC também tiveram participação ativa durante a pandemia na produção de marmitas, com a parceria de alguns *chefs* de cozinha famosos. Elas eram vendidas via *delivery*, e a cada uma comercializada, outra era doada a comunidades carentes parceiras.

Jovens na política: novas estruturas organizativas e os mandatos coletivos

Alguns dos coletivos identitários deram origem a grupos voltados para a formação de *bancadas ativistas* na esfera pública, para a atuação institucional, parlamentar. No caso das mulheres, citamos como exemplo o Somos Muitas, em Belo Horizonte, criado após os protestos e manifestações de junho de 2013, e a Bancada de Ativistas em São Paulo. Eles fazem parte de coletivos femi-

---

moradores – construíram narrativas e dialogaram com o movimento. A luta social pela arte revela como a sensibilização não está restrita ao artista ou ao observador de suas obras e *performances*. Os sujeitos do MSTC participaram da produção artística elaborada nas ocupações. Esta estratégia do movimento estabeleceu um diálogo entre as ocupações e a cidade. As obras artísticas concebidas 'dentro' alcançaram o 'fora' ao serem expostas em museus, como a *Alma de bronze*, de Virginia Medeiros (2016-2019). No Instituto Tomie Ohtake, a produção de Medeiros de vídeos com narrativas das integrantes mulheres do MSTC, com imagens e registros delas" (CASTRO E SILVA, 2021).

nistas que passaram a inovar a cena pública brasileira no campo do associativismo contestatório a partir de 2013. A Bancada de Ativistas expressa mudanças na forma como esses grupos passam a ver a relação com o Estado (retomaremos adiante esta questão).

Na conjuntura pré-eleitoral de 2016 e 2018, vários participantes de coletivos optaram pela participação institucional, concorrendo a cargos públicos pelo voto popular. Como isso ocorreu? Por que optaram pela via institucionalizada, se a emergência dos jovens na cena pública, nas manifestações nas ruas, em 2013, foi pela negação da política institucional, ou da negação da forma como ela era praticada? É importante relembrar novamente que eles se apresentavam como apartidários, mas não antipartidários (GOHN, 2014).

Nossa pesquisa fez um recorte temporal a partir das eleições para cargos no legislativo – eleições para a Câmara Municipal de São Paulo em 2016 e 2020; e em 2018 para a Assembleia Legislativa do Estado de São Paulo e para a Câmara Federal (também representando o Estado de São Paulo). A chave principal para a investigação foi indagar a natureza e os objetivos das formas de associativismo civil que apoiaram os candidatos, como se deu o engajamento dos jovens nas entidades (movimentos, coletivos ou organizações civis) e o papel que elas representaram na trajetória de vida deles, até entrarem para a vida pública parlamentar como candidatos.

Os resultados são indicativos de mudanças nos tipos do associativismo civil e suas formas de ativismo, eles revelam mudanças e reconfigurações do cenário e da conjuntura sociopolítica brasileira nas décadas de 2010 e início da década de 2020. Com isso tenciona-se traçar um cenário das novidades predominantes nas formas de associativismo civil que serviu de base para a formação e a entrada de lideranças populares juvenis nas políticas públicas. Ressaltamos que a menção dos jovens ou lideranças eleitas entre 2016 e 2020, representando a cidade ou o Estado de

São Paulo nos poderes legislativo, municipal, estadual e federal, tem apenas o caráter de exemplificação, e não como pesquisa exaustiva ou profunda do perfil ou da história de vida deles. Os dados foram coletados na mídia – escrita, oral e on-line –, em alguns casos via o próprio site da pessoa. Interessa-nos estudar as entidades, organizações, movimentos, coletivos, de apoio aos jovens e as novidades que estes trazem, quais as estruturas básicas de engajamento e apoio às suas candidaturas, e o que/quem estas estruturas representam. Isto porque a meta principal da pesquisa é o estudo do associativismo em ações coletivas advindas de organizações civis, movimentos sociais ou coletivos que deram suporte ou colaboraram para que jovens viessem a participar da política institucional. Selecionamos jovens já eleitos ou que se candidataram e tiveram alguma votação, advindos de organizações civis ou coletivos, e investigamos se esses jovens têm relação com o engajamento e o pertencimento neste universo de associativismo civil.

Os tipos de ações coletivas – movimentos, coletivos e organizações sociais – foram destacados porque são categorias e marcos referenciais teóricos importantes para o estudo do associativismo, conforme foi citado no cap. 3 –, sendo que os três apresentam singularidades e distinções, mas se entrecruzam. A pesquisa se propôs a aprofundar o campo de diferenças e semelhanças entre essas formas/categorias, assim como buscar dados empíricos para a construção de referenciais teóricos sobre os coletivos no universo das teorias das ações coletivas. Nestas formulações está implícita a fundamentação que desenvolvemos anteriormente sobre a questão da participação, tanto na sociedade civil como nas políticas públicas, que registro aqui para fins de clareza:

> O entendimento dos processos de participação da sociedade civil e sua presença nas políticas públicas nos conduz ao entendimento do processo de democratização da sociedade. O resgate dos processos de participação leva-nos, portanto, às lutas sociais que têm sido travadas pela sociedade para

ter acesso aos diretos sociais e à cidadania. Neste sentido, participação também são lutas por melhores condições de vida e aos benefícios da civilização (GOHN, 2019a, p. 66).

Sabe-se que antes das eleições municipais de 2016 e nas eleições de 2018 à presidência e a deputados(as) no Legislativo (federal e estadual), assim como a senadores(as) da República, vários grupos sociopolíticos se articularam para *formar* lideranças, objetivando lançá-las como candidatos(as) às eleições. Isso ocorreu entre 2014-2018, tanto em grupos liberais, considerados de centro no leque partidário, como o Agora, o Programa RenovaBR, o Acredito, o Transparência Partidária, a Raps[26], o Livres etc.; ou grupos conservadores como os Revoltosos On-line, o Acorda Brasil, o Endireita Brasil etc.; assim como em grupos de ativistas do campo progressista, como o Somos Muitas em Belo Horizonte, o Ocupa Política, no Rio de Janeiro, o Juntas, no Recife, a Bancada Ativista e a Bancada Feminista do Psol; o coletivo encrespador do Núcleo Jovens Políticos do Jardim Vera Cruz, SP. Vários destes grupos se autodenominam *Movimentos sociais de Renovação Política*, embora as suas propostas tinham denominações distintas: escolas da cidadania, renovação política ou formação social e política. Algumas dessas organizações elaboraram cursos e programas fazendo parcerias com universidades e igrejas, como a Escola da Cidadania, que acontecia na Igreja Cristo Ressuscitado, nos bairros de Cidade Ademar e Pedreira, em São Paulo, com apoio da Unifesp, que fornecia certificados após a conclusão dos cursos. Em 2018 havia sete Escolas da Cidadania em São Paulo, nos mesmos moldes, e mais algumas no interior do Estado. O Acredito, acima mencionado, em 2018 desenvolveu

---

26 Um dos cofundadores do Raps (Rede de Ação Política pela Sustentabilidade) e do Agora, Leandro Machado, lançou em 2021 o livro *Como defender sua causa* (Ed. Nacional), no qual narra experiências de mobilização da iniciativa privada para causas públicas e fornece um passo a passo aos ativistas para a mobilização e organização de ações coletivas de comunicação e pressão política.

cursos de formação para candidatos novos à política; das 100 inscrições foram selecionadas 30, com a eleição de 4 parlamentares.

Dentre as lideranças jovens que ascenderam à vida política institucional no legislativo brasileiro em 2018, que passaram por um dos tipos de organização acima, destaco, a título de exemplo, a deputada federal por São Paulo, Tabata Amaral. Em seu site, em janeiro de 2021, ela se apresentava como:

> Tabata Amaral tem 25 anos, foi a 6º deputada federal mais votada do Estado de São Paulo, eleita com 264.450 votos. Criada na Vila Missionária, na periferia de São Paulo, formou-se em Ciência Política e Astrofísica em Harvard, com bolsa. É ativista pela educação e pelos direitos das mulheres.

Por trás desta curta, singela e qualificada apresentação encontra-se uma história de vida cuja trajetória passou por mudanças radicais via processo educacional, e faço uma breve síntese. De origem pobre, moradora da periferia de São Paulo, Tabata, originária de uma escola pública, ganhou uma Olimpíada Brasileira de Matemática com 15 anos, e com isso uma bolsa de estudo para cursar o Ensino Médio em um bom colégio particular de São Paulo, o Etapa. Quando terminou o Ensino Médio tinha ganhado perto de 40 medalhas em várias outras competições acadêmicas; ela criou um projeto social de preparação dos alunos para Olimpíadas Científicas e entrou no Curso de Física da Universidade de São Paulo. Logo a seguir foi contemplada com bolsas de estudo em várias universidades nos Estados Unidos; em Harvard, fez o Curso de Astrofísica. Mas sua liderança na área da educação levou-a a cursar também Ciência Política. Em 2013, fez um estágio na Índia para estudos comparativos com o Brasil, também como bolsista. De volta ao Brasil, em 2014, fundou o projeto Mapa da Educação, passando a assessorar secretarias de educação no Ceará e na Bahia. Em 2015, passou a ter apoio da Fundação Lemann Fellowship, e em 2017 participou da criação de grupos que foram fundamentais para o lançamento de sua candidatura à deputada federal em 2018: o Programa Jovem Raps, o RenovaBR, com foco na formação de jovens lideranças políticas, e o Movimento Acredito, uma organização que se apresenta como suprapartidária e busca renovar ideias, práticas e pessoas na política. Da vida de pobreza na periferia ao cargo de deputada federal observa-se que o processo educacional foi o grande alavancador de sua trajetória, tanto no início (destacando-se com uma forte habilidade em matemática) como posteriormente, já na fase do Ensino Superior, com o ingresso em instituições de ponta, no Brasil e no exterior, com o apoio de bolsas de apoio financeiro. Após a graduação, ela tem o apoio das novas organizações civis criadas para formarem e apoiarem a formação de novas lideranças políticas. Portanto, não teve formação política a partir da militância em movimentos sociais clássicos (lutas pela moradia, sindicatos, movimentos estudantis etc.), mas sua candidatura ao parlamento se faz pela via de um partido político, o PDT. Suponho que o engajamento a este partido advenha da assessoria que realizou em uma prefeitura do Estado do Ceará, administrada pelo partido. Tabata teve a décima quarta maior votação do país em 2018, com cerca de 300 mil votos, para deputada federal. Após eleita, fez da área da educação um de seus principais eixos de atuação parlamentar, apresentando-se sempre como uma "ativista da educação"[27], além de contribuir no debate de temas-chave como nas críticas que fez à proposta de reforma administrativa e à reforma tributária do governo federal, em tramitação no congresso no ano

---

27 Em 14/08/2021 Tabata publicou: "O que eu defendo é um investimento maciço na educação acompanhado de boas práticas de gestão. Sou favorável ainda a ações afirmativas, como cota, para acelerarmos a transformação dos espaços de poder. Defendo também que nossas políticas públicas sejam financiadas por um sistema tributário progressivo e justo – o oposto que temos hoje. Mais do que isso, entendo que a proteção do meio ambiente e o combate à pobreza e à desigualdade não podem ser só um apêndice do desenvolvimento econômico, mas sim a própria matriz do nosso crescimento (O tamanho da minha utopia. *Folha de S.Paulo*, p. A2, 14/08/2021).

de 2021. De 2018 a 2021, Tabata atuou como colunista da *Folha de S.Paulo*. No Congresso Nacional, a atuação da parlamentar não foi nada tranquila. Ela entrou em choque com a orientação de seu partido, o PDT, por ocasião da Reforma da Previdência, e foi autorizada pelo TSE a se desfiliar. Sofreu inúmeros atos de discriminação.

O que se pode concluir da trajetória de Tabata até o momento, nos marcos de nossa pesquisa, é o fato de exemplificar o papel de novos personagens atuando em formas de agenciamento no campo do associativismo civil. Um agenciamento direcionado para objetivos, detectar e formar lideranças jovens para atuar na esfera pública institucional. Tabata passou por várias instituições, em todas alavancada pela ideia de *destaque e empreendedorismo*. Reduzir a trajetória a uma proposta de simples *formação de quadros* não captura o papel que essas iniciativas passaram a ter na cena política e social.

No campo de entidades voltadas para a formação de novas lideranças políticas, também são registrados muitos coletivos formados basicamente por mulheres. O Vote Perifa é um exemplo; ele é uma plataforma que surgiu como um movimento popular para compartilhar candidaturas da periferia de São Paulo. Já o Café Filosófico da Periferia atua como um grupo formado por educadores, artistas e coletivos culturais que promove discussões sobre educação popular e produção de conhecimento nas periferias da Zona Sul da cidade. Com a pandemia, essas iniciativas deixaram de realizar suas atividades em espaços físicos para ocupar as diversas plataformas digitais e as redes sociais, passando a organizar encontros através de grupos de Facebook e WhatsApp [Cf. mais em https://www.uol.com.br/tilt/colunas/quebrada-tech/2020/11/04/coletivos-debatem-eleicoes-nas-redes-sociais-com-moradores-da-quebrada].

Há um padrão de postagens nas páginas dos coletivos no Facebook: elas divulgam as ações dos coletivos, têm poucas visualizações e muitos compartilhamentos de reportagens e informações. Em geral, os coletivos não postam sobre representantes parlamentares para fazerem críticas e tampouco elogios.

O poder das redes sociais é uma realidade que veio para ficar. Se antes, desde o final do século passado, elas impactaram o mundo, nas duas primeiras décadas deste século elas modelaram e transformaram as ações e lutas coletivas. Com a pandemia em 2020, nos dizeres de Castells,

> há um descompasso entre a capacidade tecnológica e a cultura política. Muitos municípios colocaram Wi-Fi de acesso. No entanto, se ao mesmo não são capazes de articular um sistema de participação, servem para que as pessoas organizem melhor as suas próprias redes, mas não para participar da vida política. O problema é que o sistema político não está aberto à participação, ao diálogo constante com os cidadãos, à cultura da autonomia. Portanto, estas tecnologias contribuem para distanciar ainda mais a política da cidadania (Entrevista ao jornal *El País*, 16/04/2020).

Deve-se salientar que a democracia possui aspectos educativos, advindos da participação dos(as) cidadãos(ãs), tanto na esfera pública civil como na esfera pública governamental, dando fundamentos para o exercício de cidadania. O processo educativo resulta na produção de saberes e aprendizado político aos próprios participantes e à sociedade, independentemente de posições ideológicas ou programáticas de qualquer setor ou grupo social. Portanto, este aprendizado poderá gerar concepções e valores que reforcem princípios progressistas como gerar ou promover princípios conservadores; é a cultura política do país que está em construção. Trabalhamos com o conceito de cultura política de Klaus Eder porque ele aborda a possibilidade de coexistência de várias culturas políticas. Para ele, cultura política é

> o efeito de lutas sociais contínuas, no nível do sistema político [...] definida pelo fato de que existem diversas formas

de lidar com o político. [...] Tais formas conduzem à convivência entre diferentes culturas políticas que disputam a articulação do sistema político (EDER, 1992, p. 97 e 100).

Os chamados *mandatos coletivos* de ativistas eleitos como o apoio de diferentes grupos políticos e culturais também devem ser analisados como um dos resultados das inovações democráticas no campo da participação civil na esfera pública estatal. Eles defendem pautas como feminismo, direitos humanos, meio ambiente, demarcação de terras indígenas e quilombolas, segurança pública etc. Alguns desses grupos, como o Acredito e a Transparência Partidária, pregam a renovação política e defendem suas atuações para forçar a modernização das legendas partidárias que abrigaram suas candidaturas. Os mandatos coletivos não são novidade recente.

Secchi e Leal (2021) indicam que suas origens podem ser demarcadas já na década de 1980, com conselhos consultivos de eleitores. Esses autores registram que o formato atual vem ganhando força desde as eleições municipais de 2016 no Brasil, alcançando 28 grupos nas eleições nacionais para o legislativo e 313 candidaturas nas eleições municipais de 2020, chegando a eleger 22 delas. Em dezembro de 2021, o TSE tomou uma resolução que permite incluir nas urnas eletrônicas a denominação dos chamados *coletivos sociais* ao lado do nome de quem promove a candidatura do grupo, embora a candidatura permaneça individualizada. O TSE avaliou que esta medida ajudará o eleitor na identificação de que se trata de uma candidatura coletiva. Segundo o ministro Edson Fachin, é "um formato de promoção da candidatura que permite à pessoa que se candidata destacar seu engajamento em um movimento social ou em coletivo", dentro de uma diretriz de democratização da participação política, e não colide com nenhuma regra, uma vez que a candidatura continua individualizada. As candidaturas coletivas são baseadas em acordo informal entre seus integrantes.

Os eleitos aos mandatos coletivos advêm de uma pluralidade de origens partidárias, destacando-se o partido de esquerda Psol, responsável por 1/3 das candidaturas em 2020 ao legislativo municipal, com a cifra de 117 candidaturas. Em São Paulo, a Bancada Feminista do Psol e a do Quilombo dos Palmares foram grupos eleitos para a Câmara Municipal. Quanto aos seus objetivos, variam desde a visão crítica, estruturada, de renovação da política institucional, de novas formas de poder, àquela que vê uma oportunidade política de se lançar para um futuro voo solo, ou, como diz Leal, vai "desde aqueles que têm uma consciência da causa, do debate que justifica a candidatura até aquele que não passa de uma estratégia mimética, já que o custo do voto em uma candidatura coletiva é muito menor" (LEAL, L. Entrevista à *Folha de S.Paulo*, p. A12, 24/01/2021). É importante registrar que este tema é pauta de debates e de projetos de lei que buscam regulamentar o mandato coletivo no Legislativo. Os eleitos também têm diferentes formas de atuação; alguns se autodenominam covereadores, embora somente um(a) deles(as) conste formalmente nos registros oficiais como o eleito. A maioria é formada por alianças antes do lançamento das candidaturas e antecipam a composição de um futuro gabinete, unindo forças no que autointitulam candidaturas coletivas, cocandidaturas e mandatos coletivos. Para dar legitimidade ao grupo, usualmente são assinados termos de compromisso ao redor de determinadas pautas/causas, e que eles ocuparão funções no gabinete e as decisões serão tomadas em conjunto. Outros implementam a participação após eleitos numa espécie de representação colegiada distrital. No exercício dos mandatos, as pautas dos eleitos e a defesa delas usualmente são tensionadas pelas correntes liberais e conservadoras.

Um caso interessante a ser destacado é a do mandato coletivo do grupo Quilombo Periférico, composto de seis pessoas (3 mulheres e 3 homens), em 2020, para a Câmara Municipal de São Paulo. Oficialmente, a eleita foi a vereadora Elaine do Quilombo Periférico, Psol. No site do Quilombo Periférico o mandato coletivo é apresentado como tendo o seguinte objetivo:

> Eleitos através do Partido Socialismo e Liberdade (Psol), terão como objetivo trabalhar por pautas como educação, serviço social, políticas de fomento à cultura periférica, saúde, segurança pública municipal focada no combate ao genocídio da população negra, direitos das crianças e adolescentes, defesa das religiões de matriz africana, direitos das mulheres negras e da população LGBTQIA+ [Disponível em https://quilomboperiferico.com.br/].

Os três homens estão na faixa dos 30 anos. Dentre as mulheres, apenas uma está na faixa dos 20 anos. Não são propriamente jovens, mas pelos dados biográficos, suas juventudes foram em coletivos culturais e movimentos sociais, com foco na causa dos negros.

O crescimento dos mandatos coletivos tem levado a estudos e propostas sobre formas de regulamentação oficial, em leis, de sua existência. Especialistas na área do Direito alegam que o modelo, embora vigoroso e com virtualidades, provoca insegurança jurídica. Um dos pontos que leva a esta necessidade diz respeito ao afastamento temporário ou não do(a) parlamentar eleito(a) oficialmente. Isso porque a substituição se dá pelas regras eleitorais, e o suplente a tomar posse não é um do grupo do mandato. A ocorrência desse fato já causou problemas; por exemplo, na Assembleia Legislativa de São Paulo, em agosto de 2021, com o licenciamento de uma deputada estadual, Monica Seixas Bonfim, eleita pelo Psol no grupo Mandata Ativista, com nove codeputados do movimento Bancada Ativista. Monica licenciou-se em 2019 por problemas de saúde e foi substituída pelo suplente, também do Psol, Raul Marcelo; ela retornou ao mandato em dezembro de 2021. Ocorre que em 2019 o coletivo dos nove codeputados tinha divergências; três deles saíram do mandato para a disputa de cargos individuais para a Câmara Paulista em 2020, e apenas uma foi eleita, a Vereadora Érica Hilton. Os outros dois não foram eleitos e retornaram ao mandato coletivo, mantendo-se as divergências. A vereadora paulistana Érica Hilton, eleita em 2020 pelo Psol com candidatura única, é um outro exemplo a destacar. Em 2020 ela foi a vereadora campeã de votos, com 50 mil, e adveio do mandato coletivo nas eleições de 2018 para a Assembleia Legislativa de São Paulo, citado acima. Érica, de origem afrodescendente, também é a primeira transexual eleita para a Câmara Municipal de São Paulo. Ganhou projeção nacional, tendo sua história de vida relatada em vários veículos da mídia, inclusive foi entrevistada no programa Roda Viva da TV Cultura de São Paulo.

Pelo exposto, observa-se que os coletivos têm tido relevância para a eleição de representantes de causas identitárias no Parlamento e têm contribuído para alterações nas pautas e práticas das discussões, a exemplo dos casos de assédio na Assembleia Legislativa de São Paulo, em 2020, que se transformaram em processo com punição disciplinar do deputado infrator; além de sua expulsão do partido, houve avanço em leis no campo dos direitos das mulheres e da comunidade LGBTQIA+. Mas tudo isso tem tido também um custo alto para os(as) novos(as) parlamentares que incluem ameaças à segurança pessoal e à vida deles(as), a exemplo de inúmeras denúncias registradas pelos parlamentares acima citados; e, no plano nacional, a morte de Marielle Franco no Rio de Janeiro, em 2018, e a renúncia de Jean Wyllys, na reeleição à Câmara Federal, também em 2018. O Instituto Marielle Franco fez um estudo sobre as eleições municipais de 2020 e concluiu que 98,5% das candidatas negras sofreram mais de um tipo de violência política na disputa eleitoral de 2020, tendo ouvido 143 candidatas negras em 21 estados brasileiros. Como resultado da luta das mulheres, em agosto de 2021 foi sancionada a Lei 14.192, que prevê: "pena de um a quatro anos de prisão, além de multa, para quem 'assediar, constranger, humilhar, perseguir ou ameaçar, por qualquer meio, candidata a cargo eletivo ou detentora de mandato efetivo, utilizando-se de menosprezo ou discriminação à condição de mulher ou à sua cor, raça ou etnia, com a finalidade de impedir ou de dificultar a sua campanha eleitoral ou o desempenho de seu mandato eletivo'".

Mas não só os coletivos formaram e lançaram candidatos a cargos nas eleições brasileiras. Movimentos sociais, tanto os clássicos, no campo progressista, como no campo dos novíssimos, de espectro que vai de liberais modernos a conservadores de direita, também apoiaram candidaturas. Tomando apenas São Paulo como exemplo, pode-se citar o MTST, cujo coordenador nacional, Guilherme Boulos, saiu candidato à presidência da República pelo Psol, em 2018, e concorreu à Prefeitura de São Paulo, em 2020, também pelo Psol, chegando ao final do segundo turno. Citando pesquisa de Fachetti:

> Desde que a correlação de forças se alterou no Brasil, o MTST se reposicionou no campo político, adotando uma atuação intermediária entre a ação direta e a ação institucional. Assim, ao mesmo tempo em que atua nos territórios por meio de ocupações urbanas e busca um enraizamento social ampliando as ações populares, tem construído uma corrente político-partidária no Psol e apresentado candidaturas aos cargos eletivos. Concomitantemente, oscila entre uma agenda pautada pelos conflitos urbanos e centrada nas cidades, ainda pouco construída; e uma agenda pautada pelo trabalho e centrada nas políticas nacionais, herdada do ciclo político de democratização (FALCHETTI, 2021, p. 18).

Estes fatos revelam não apenas as relações dos movimentos sociais com a política institucional, mas também a vitalidade de alguns movimentos sociais que se renovam, embora ainda se organizem e têm uma divisão interna de atribuições com lugar de destaque para os brigadistas. Prosseguindo com Falchetti:

> O recente movimento de disputa eleitoral, por meio das candidaturas de Boulos e outros militantes do movimento

pelo Psol, mobilizou milhares de pessoas na campanha à Prefeitura de São Paulo (2020) e atraiu gente do país inteiro para o partido e para o MTST. A última chamada que o movimento fez para compor sua militância contou com cerca de 1.500 interessados, principalmente jovens com formação universitária, vindos de segmentos médios e populares. Essa ampliação das chamadas brigadas tem viabilizado diversas atividades que vão de cursos de TI às hortas orgânicas, além do fortalecimento da luta por meio das ocupações e mobilizações de rua. Os recentes protestos pelo "Fora Bolsonaro" e reivindicação da vacina contra a covid-19 têm o MTST como um dos principais organizadores e mobilizadores (FALCHETTI, 2021, p. 18).

Na vertente à direita se destaca o MBL, fundado oficialmente em 2014 (com lideranças que também estiveram presentes em junho de 2013) e que teve grande protagonismo em 2015 e 2016, junto com o Vem Pra Rua, no processo de *impeachment* da ex-Presidenta Dilma Rousseff. Três nomes do MBL adentraram a política institucional legislativa via partidos políticos novos ou já tradicionais[28].

Questões que os exemplos nos levam a formular

Espera-se com esta pesquisa encontrar explicações teóricas e metodológicas, para além das ideologias, das mudanças de opinião e comportamento que está se operando na sociedade brasileira, especialmente entre os jovens, desde a década de 2020.

---

28 Exemplos de jovens políticos que participaram do MBL: Fernando Holiday, eleito em 2016 para a Câmara de Vereadores de São Paulo e reeleito em 2020 para o mesmo cargo, pelo Partido Patriota, criado na década de 2010. Kim Kataguiri, o líder mais popular do MBL, lançado e eleito em 2018 deputado federal pelo DEM (Democratas). Arthur do Val, também conhecido como "Mamãe Falei" devido a um site que mantém no YouTube com milhares de seguidores, foi eleito deputado estadual pelo Patriota. Eles mantiveram a filiação ao MBL como grande capital político em suas gestões, mas em janeiro de 2021, Fernando Holiday se desfiliou do MBL alegando divergências de projetos e causas pessoais.

Entender melhor as novas gerações de ativistas lembrando que eles também defendem causas progressistas e conservadoras, a exemplo dos casos citados na Câmara dos Vereadores de São Paulo. O livro de Mounk (2019), *O povo contra a democracia* nos traz hipóteses relevantes para trabalhar contextos de crise da democracia representativa, conflitos de gerações e ascensão de líderes populistas autoritários. Acreditamos que nossa pesquisa poderá desvendar conflitos entre a democracia representativa e as novas formas de expressão de demandas sociais, via coletivos, os quais inovam, mas precisam se adequar a um partido existente se quiserem concorrer a um cargo eleitoral. Mas ao adentrarem na esfera parlamentar, levam consigo as pautas e as causas que defendiam nos coletivos, alterando a pauta dos debates e influenciando as políticas sociais, especialmente as causas identitárias. E isso num momento de muito tensionamento devido à ascensão de grupos conservadores e de direita ao poder público, em cargos majoritários. Para além de se adequar ou não ao sistema político vigente, a pesquisa traz elementos para se entender melhor um conflito latente na sociedade brasileira: a tensão entre os defensores das políticas identitárias e os defensores das políticas universalizantes, tratados no capítulo anterior. A maioria dos jovens oriundos de coletivos que ascenderam à cena pública defende causas e pautas identitárias nas últimas duas décadas, e como já foi dito, elas foram fundamentais para implementar e ampliar processos de inclusão social, com políticas de gênero, raça, gerações etc., já destacadas neste capítulo. Mas elas também geraram problemas ainda não resolvidos ao formarem comunidades de interesses que atuam segundo regras internas. Esses conflitos, no plano interno à participação nos grupos, são resolvidos ou dissolvidos. Mas quando entram para a esfera parlamentar, é muito mais complexo; nesses embates sempre há tensões entre permanências e inovações, cruzamento de tendências mais gerais e transversais com interesses de grupos específicos, assim como inflexões e variações nas trajetórias de militantes históricos ou ativistas da nova geração.

Como este livro registrou inúmeras vezes, a questão da desigualdade socioeconômica – a pobreza propriamente dita – ficou escancarada na fase da pandemia. Especialmente as desigualdades entre as diferentes classes sociais na vivência do dia a dia. Como assinalou Santos (2020), estamos vivendo uma crise civilizatória, não apenas econômica e sanitária, mas também de valores e ética. Ladislaw Dowbor (2021) fala, além de crise civilizatória, em crise planetária: "A destruição ambiental, o aprofundamento da desigualdade, o caos financeiro e a atual pandemia convergem assim para desenhar uma crise sistêmica planetária". Mas ele abre uma janela de esperança ao afirmar: "a convergência de crises abre um espaço imenso para ideias novas porque a sociedade conectada traz uma mudança profunda de cultura política, de participação ativa, com protagonismo social, e isso cria oportunidade de mudança" (cf. MADUREIRA, D. Autor discute perspectivas da sociedade conectada, para o bem e para o mal. *Folha de S. Paulo*, p. A18, 18/12/2021).

Quanto aos coletivos propriamente ditos, a longa pergunta que lançamos no título deste capítulo – Ativismo nos coletivos – Novas formas de expressão e de reestruturação na lógica das ações coletivas, reconfiguração do ativismo urbano ou nova geração de movimentos sociais? – está no centro das questões levantadas nestas notas, focalizando a democracia e a participação de jovens. Conflitos geracionais estão presentes, não tanto em termos de uma geração jovem contra seus progenitores ou normas da sociedade, como nos anos de 1960. São conflitos de uma nova geração com práticas de pensar e fazer diferentes, não se importando em criar unidades, mas em criar pautas que deem visibilidade às suas causas, e os coletivos estão viabilizando isso. Como já foi dito, coletivos focados em causas relativas às mulheres – um feminismo diferente dos anos de 1960 – e as questões étnico-raciais de luta contra a discriminação e o racismo propriamente dito voltaram a ter grande protagonismo, especialmente após as manifestações contra os feminicídios, o movimento Me Too nos Estados Unidos da era Trump, Ele Não em 2018, assim como as marchas após o assassinato de Jorge Floyd nos Estados Unidos em 2020. Em que medida os coletivos estão adentrando e reformulando os movimentos sociais? E as(os) representantes de coletivos que adentraram na esfera pública parlamentar, quais impactos e resultados têm sido obtidos a partir de suas atuações? Retomo Carmichael e Hamilton, citados no cap. 2, quando assinalam que a representatividade de diferentes categorias sociais historicamente excluídas na sociedade, nas políticas públicas etc. não pode se limitar à presença de indivíduos nas estruturas de poder. Essa representatividade tem de ir além da visibilidade porque precisa estar aliada à autonomia e à autodeterminação; dimensões que os coletivos têm como princípios, mas que não estão sendo exercidas por seus representantes ao adentrarem nas estruturas de poder estatal. Tensionam, mas ainda estão longe de qualquer autonomia ou autodeterminação.

Concluímos este capítulo com uma agenda de pesquisa sobre os coletivos com questões formuladas por Cláudio Camargo (2020), avaliando a experiência de construção do dossiê sobre eles para a *Revista Semiótica* (GOHN; PENTEADO; MARQUES, 2020). Após a publicação do dossiê, Penteado identificou a seguinte agenda de questões a serem investigadas nos coletivos:

> às vezes os coletivos são tratados como qualquer forma de organização social, sem haver uma preocupação teórica na construção do objeto teórico "coletivo". Essa falta de um olhar mais acadêmico para o objeto reproduz um vício muito comum da literatura dos movimentos sociais de estudos conduzidos por "militantes" ou pessoas vinculadas/próximas dos coletivos que têm dificuldade de fazer estudos mais críticos sobre as contradições e limites dessa forma de

ação coletiva. Acaba se produzindo uma série de estudos empíricos, destacando-se as "virtudes" dos coletivos, sem haver uma reflexão sobre os desafios políticos, sociais, e econômicos deles. Ficam questões em aberto, como: Qual a relação dos coletivos com a onda conservadora na sociedade e na política? Como a forma coletivo se articula com outras lutas sociais (progressistas)? Como se articula a relação de aproximação e distanciamento com a academia? Quais as formas de sustentabilidade econômica e organizacional dos coletivos? Como é o processo de reterritorialização (no sentido deleuziano) dos coletivos? Qual é a relação dos coletivos com a agenda liberal e neoliberal? Como os coletivos se posicionam dentro da geração "lacração" e "cancelamento"? E, por fim, como o coletivo se constitui em um "corpo político" multidimensional (cultural, social e epistêmico) na sociedade contemporânea? (PENTEADO, 2020).

Algumas destas questões foram tratadas neste capítulo, mas a maioria continua em aberto.

Considerações finais

Este livro buscou o entendimento sobre o que é o ativismo social, político e cultural; o que são, na atualidade, movimento social, coletivos e outras fronteiras do associativismo civil. Buscou-se sobretudo encontrar caminhos para a necessidade de explicações teóricas e metodológicas, para além das ideologias, das mudanças de opinião e comportamento que estão se operando na sociedade brasileira na década que se encerrou e na que está se iniciando. Indicações de caminhos que atentem para as diferenças sociais de gênero, raça, orientação sexual, religião etc., sem se reduzir ou perder algumas delas. Talvez este seja um dos grandes desafios da contemporaneidade a todos aqueles que sonham e lutam por uma sociedade com mais justiça social e sem desigualdades socioeconômicas.

Os estudos apresentados nos indicam que, na atualidade, existem vários tipos de ativismos no Brasil. As ações coletivas, no campo do associativismo civil, são difusas, fragmentadas. Pode-se dizer que há plasticidade das ações coletivas em suas práticas sociais contemporâneas, dificultando a identificação de quem são os atores em cena, pois desempenham múltiplos papéis e representam uma ampla gama de tendências político-ideológicas – de grupos emancipatórios a conservadores, passando pelos autonomistas e libertários – que recusam a política partidária, mas não a participação na esfera pública. A emergência de novos repertórios e gramáticas de contestação levam-nos a concluir que, de um lado, a cena política apresenta os movimentos sociais clássicos, progressistas/socialistas, que se concentram na crítica ao neoliberalismo e ao governo federal conservador e caótico, mas pouco alteraram seus discursos e práticas. Houve o surgimento de novos atores em cena: os coletivos com formatos organizativos, dinâmicas de atuação nas práticas de ação coletivas, estratégias de organização e de mobilização, demandas e comportamentos de contestação peculiares. Mas são dispersos, fragmentados, experimentais, muitas vezes efêmeros, não chegando a constituir sujeitos coletivos; isso só ocorre quando há associados a movimentos sociais mais amplos. Daí se transformam em sujeitos populares periféricos, não necessariamente por estarem na periferia geográfica espacial, mas em territórios marginalizados, excluídos e invisibilizados pelo sistema capitalista mais amplo. De forma geral, pode-se observar que nos últimos anos houve um esvaziamento dos espaços e conquistas democráticas, como também um retraimento das ações coletivas em movimentos sociais, um crescimento de grupos mais híbridos e heterogêneos em coletivos, assim como uma judicialização das conquistas anteriores, como forma de resistência e protesto. A arena do Supremo Tribunal Federal passou a ser o grande vale de esperança para barrar as contínuas perdas e agressões aos direitos anteriormente conquistados, como vimos no caso dos povos indígenas, por exemplo.

Os protestos na cena pública, na década que se encerrou, não se limitaram aos setores progressistas, organizados ou não, em movimentos, coletivos etc. Os protestos também se tornaram formas de expressão e *performance* nas ruas dos grupos conservadores, os quais, aproveitaram oportunidades políticas dadas pelo *status quo* das diretrizes do governo federal. Essas oportunidades foram apropriadas por vários grupos, com projetos de vida e mundo muito diferentes, gerando contramovimentos e produzindo atos antidemocráticos com buzinaços, carreatas, tratoraços, motociatas, acampamentos públicos, bloqueios de caminhões em rodovias, acampamentos públicos e ameaças de invasão a prédios com instituições públicas; difundiram guerras culturais de ódio via redes sociais. Atuam como movimentos políticos, mas causam repulsa da população pela incivilidade e pelos seus repertórios clamando atos de exceção, volta da ditadura etc. Ou seja, há tensões e lutas nas relações entre os movimentos e coletivos emergentes e os contramovimentos. Há diferentes espectros político-ideológicos e diversos atores presentes nas ruas e nas redes sociais ampliando o campo dos conflitos sociopolíticos. Por isso, temos de qualificar a participação na democracia, tanto em termos de seus projetos políticos e econômicos como em termos dos espaços e territórios em que se viabilizam. Habermas diz:

> A noção procedimental da democracia revela a centralidade e a importância do processo de formação da opinião e da vontade política, considerando as relações intersubjetivas do mundo da vida e conteúdos normativos do Estado democrático (HABERMAS, 1997).

Gabriel Cohn corrobora a contribuição de Habermas ao destacar que ele tem uma boa concepção do que seria o mundo democrático racionalmente organizado porque

> vê a racionalidade em termos de se chegar a consensos bem-fundados; quer dizer, posições compartilhadas por meio do diálogo racional. Ainda que provisórios, acordos que possam se sustentar diante de contestações (COHN, 2021, p. 29).

Castells acentua a questão:

> cada vez menos gente acredita nessa forma de democracia, a democracia liberal, ao mesmo tempo que a grande maioria continua defendendo o ideal democrático. Precisamente porque as pessoas querem crer na democracia, o desencanto é ainda mais profundo em relação à forma como a vivem. E desse desencanto nascem comportamentos sociais e políticos que estão transformando as instituições e as práticas de governança em toda parte (CASTELLS, 2018: 10).

Acreditamos que nossa pesquisa, ao apresentar conflitos entre a democracia representativa e as novas formas de organização e expressão de demandas sociais, como os coletivos, poderá clarear algumas possibilidades para o entendimento das disputas em curso e os deslocamentos de sentido que elas produzem, facilitando as análises sobre as trajetórias viáveis de construção de vias democráticas e progressistas. Na ala progressista, os diferentes grupos sociais têm tido de se adequar a um partido existente se quiserem concorrer a um cargo público, na esfera institucional. Para além de se adequar ou não ao sistema político vigente, a pesquisa traz elementos para se entender melhor o conflito latente, a tensão entre os progressistas defensores das políticas identitárias e os progressistas defensores das políticas universalizantes, para todos. A maioria dos jovens participantes de coletivos que ascenderam à cena pública defende causas e pautas identitárias. Alguns pensam a identidade como pertencimentos múltiplos, e não como identidades singulares, o que é um excelente começo de mudança de mentalidades. Vários movimentos sociais clássicos ou tradicionais que usualmente focalizavam os problemas da desigualdade social e suas origens estruturais, no sistema capitalista, e pouco dialogavam com as pautas mais identitárias, passaram a incluir nos últimos anos o problema do racismo e as políticas de ódio como decorrentes de uma mesma matriz.

Muitos coletivos promoveram o chamado *empoderamento* de seus participantes; isso tem sido bom, por acreditarem e apostarem mais em si, em sua força e competência, e para desmobilizar preconceitos e narrativas que pré-determinam os lugares e as posições sociais de cada um. Mas esse empoderamento não pode, a meu ver, *cegar* seus ativistas, quando interesses de autopromoção de outros, ideias conservadoras ou *teologias da prosperidade* sejam molas motoras dos projetos em questão. Abrir espaços para que os próprios indivíduos, enquanto cidadãos, construam seus caminhos, deve ser visto como parte de projetos coletivos, e não frutos de atos de heroísmo individual, como ocorre atualmente com centenas de jovens que criam programas e *performances*, viram youtubers bem-sucedidos com milhares de seguidores, passando a ser modelos de negócios e sucesso pelo número de cliques de seus seguidores. Não é este modelo de *empreendedorismo* que levará a políticas de emancipação.

Destacamos no livro que nas últimas duas décadas as políticas identitárias foram fundamentais para implementar e ampliar processos de inclusão social, com políticas de gênero, raça, gerações etc. Mas elas também geraram problemas ainda não resolvidos ao formarem comunidades de interesses que atuam segundo regras internas, sem olharem para o exterior. Com isso, a questão da desigualdade socioeconômica, a pobreza propriamente dita, tem ficado à margem, relegada a políticos e governantes populistas e a políticas compensatórias de auxílios emergenciais, especialmente na fase da pandemia da covid-19, tratada neste livro. A desigualdade cultural, identitária é sobrevalorizada, mas não se destacam as causas, as razões delas. O debate confunde desigualdade socioeconômica com diversidade e diferenças socioculturais, as quais são sempre bem-vindas. Conforme apresentamos no cap. 3, o debate sobre a desigualdade econômica e a desigualdade no tratamento/relacionamento de inúmeras opressões – pautas das lutas identitárias – precisam andar juntas.

Esperamos também, com a pesquisa relatada neste livro, levantar dados e elementos para explicar melhor como foi o trânsito da fase de negação da política – vista nas manifestações de junho de 2013 – ao ódio à política, estimulada a partir de 2018. O clima de ódio passou a dividir a sociedade brasileira na última década, para além das posições e divisões partidárias, com ideologias disseminadas em redes sociais a partir de contrapúblicos conservadores, de grupos e seitas de diferentes espectros. Há de se reconhecer que há conflitos sociais e conflitos pessoais entre aqueles que se sentem abandonados, ressentidos, ignorados, invisíveis nos noticiários e manchetes diárias, diante das preocupações dos poderosos ou de alguns grupos arrogantes que *tudo sabem.* São conflitos de conteúdo moral que atingem estas pessoas, disponíveis a se apegar a *tábuas de salvação,* apoiarem e seguirem os primeiros que lhes dirijam alguma mensagem, ainda que *fake news,* ou lhes ofereçam esperanças milagrosas de alguma seita religiosa. A posição dos indivíduos na estrutura socioeconômica – seu círculo de amizades, sua biografia, lembranças afetivas etc. – corroboram para a visão de mundo desses indivíduos. E o WhatsApp se tornou o novo dicionário indicador de apoio às pautas, temas e problemas que devem ser apoiados ou combatidos. Lembramos de Hobsbawn quando disse:

> Há uma destruição do passado – ou melhor, dos mecanismos sociais que vinculam nossa experiência pessoal à das gerações passadas [...], quase todos os jovens de hoje crescem numa espécie de presente contínuo, sem qualquer relação orgânica com o passado público da época em que vivem (HOBSBAWN, 1995, p. 13).

O negacionismo da política traz resultados desastrosos, como centenas de analistas indicam, e já se tornou um refrão: "fora da política não há salvação". Já havíamos assinalado isso, com muita ênfase, em publicação de 2010, por esta mesma Editora Vozes, ao abordarmos, na época, as restrições à democracia participativa:

> "O esquecimento da política é a privatização da vida – o esquecimento da coisa pública em proveito do privado –, é o preço que se paga com a progressiva destruição do espaço público e da dimensão pública das instituições" (ARENDT, 2001). Dessa forma, a sociedade civil, em sua heterogeneidade organizacional, perdeu o sentido e o campo de crítica e emerge apenas como cooperação em que cabe todo o tipo de associações civis, entendidas como organizações privadas para a ação pública. Com efeito, tal metamorfose efetiva a despolitização das relações entre a sociedade e o Estado, já que o conflito desaparece da cena pública. Nota-se que as restrições à democracia participativa não decorrem

apenas dos limites interpostos à participação política, mas em grande parte pela redução dos temas de deliberação na cena pública. A participação política é confundida com o consenso e a política deixa de ser "a reivindicação da parte dos que não têm parte em uma intervenção de expedientes" (RANCIÈRE, 1996, apud GOHN, 2010, p. 30).

Ao final da apresentação deste livro registramos: a democracia é a grande linha transversal que atravessa os acontecimentos, sendo a urgência do momento: debater, lutar e preservar a democracia. Há necessidade de apontar caminhos para o diálogo e a formação de consensos fora da arena dos interesses político-partidários. Mas o diálogo não se constrói entre posições sociais em condições desiguais; é preciso equalizar os termos e os lugares do debate. Este é um processo relacional que precisa partir do reconhecimento e do direito do meu lugar e do lugar do outro, como posições relacionais, respeitando-se princípios éticos e não orientações de certos grupos. O valor da democracia não está na existência do *berreiro e xingamento* entre lados opostos ou do *cancelamento* dos que discordam, mas sim na preservação de uma vida social e cultural saudável, na qual haja fundamentalmente diálogo, respeito ao outro e vida inteligente ativa. Essas premissas devem ser basilares, a começar pelos próprios intelectuais da academia e os representantes no poder público. O cancelamento exclui o outro, antes mesmo de qualquer diálogo; a cultura do cancelamento aos poucos foi se tornando usual na sociedade, especialmente nas redes sociais. Até o Papa Francisco a criticou recentemente como sendo um pensamento unilateral que tenta negar e reescrever a história ao afirmar que determinado comportamento é "uma forma de colonização ideológica, que cerceia a liberdade de expressão e toma a forma da cultura do cancelamento, invadindo círculos e instituições públicas" (REUTERS. Reproduzido em *Folha de S.Paulo*, p. A10, 12/01/222). Como disse Gaza, "dialogar é a melhor forma de expor a alguém a injustiças que talvez não veja ou experiencie. Mas há um desafio: mudar de opinião às vezes leva tempo, paciência e humildade" (GAZA, A. Entrevista à *Folha de S.Paulo*, p. C6, 01/12/2021).

O conflito aparece e ele deve ser o motor do debate democrático, e não ser o apagamento da democracia, do debate; tratar a política como espaço de debate dos conflitos, a arte de debater ideias, projetos, diferenças.

Associamo-nos aos analistas que afirmam: as forças democráticas e progressistas precisam se unir, superar divergências regionalizadas e ideológicas e passarem a dialogar, utilizando as redes para a construção de novos rumos em direção ao retorno da democracia, à reafirmação de seus valores e à reconstrução de seus processos. Retorno à democracia não significa retorno ao passado idílico, visto como ideal perdido. Por isso, é preciso qualificar o sentido da democracia necessária para o momento atual, para a sociedade atual. Eliminar o autoritarismo é desejo de todos(as) os(as) progressistas que tenham como projeto para o país uma sociedade mais justa, com mudanças que eliminem progressivamente as desigualdades socioeconômicas abissais. Não se trata apenas de retomar condições de governabilidade; sem dúvida, há necessidade de se dar um basta ao modelo de governo do caos, das turbulências, da imprevisibilidade, da instabilidade sistêmica, da violação de direitos, da intimidação e da violência como regras corriqueiras. Colocar a questão da democracia no centro dos debates nos leva a dar visibilidade ao leque das ações coletivas, às demandas fundamentais da sociedade, aos movimentos e coletivos sociais. Pesquisas de opinião pública, em 2021, indicam que a democracia é a melhor forma de governo para 60% da população (Pesquisa Quest, apud NICOLAU, J. *Encontro Anpocs*, 06/12/2021).

Focar o debate público na defesa da democracia e dos direitos de liberdade, a exemplo do que têm feito clássicos e contemporâneos sobre o tema (PRZEWRSKI, 2020; MOUNK, 2019;

LEVITSKY; ZIBLATT, 2018; DIAMOND, 2017; RANCIÈRE, 2014; NOBRE, 2013; TILLY, 2007, entre outros). Diz Mounk:

> a democracia sem direitos sempre corre o risco de degenerar naquilo que os pais fundadores mais temiam: a tirania da maioria. Entretanto, os direitos sem democracia não precisam se provar mais estáveis: depois que o sistema político virar um *playground* de bilionários e tecnocratas, a tentação de excluir cada vez mais o povo das decisões importantes continuará aumentando (MOUNK, 2019, p. 21).

José A. Moisés nos lembrou de que Francisco Weffort, ao propor uma tipologia da democracia, chamou a atenção para três dimensões essenciais: "as instituições, que no caso de alguns processos recentes de democratização resultaram na formação de regimes mistos; as lideranças democráticas, com seu papel fundamental para a construção do novo regime; e as condições sociais da democracia" (MOISÉS, 2021). Ele faz isso para afirmar, junto com Robert Dahl e com Adam Przeworski, entre outros, "que a democracia é sempre fruto de uma escolha na qual os adversários que competem pelo poder consideram que a coexistência pacífica é uma alternativa menos custosa do que a destruição recíproca". Retomamos o próprio Weffort quando ele diz que a democracia é

> O império da lei, ao qual se subordinam – ou devem se subordinar – governados e governantes; a liberdade de se organizar para competir de modo pacífico pelo poder; a liberdade de participação do conjunto dos cidadãos, através do voto, nos momentos de constituição do poder; ou seja, os atributos mínimos e essenciais da democracia de qualquer tempo ou de qualquer lugar em que exista ou tenha existido (WEFFORT, 1992).

Gabriel Cohn, ao discutir o conceito de democracia em Giovanni Sartori (1993), também nos apresenta uma síntese importante sobre as dimensões normativas e substantivas presentes no conceito deste. Na época parecia uma síntese de teses no campo das ideias liberais; na atualidade, essas ideias podem soar como um avanço, em face ao processo de desdemocratização e afrontas à liberdade de expressão. Destaca Cohn: "Ambas as dimensões remetem a ideais fundantes: a liberdade e a igualdade. O problema de uma boa concepção de democracia política consiste em combiná-las sem confundi-las, e de um modo que aponte para soluções institucionais viáveis, e não apenas desejáveis" (COHN. G. Sartori faz faxina na teoria da democracia. *Folha de S.Paulo*, Caderno Mais, 01/05/1994).

O cenário da covid-19, a atuação de múltiplos atores sociais e o papel do Estado no período nos indica a urgência e a necessidade de políticas públicas que priorizem a justiça social, pois além de termos a desigualdade revelada/desvelada, o desenrolar da crise tende a acentuar estas desigualdades, com a perda de pequenos avanços e conquistas. Deve-se recolocar no debate e na formulação de proposições o papel das políticas sociais, e as demandas e organização da sociedade civil devem entrar nesta agenda. A potência das lutas também depende dos agenciamentos ao redor; a necessidade de compartilhamento e amplo apoio para lidar com a pandemia trouxe o reconhecimento da riqueza da mobilização da sociedade civil. A presença de movimentos sociais poderia, portanto, contrastar com os riscos envolvidos em uma resposta autoritária à crise (DELLA PORTA, 2020a). E se os ativismos ao redor de movimentos sociais, coletivos etc. podem ser considerados *termômetros* de nossas sociedades, a partir deles e com eles também podemos identificar as agendas, os conflitos e os cenários para interrogar a vida social e política e, ao mesmo tempo, construir horizontes mais dignos e justos para enfrentar o medo e a barbárie. Pesquisar as consequências políticas e institucionais na fase do processo de desdemocratização não é apenas fazer o balanço das perdas de conquistas e direitos. É sobretudo ver as consequências na sociedade, nas ações coletivas e sobretudo no plano do interior dos próprios movimentos sociais, para entender desarticulações e possibilidades de rearticulações (DELLA PORTA, 2013b). Talvez desenvolver o conceito de movimentos societários, que contemplem as ações coletivas da sociedade como um todo, articulando--as aos processos de mudanças em curso, visando transformações efetivas, e não apenas correções de rotas – evitando-se a volta ao passado – como tragédia.

Com isso eu retomo uma afirmação de C. Tilly, complementando-a. Ele diz: "lo que cambia no es la forma de las protestas, sino su sentido y su interpretación, los cuales, como contrapartida, contribuyen a transformar la morfología de esas protestas" (TILLY, 2008, p. 75). Acrescento nesta afirmação o fato de, na atualidade, o sentido e a interpretação dados aos protestos também advêm de novas formas de ações coletivas, nominadas coletivos, porque há uma nova geração participando das ações coletivas, com valores e modos de vida, de agir e pensar, diferente da geração que levou ao ciclo de movimentos sociais nas décadas de 1970-2000. Os repertórios das demandas são, sim, distintos.

Considera-se que o conjunto dos temas tratados neste livro são relevantes quando se analisam os impactos destas novidades na sociedade, bem como as tendências e as possibilidades de conexões possíveis entre as diferentes ações coletivas progressistas atuais, visando à retomada e ao fortalecimento de processos democráticos, abrindo um leque de possibilidades para entender as ações coletivas da atualidade, sua dinâmica e aparente e enganoso imobilismo. Se conseguirmos atingir estes objetivos contribuiremos para uma esperada safra de novos textos, artigos e livros indicando caminhos na linha "Como renascem ou se reconstroem as democracias". Com isso poderíamos estar diminuindo nossa defasagem no processo democrático, pois, como afirma José de Souza Martins: "Somos uma nação tardia em relação aos parâmetros da democracia, aos valores republicanos e à própria concepção de povo como sujeito de direitos políticos e de soberania" (MARTINS, 2016, p. 251).

Os desafios atuais devem ser enfrentados indicando elementos para o entendimento da questão: Que tempos são estes que estamos vivendo? Que cultura política estamos construindo? Analistas e não analistas disseram no início da pandemia que sairíamos diferentes, que mudaríamos para melhor etc. A experiência humana é que dirá; é ela que constrói o tempo. A grande esperança é de que, em meio à herança do pragmatismo e do consumismo do século XX, a ciência e o conhecimento científico se imponham a serviço do bem comum e a sociedade se torne mais justa e igualitária; uma nova utopia, tão necessária para o sonho de um mundo melhor. Estamos de pleno acordo com Manuel Castells ao dizer sobre os impactos da pandemia:

> Porém, o maior *reset* é aquele que está acontecendo em nossas cabeças e vidas. É termos percebido a fragilidade de tudo o que acreditávamos garantido, da importância dos afetos, do recurso da solidariedade, da importância do abraço – e que ninguém vai nos tirar, porque mais vale morrer abraçados do que viver atemorizados. É sentir que o desperdício consumista no qual gastamos erroneamente nossos recursos não é necessário, pois não precisamos mais do que uns comes e bebes com os amigos na varanda (CASTELLS, M. A hora do grande *reset*. *Jornal Outras Palavras*. 02/04/2020 [Disponível em https://outraspalavras.net/pos-capitalismo/castells-a-hora-do-grande-reset/].

> Na atualidade, Castells continua sendo um referencial fundamental. Ele aprofunda as análises para entender a crise da democracia, a crise global multidimensional, o papel dos jovens, assim como retoma pesquisas sobre a América Latina e afirma que "novos movimentos socioculturais renasceram, entre os quais destacam-se os das mulheres, os de gênero, os étnico-culturais, os ecológicos, os movimentos de jovens ligados à educação e à ética na política, todos eles vinculados à mudança informacional que se produziu nos últimos vinte anos. São os novos atores emergentes da era

da informação, cuja ação assenta-se também na cultura e na experiência, o *habitus*, das lutas passadas. Ou seja, para eles o desafio é a ressignificação dos direitos humanos e da ética na sociedade e na política, porém nos marcos de uma nova sociedade de redes e de uma nova tecnoeconomia da informação e da comunicação. Mais do que isso, eles são parte constitutiva deles (CASTELLS, 2021, p. 314).

Término repetindo conclusões do cap. 2, por considerá-las relevantes:

temos a percepção da necessidade de se reconstruir o tecido social associativo, de base, para a era digital. Sabemos que o ativismo nas redes digitais não é suficiente; por si só ele poderá mobilizar centenas e milhões, mas não gera consciência sobre o que realmente está movendo as ações em pauta. É preciso incentivar a agregação de núcleos participativos, temáticos e interconectados; incentivar a territorialização destes núcleos participativos – não a moda de planos e interesses de estrategistas políticos – a partir de interesses dos próprios grupos, para que em conjunto com aqueles que se propõem a reinventar a política no parlamento e nos cargos do poder executivo, tirem o país da crise e atoleiro atuais, elaborem e construam planos, projetos e visões críticas.

Referências

ABERS, R.; BÜLOW, M. (2011). Movimentos sociais na teoria e na prática: como estudar o ativismo através da fronteira entre Estado e sociedade? *Sociologias*, Porto Alegre, vol. 13, n. 28, p. 52-84, dez.

ABERS, R.; BÜLOW, M. (2020). *A sociedade civil das periferias urbanas frente à pandemia (mar.-jul. – Relatório de Pesquisa 1 do Repositório de Iniciativas da Sociedade Civil contra a Pandemia do Grupo de Pesquisa Resocie.* Brasília: UnB [Disponível em https://resocie.org/relatorios-de-pesquisa-do-repositorio/].

ABERS, R.; TATAGIBA, L. (2014). Institutional Activism: Mobilizing For Women's Health From Inside The Brazilian Bureaucracy. *Anais do 38º Encontro anual da Anpocs.*

ABRANCHES, S. et al. (2019). *Democracia em risco.* São Paulo: Companhia das Letras.

ADORNO, S. (2020). Desigualdade social. In: ARANTES, J.T. *Agencia fapesp* [Disponível em http://agencia.fapesp.br/desigualdade-social-torna-o-combate-a-covid-19-ainda-mais--dificil – Acesso em 16/04/2020].

Alexander, J. (1987). O novo movimento teórico: o macro e o micro. *Novos Estudos*, São Paulo, n. 17.

ALMEIDA, S.L. (2018). *O que é racismo estrutural?* Belo Horizonte: Letramento.

ALONSO, A. (2014). O abolicionismo como movimento social. *Novos Estudos*, São Paulo, n. 100, p. 115-137.

ALONSO, A. (2017). A política das ruas: protestos em São Paulo, de Dilma a Temer. *Novos Estudos*, São Paulo, n. esp., p. 49-58.

ALONSO, A. (2020). Conquistas e paneleiros. *Folha de S. Paulo*, p. B21, p. 25/04.

ALVAREZ, S.E. (2014). Para além da sociedade civil: reflexões sobre o campo feminista – Dossiê o gênero da política: feminismos, Estado e eleições. *Cadernos Pagu*, n. 43.

AMENTA, E.; CAREN, N.; CHIARELLO, E.; SU, Y. (2010). The Political Consequences of Social Movements. *Annual Review of Sociology*, vol. 36, p. 287-307.

ANTUNES, R. (1995). *Adeus ao trabalho*. São Paulo: Cortez.

BASSANI, J. (2016). *Coletivos culturais*. São Paulo: Itaú Cultural.

BEZERRA, C. et al. (org.) (2022). *Estado de Direito e legalismo autocrático* [s.n.t.].

BOBBIO, N. (1986). *O futuro da democracia*. São Paulo: Paz e Terra.

BOBBIO, N. (1992). *A era dos direitos*. Rio de Janeiro: Campus.

BOLTANSKI, L. (2014). Uma crítica para o presente [entrevista/. In: ROSATTI, C.; BONALDI, E.; FERREIRA, M. *Plural* (USP), vol. 21(1).

BOLTANSKI, L.; THÉVENOT, L. (1999). The sociology of critical capacity. *European Journal of Social Theory*, vol. 2, n. 3, p. 359-377.

BOLTANSKI, L.; THÉVENOT, L. (2006). *On justification: economies of worth*. Princeton: Princeton University Press.

BORELLI, S.; ABOBOREIRA, A. (2011). Teorias/metodologias: trajetos de investigação com coletivos juvenis em São Paulo/Brasil. *Revista Latinoamericana de Ciencias Sociales*, Manizales (Colombia). vol. 9, n. 1, p. 161-172.

BOSI, L.; GIUGNI, M.; UBA, K. (eds.) (2016). *The Consequences of Social Movements*. Cambridge: Cambridge University Press.

BOURDIEU, P. (2011). *Poder simbólico*. 15. ed. Rio de Janeiro: Bertrand Brasil.

BOURDIEU, P. (2015). *A distinção: crítica social do julgamento*. 2. ed. Porto Alegre: Zouk.

BRANDÃO, C.T. (2022). A construção da cidadania infantil enquanto representação social: experiências em formação e participação. Rio de Janeiro: Universidade Estácio de Sá [Tese de doutorado].

BRASIL, W.S. (2021). O coletivo Fora do Eixo, a comunicação e a política em tempos de ativismo em rede. *20º Congresso Brasileiro de Sociologia – GT10: movimentos sociais, protestos e ativismos em contextos de crise; abordagens analíticas e empíricas*.

BRAY, M. (2019). *Antifa – Manual antifascista*. Rio de Janeiro: Autonomia Literária.

BUTLER, J. (2016). *Quadros de guerra – Quando a vida é passível de luto?* Rio de Janeiro: Civilização Brasileira.

CARDOSO, A.L.; D'OTTAVIANO, C. (2021). Habitação e *direito à cidade: desafios para as metrópoles em tempos de crise*. Rio de Janeiro: Letra Capital/Observatório das Metrópolis.

CARDOSO, F.H. (1972). Cultura e participação na Cidade de São Paulo. *Cadernos Cebrap*, São Paulo, n. 9.

CARLOS, E. (2021). Movimentos sociais e políticas públicas: consequências na Política Nacional de Direitos Humanos. *Dados*, Rio de Janeiro, vol. 64, n. 4, p. 360-378.

CARONE, R.R. (2017). *Como o movimento feminista atua no Legislativo federal? – Estudo sobre a atuação do Consórcio de Ongs feministas no caso da Lei Maria da Penha.* Campinas: Unicamp [Dissertação de mestrado].

CASTELLS, M. (1972). *La questión urbana.* Madri: Siglo XXI.

Castells, M. (1974). *Movimientos sociales urbanos.* Madri: Siglo XXI.

CASTELLS, M. (1996). *The Rise of the Network Society – The Information Age: Economy, Society and Culture.* Vol. I. Oxford: Blackwell.

CASTELLS, M. (1997). *The Rise of the Network Society.* Vol. II. Oxford: Blackwell Publ.

CASTELLS, M. (1998). *The Rise of the Network Society.* Vol. III. Oxford: Blackwell.

CASTELLS, M. (2013). *Redes de indignação e esperança.* Rio de Janeiro: Paz e Terra.

CASTELLS, M. (2015). *O poder da comunicação.* Rio de Janeiro: Paz e Terra.

CASTELLS, M. (2018). *Ruptura.* Rio de Janeiro: Zahar.

CASTELLS, M. (2020). O poder tem medo da internet. Entrevista ao jornal *El Pais*, 16/04 [Disponível em http://revistaponto com.org.br/entrevistas/o-poder-tem-medo-da-internet].

CASTELLS, M.; CALDERÓN, F. *A nova América Latina*. Rio de Janeiro: Zahar, 2021.

CASTORIADIS, C. (1975). *L'nstituition imaginaire de la societe*. Paris: Seuil.

CASTORIADIS, C.; COHN-BENDIT, D. (1981). *Da ecologia à autonomia*. São Paulo: Brasiliense.

CASTRO E SILVA, M.A. (2021). Trajetória de luta das mulheres do MSTC: construção da imaginação sociológica. *20º Congresso da SBS*. Comitê de Pesquisa Movimentos Sociais.

CHAUÍ, M. (2019). *Democracia e a criação de direitos*. São Paulo: Sesc/Fundação Perseu Abramo.

CHEQUER, R.; BUTTERFIELD, C. (2016). *Vem pra rua – A história do movimento popular que mobilizou o Brasil*. São Paulo: Matrix.

CODATO, A. (2015). A nova direita brasileira: uma análise da dinâmica partidária e eleitoral do campo conservador. In: CRUZ, S.V.; KAYSEL, A.; CODAS, G. (org.). *Direita, volver! – O retorno da direita e o ciclo político brasileiro*. São Paulo: Fundação Perseu Abramo, p. 115-143.

COHEN, J.; Arato, A. (1992). *Civil Society and Political Theory*. Cambridge: MIT Press.

COHN, G. (1994). Sartori faz faxina na teoria da democracia. *Folha de S.Paulo* – Caderno Mais, p. 01/05.

COHN, G. (2021). Racionalidade e justiça como bússola –Entrevista à Glenda Mezzaroba. *Revista Pesquisa*, Fapesp, ano 22, n. 310, p. 25-29, dez.

COHN-BENDIT, D. (1988). *Nós que amávamos tanto a revolução*. São Paulo: Brasiliense.

COSTA, W.M (2021a). Notas introdutórias ao conceito de coletivo: o que fazem deles novos atores sociais na contemporaneidade? *20º Congresso Brasileiro de Sociologia – GT10: movimentos sociais, protestos e ativismos em contextos de crise; abordagens analíticas e empíricas.*

COSTA, W.M. (2021b). É na horizontalidade que a gente se entende – Repensando as subjetividades e os repertórios dos ativistas de coletivos no Rio de Janeiro. Rio de Janeiro: PUC-Rio [Tese de doutorado].

CRENSHAW, K. (2002). Documento para o encontro de especialistas em aspectos da discriminação racial relativos ao gênero. *Revista Estudos Feministas*, vol. 10, n. 1, p. 171-188.

CRENSHAW, K. (s.d.). Demarginalizing the Intersection of Race and Sex: A Black Feminist Critique of Antidiscrimination Doctrine, Feminist Theory and Antiracist Politics. *University of Chicago Legal Forum*, art. 8.

CUSTÓDIO, T. (2021). Ler "Black Power" nos dá a dimensão de consciência negra. *Folha de S.Paulo*, p. C12, 13/11.

DAGNINO, E. (2004). Construção democrática, neoliberalismo e participação: os dilemas da confluência perversa. *Política & Sociedade*, São Paulo, n. 5, p. 139-164.

DAY, R. (2005). *Gramsci is dead: anarchist currents in the newest social movements*. Londres: Pluto.

DEBORD, G. (1995). *A sociedade do espetáculo.* São Paulo: Contraponto.

DELEUZE, G. (1977). *Dialogues.* Paris: Flamarion.

DELLA PORTA, D. (2013a). *Clandestine Political Violence.* Cambridge: Cambridge University Press.

DELLA PORTA, D. (2013b). *Can Democracy Be Saved?* – Participation, Deliberation and Social Movements. Cambridge: Polity Press.

DELLA PORTA, D. (2015a). *Social Movements in Times of Austerity: bringing capitalism back into protest analysis.* Cambridge: Polity Press.

DELLA PORTA, D.; DIANI, M. (2015b). *Los movimientos sociales.* Madri: UCM.

DELLA PORTA, D. (2019). Desafios contemporâneos para o estudo dos movimentos sociais – Entrevista com Donnatella Della Porta. *Rev. Psicologia Política*, São Paulo, vol. 19, n. 45, mai.-ago.

DELLA PORTA, D. (2020a). *Movimentos sociais em tempos de covid-19: outro mundo é necessário.* Open Democracy.

DELLA PORTA, D. (2020b). Capitalismo, clase y protesta. *International Sociological Association*, vol. 10, n. 1, p. 47-50, abr.

DELLA PORTA, D. (2020c). How progressive social movements can save democracy in pandemic times. *Interface: a journal for and about social movements*, vol. 12(1), p. 355-358.

DIAMOND, L. (2008). *The Spirit of Democracy – The Struggle to Build Free Societies Throughout the World.* Nova York: Times Books.

DIAMOND, L. (2017). *Referências – Para entender a democracia.* Curitiba: Instituto Avançado.

DIANI, M. (1992). The Concept of Social Movement. *The Sociological Review*, vol. 40, n. 1, p. 1-25.

DIANI, M. (2015). Revisando el concepto de movimiento social. *Encrucijadas – Revista Crítica de Ciencias Sociales*, n. 9,

p. 1-16 [Disponível em http://www.encrucijadas.org/index.php/ojs/article/view/161/145].

DIANI, M.; BISON, I. (2010). Organizações, coalizões e movimentos. In: ABERS, R.; VON BULOW, M. (orgs.). Dossiê: movimentos sociais e ação coletiva. *Revista Brasileira de Ciência Política*, Brasília, n. 3, p. 219-249, jan.-jul.

DIANI, M.; McADAM, D. (org.) (2003). *Social movements and networks: relational approaches collective actions*. Oxford: Oxford University Press.

DI CINTIO, C. (2010). *Petit traité de désobéissance civile*. Paris: ResPublica.

DOMINGO, P. (2009). Ciudadanía, derechos y justicia en América Latina: ciudadanización-judicialización de la política. *Revista Cidob – Los retos de América Latina en un mundo en cambio*, p. 33-52,

DOWBOR, L. (2021). *O capitalismo se desloca – Novas arquiteturas sociais*. São Paulo: Sesc.

DUARTE, A.; SANTOS, R.P. (2012). A cidade como espaço de intervenção dos coletivos: resistências e novas formas de vida urbana. *Revista Ecopolítica*, São Paulo, 4, set.-dez.

DUBAR, C. (2005). *A socialização – Construção das identidades sociais e profissionais*. São Paulo: Martins Fontes.

DUBET, F. (1994). *Sociologia da experiência*. Lisboa: Instituto Piaget.

DUSSEL, E. (2002). *A ética da libertação na idade da exclusão*. Petrópolis: Vozes.

EDER, K. (1992). Culture and politics. In: HONNETH, A. et al. *Cultural political interventions in the unfinished project of enlightenment*. Cambridge: MIT, p. 95-120.

FACIOLI, L. (2021). Movimentos, ativismos feministas e precisões conceituais: o caso do feminismo digital. *20º Congresso Brasileiro de Sociologia – GT10: movimentos sociais, protestos e ativismos em contextos de crise; abordagens analíticas e empíricas.*

FALCHETTI, C. (2021). Entre dois ciclos políticos: o percurso do MTST e os caminhos das lutas urbanas. *20º Congresso Brasileiro de Sociologia – GT10: movimentos sociais, protestos e ativismos em contextos de crise; abordagens analíticas e empíricas.*

FALS BORDA, O. (1992). Social Movements and Political Power in Latin America. In: ESCOBAR, A.; ALVAREZ, S. *Making of Social Movements in Latin America: Identity, Strategy and Democracy.* Boulder: Westview Press.

FERNANDES, F. (1965). *A integração do negro na sociedade de classe.* São Paulo: Dominus.

FILLIEULE, O. (2001). Propositions pour une Analyse Processuelle de l'Engagement Individuel. *Revue Française de Science Politique*, 51(1-2), p. 199-215.

FILLIEULE, O.; TARTAKOWSKY, D. (2020). La manifestación: el origen de una forma de protesta. *Nueva Sociedad*, 286, mar.-abr.

FLAM, H. (2005). Emotions' map: a research agenda. In: FLAM, H.; KING, D. (orgs.). *Emotions and Social Movements.* London/ Nova York: Routledge.

FLAM, H. (2015). Introduction: methods of exploring emotions. In: FLAM, H; KLERES, J. (orgs.). *Methods Exploring Emotions.* Nova York: Routledge.

FRÚGOLI JUNIOR, H. (2018). Ativismos urbanos. *Cadernos CRH*, vol. 31, n. 82, p. 75-86, jan.-abr.

GARZA, A. (2021). *O propósito do poder*. Rio de Janeiro: Zahar.

GERBAUDO, P. (2021). *Redes e ruas: mídias sociais e ativismo contemporâneo*. São Paulo: Funilaria.

GIUGNI, M. (2008). Political, Biographical, and Cultural Consequences of Social Movements. *Sociology Compass*, vol. 2, n. 5, p. 1.582-1.600.

GIUGNI, M.; McADAM, D.; TILLY, C. (1999). *How Social Movements Matter*. Mineápolis/Londres: Minnesota Press.

GOFFMAN, E. (1959). *The Presentation of Self in Everyday Life*. Garden City, NY: Doubleday Anchor.

GOFFMAN, E. (1974). *Frame Analysis*. Cambridge, Mass.: Harvard University Press.

GOFFMAN, E. (2013). *A representação do eu na vida cotidiana*. Petrópolis: Vozes.

GOHN, M.G. (1982). *Reivindicações populares urbanas*. São Paulo: Cortez.

GOHN, M.G. (1985). *A força da periferia – A luta por creches em São Paulo*. Petrópolis: Vozes.

GOHN, M.G. (1991). *Luta pela moradia popular*. São Paulo: Loyola.

GOHN, M.G. (2010). O contraditório Bairro do Morumbi em São Paulo. *Caderno CRH*, Ufba, vol. 23, p. 267-281.

GOHN, M.G. (2013). *História dos movimentos e lutas sociais*. 8. ed. São Paulo: Loyola.

GOHN, M.G. (2014a). *Novas teorias dos movimentos sociais*. 5. ed. São Paulo: Loyola.

GOHN, M.G. (2014b). *As manifestações de junho de 2013 no Brasil e as praças dos indignados no mundo*. 2. ed. Petrópolis: Vozes.

GOHN, M.G. (2014c). *Sociologia dos movimentos sociais.* 2. ed. São Paulo: Cortez.

GOHN, M.G. (2016). *Conselhos gestores e participação sociopolítica.* 9. ed. São Paulo: Cortez.

GOHN, M.G. (2017a). *Manifestações e protestos no Brasil: correntes e contracorrentes na atualidade.* São Paulo: Cortez.

GOHN, M.G. (2017b). *Teorias dos movimentos sociais: paradigmas clássicos e contemporâneos.* 12. ed. São Paulo: Loyola.

GOHN, M.G. (2017c). *Movimentos sociais e educação.* 10. ed. São Paulo: Cortez.

GOHN, M.G. (2017d). *Educação não formal e cultura política.* 7. ed. São Paulo: Cortez.

GOHN, M.G. (2018). Potencialidades e limites da participação no federalismo brasileiro. In: CARNEIRO, M.B.; FREY, K. (orgs.). *Governança multinível e desenvolvimento regional sustentável – Experiências do Brasil e da Alemanha.* São Paulo: Oficina Municipal, p. 69-90.

GOHN, M.G. (2019a). *Participação e democracia no Brasil: da década de 1960 aos impactos pós-junho de 2013.* Petrópolis: Vozes.

GOHN, M.G. (2019b). *Movimentos sociais e redes de mobilizações civis no Brasil contemporâneo.* 9. ed. Petrópolis: Vozes.

GOHN, M.G. (2021). Cartografia das lutas urbanas. *Webinário, cultura e lutas urbanas.* Belo Horizonte: UFMG [Disponível em https://youtube/1LGwPf5wz7I].

GOHN, M.G.; PENTEADO, C.L.C.; MARQUES, M.S. (orgs.) (2020). Os coletivos em cena: experiências práticas e campo de análise. In: *Simbiótica*, Universidade Federal do Espírito Santo. Vitória, vol. 7, n. 3 (jul.-dez.), p. 1-7.

GONZALES, L. (2020). *Por um feminismo afro-latino-americano*. Rio de Janeiro: Zahar.

GUATTARI, F. (1981). *Revolução molecular: pulsações políticas do desejo*. São Paulo: Brasiliense.

GUIMARÃES, A.S.A.; RIOS, F.; SOTERO, E. (2020). Coletivos negros e novas identidades raciais. *Novos Estudos Cebrap*, 39, p. 309-327.

HAIDER, A. (2019). *Armadilhas da identidade: raça e classe nos dias de hoje*. Trad. L.V. Liberato. São Paulo: Veneta.

HANSTED, T.C. (2020). *"Eu seguro minha mão na sua" – Relações entre teatro na escola, educação e a construção da identidade dos alunos*. Campinas: Unicamp [Tese de doutorado].

HARDT, M.; NEGRI, A. (2005). *Multidão*. Rio de Janeiro: Record.

HARVEY, D. (2014). *Cidades rebeldes: do direito à cidade à revolução urbana*. São Paulo: Martins Fontes.

HENRI LEVY, B. (2020). *Este vírus que nos enlouquece*. Lisboa: Guerra & Paz.

HOBSBAWM, E. (1995). *A era dos extremos*. São Paulo: Companhia das Letras.

HOLLANDA, H.B. (org.) (2018). *Explosão feminista: arte, cultura, política e universidade*. São Paulo: Companhia das Letras.

JASPER, M.J. (1998). The Emotions of Protest: Affective and Reactive Emotions in and around Social Movements. *Sociological Forum*, vol. 13, n. 3, set., p. 397-424.

JASPER, M.J. (2007). Cultural Approaches in the sociology of social movements. In: KLANDERMANS, B.; ROGGEBAND, C. (eds.). *Handbook of Social Movements Across Disciplines*. Nova York: Springer.

JASPER, M.J. (2011). Emotions and Social Movements: Twenty Years of Theory and Research. *Annual Review of Sociology*, 37, p. 285-304.

JASPER, J.M. (2012). ¿De la estructura a la acción? – La teoría de los movimientos sociales después de los grandes paradigmas. *Sociológica*, Cidade do México: UAM-A, ano 1, n. 75, p. 7-48.

JASPER, J.M. (2016). *Protesto: uma introdução aos movimentos sociais*. Rio de Janeiro: Zahar.

JESUS, C.M. (2021). *Quarto de despejo*. São Paulo: Ática [Edição comemorativa].

JORDAN, T. (2002). *Activism – Direct action, hacktivism and the future of society*. Londres: Reaction Books.

KARAMEZJCZYK, M. (2020). *As filhas de Eva querem votar – Uma história da conquista do sufrágio feminino no Brasil*. Porto Alegre: Edipucrs.

KIRK, R. (2020). *A mentalidade conservadora: de Edmund Burke a T.S. Eliot*. São Paulo: Realizações [original de 1953].

KOWARICK, L.F. (1975). *Capitalismo e marginalidade na América Latina*. Rio de Janeiro: Paz e Terra.

KOWARICK, L.F. (1980). *Espoliação urbana*. Rio de Janeiro: Paz e Terra.

KOWARICK, L.F. (1987). Movimentos urbanos no Brasil contemporâneo. *Revista Brasileira de Ciências Sociais*, São Paulo: Anpocs, vol. 1, n. 3.

KOWARICK, L.F. (org.) (1988). *As lutas sociais e a cidade*. Rio de Janeiro: Paz e Terra.

KRENAK, A. (2019). *Ideias para adiar o fim do mundo*. São Paulo: Companhia das Letras.

LARROSA, J. (2002). Notas sobre a experiência e o saber de experiência. *Revista Brasileira de Educação*, São Paulo, n. 19, p. 20-28, jan.-abr.

LAS CASAS, B. (2011). *O paraíso destruído – A sangrenta história da conquista da América Espanhola*. Porto Alegre: L&PM.

LATOUR, B. (2012). *Reagregando o social: uma introdução à teoria do ator-rede*. Salvador: Edufba/Edusc.

LATOUR, B. (2018). *Down to Earth – Politics in the New Climatic Regime*. Londres: Polity Press.

LATOUR, B. (2019a). *Jamais fomos modernos – Ensaio de antropologia simétrica*. São Paulo: Ed. 34 [original de 1991].

LATOUR, B. (2019b). O sentimento de perder o mundo, agora, é coletivo. Entrevista a Marc Bassets. *El Pais*, 31/03.

LAVALLE, A.G. (2011). Participação: valor, utilidade, efeitos e causa. In: PIRES, R.R. (org.). *Efetividade nas instituições participativas no Brasil: estratégias de Avaliação*. Brasília: Ipea, p. 33-43.

LAVALLE, A.G.; CARLOS, E.; DOWBOR, M.; SZWAKO, J. (orgs.) (2019). *Movimentos sociais e institucionalização – Práticas sociais, raça e gênero no Brasil pós-transição*. Rio de Janeiro: UERJ.

LAVALLE, A.G.; SWAKO, J. (2015). Sociedade civil, Estado e autonomia: argumentos, contra-argumentos e avanços no debate. *Opinião Pública*, Campinas, vol. 21, n. 1, abr., p. 157-187.

LAZZARATTO, M.R. (2008). *Arqueologia do ator: personagens e heterônimos*. Campinas: Unicamp [Tese de doutorado].

LEITE, A.L. (2019). Manifestações, ativismo e militância: novas formas de compreender a democracia [entrevista]. IHU, Unisinos, 13/12.

LEAL, L. (2021). Entrevista à *Folha de S.Paulo*, 24/01, p. A12.

LEFEBVRE, H. (2001). *O direito à cidade*. São Paulo: Centauro.

LEFEBVRE, H. (2008). *Espaço e política*. Belo Horizonte: UFMG.

LÉVI-STRAUSS, C. (1996). *Tristes trópicos*. São Paulo: Companhia da Letras.

LEVITSKY, S.; ZIBLATT, D. (2018). *Como morrem as democracias*. Rio de Janeiro: Zahar.

LEVY, B.-H. (2020). *Este vírus que nos enlouquece*. Lisboa: Guerra & Paz.

LIANOS, M. (2020). Política experimental e os Coletes Amarelos. *Diálogo Global*, Associação Internacional de Sociologia, vol. 10, ago., p. 12-14.

LILLA, M. (2018). *O progressista de ontem e de amanhã*. São Paulo: Companhia das Letras.

LIMA, C.H.M. (2015). A cidade em movimento: práticas insurgentes no ambiente urbano. *Revista Oculum*, Campinas.

LIMA, S. (2018). "Coletivo", "ativista" e "horizontal": uma análise de categorias em uso no movimento social contemporâneo. *Teoria e Cultura*, Juiz de Fora, vol. 13, n. 1, p. 18-34.

LÜCHMANN, L.; GUSSO, R. (orgs.) (2021). *Estudos sobre associativismo do sul do Brasil*. Curitiba: Appris.

MACHADO, L. (2021). *Como defender sua causa.* São Paulo: Nacional.

MACHADO DA SILVA, L.A; Torres Ribeiro, A.C. (1985). Paradigma e movimento social: Por onde vão nossas ideias. *Ciências Sociais Hoje,* São Paulo: Anpocs/Cortez.

MACIEL, D. (2011). Ação coletiva, mobilização do direito e instituições políticas: o caso da campanha da Lei Maria da Penha. *Revista Brasileira de Ciências Sociais,* vol. 26, n. 77, p. 97-112.

MAIA, G.L. (2013). A juventude e os coletivos: como se articulam novas formas de expressão política. *Revista Eletrônica do Curso de Direito da UFSM,* vol. 8, n. 1, p. 58-73 [Disponível em https://periodicos.ufsm.br/revistadireito/article/view/8630/pdf].

MARCUSE, H. (1967). A *ideologia da sociedade industrial.* Rio de Janeiro: Zahar.

MARCUSE, P. (2009). From critical urban theory to the right the city. *City,* vol. 13, n. 2-3, p. 185-197.

MARQUES, M.S.; MARX, V. (2020). Os coletivos em cena: algumas contribuições para o debate. *Simbiótica,* vol. 7, n. 3, p. 08-32.

MARTINS, J.S. (2016). *O PT das lutas sociais ao PT do poder.* São Paulo: Contexto.

MARTINS, P.H. (2008). O embaraço democrático e os desafios da participação. In: MARTINS, P.H.; MATOS, A.; FONTES, B. (orgs.). *Limites da democracia.* Recife: UFPE, p. 33-54.

MATOS, M. (2010). Movimento e teoria feminista: é possível reconstruir a teoria feminista a partir do Sul global? *Revista Sociologia e Política,* vol. 18, n. 36, p. 67-92.

MATOS, M. (2014). A quarta onda feminista e o campo crítico emancipatório. *Anais do 38º Encontro Anual da Anpocs.*

MATURANA, H. (1999). *Emoções e linguagem na educação e na política.* Belo Horizonte: UFMG.

MBEMBE, A. (2019). A ideia de um mundo sem fronteiras. *Revista Serrote*, São Paulo, n. 31.

MEDEIROS, J.M.S. (2017). *Movimentos de mulheres periféricas na Zona Leste de São Paulo: ciclos políticos, redes discursivas e contrapúblicos.* Campinas: Unicamp [Tese de doutorado].

MELO, D.M. (2001). *A construção da subjetividade de mulheres assentadas pelo MST.* Campinas: Unicamp [Dissertação de mestrado].

MELUCCI, A. (1980). The New Social Movements: A Theoretical Approach. *Social Science Information*, n. 19, p. 199-226.

MELUCCI, A. (1996). *Challenging codes: Collective action in the information age.* United Kindgom: Cambridge University Press.

MELUCCI, A. (1997). Juventude, tempo e movimentos sociais. *Revista Brasileira de Educação*, n. 5, mai.-ago; n. 6, set.-dez.

MESQUITA, M.R. (2008). Cultura e política: a experiência dos coletivos de cultura no movimento estudantil. *Revista Crítica de Ciências Sociais*, Coimbra: Centro de Estudos da Universidade de Coimbra, 81.

MEYER, D.S.; STAGGENBORG, S. (1996). Movements, countermovements, and the structure of political opportunity. *American Journal of Sociology*, 101(6), p. 1.628-1.660.

MILANI, C.R.S. (2008). O princípio da participação social na gestão de políticas públicas locais: uma análise de experiências latino-americanas e europeias. *RAP – Revista de Administração Pública*, Rio de Janeiro: FGV, 42(3), p. 551-579, mai.-jun.

MOISÉS, J.A. (1990). *Cidadania e participação*. São Paulo: Cedec/Marco Zero.

MOISÉS, J.A. (2019). *Crises da democracia: o papel do congresso, dos deputados e dos partidos*. Curitiba: Appris.

Moisés, J.A. (org.) (1982). *Cidade, povo e poder*. São Paulo: Cedec/Paz e Terra.

MOUNK, Y. (2019). *O povo contra a democracia – Por que nossa liberdade corre perigo e como salvá-la*. São Paulo: Companhia das Letras.

NEGRI, A.; COCCO, G. (2005). *Global: biopoder e luta em uma América Latina globalizada*. São Paulo: Record.

NEGRI, A.; HARDT, M. (2005). *Multidão*. Rio de Janeiro: Record.

NETO, F.L. (2018). Os sentidos de participação na formação de coletivos. *42º Encontro Anual da Anpocs – GT24: pluralismo, identidade e controvérsias sociopolíticas*. Caxambu.

NOBRE, M. (2013). *Choque de democracia: razões da revolta*. São Paulo: Companhia das Letras.

NOBRE, M. (2018). *Como nasce o novo*. São Paulo: Todavia.

NOBRE, M. (2020). *Ponto-final: a guerra de Bolsonaro contra a democracia*. São Paulo: Todavia.

NUNES, R. (2021). *Neither vertical nor horizontal: A teory of political organization*. Londres: Verso.

OLIVEIRA, F. (1972). *A economia brasileira: crítica à razão dualista*. São Paulo: Cebrap [Novos Estudos Cebrap, n. 2].

OLIVEIRA, F. (1982). *Partido, Estado e movimentos sociais.* São Paulo: Cebrap [Novos Estudos Cebrap].

OLIVEIRA, F. (1988). *O elo perdido.* São Paulo: Brasiliense.

OLIVEIRA, F. (1994). *Estado, sociedade, movimentos sociais e políticas públicas no limiar do século XXI.* Rio de Janeiro: Fase.

OLIVEIRA, M.J.O. (2019). Coletivos na cidade de São Paulo. Universidade Federal do ABC [Dissertação de mestrado].

OLIVER, C. (1992). The Antecedents of Deinstitutionalization. *Organization Studies,* vol. 13, p. 563-588.

OLSON, M. (1965). *The Logic of Collective Action.* Cambridge: Cambridge University Press.

OTTANN, G. (1995). *Movimentos sociais urbanos e democracia no Brasil.* São Paulo: Brasileira/Cebrap [Novos Estudos, n. 41].

PAIM, C. (2009). *Iniciativas coletivas: modos de fazer na América Latina contemporânea.* Porto Alegre: Instituto de Artes da Universidade Federal do Rio Grande do Sul [Tese de doutorado].

PAIVA, A.R. (2021). *Dinâmicas sociais na luta por direitos no Brasil.* Rio de Janeiro: Pallas/PUC-Rio.

PEREIRA, T.F.M. (2018). *Coletivos urbanos, percepções e comportamento ambiental: um estudo de caso em Viçosa.* Viçosa: Universidade Federal de Viçosa [Dissertação de mestrado].

PEREZ, O.C. (2019). Relações entre coletivos com as jornadas de junho. *Opinião Pública,* Campinas, vol. 25, n. 3, set.-dez., p. 577-596.

PEREZ, O.C.; SOUZA, B.M. (2017). Velhos, novos ou novíssimos movimentos sociais? – As pautas e práticas dos coletivos. *41º Encontro Anual da Anpocs – GT11: entre as ruas e os gabi-*

netes; institucionalização e contestação nos movimentos sociais. Caxambu.

PINTO, C. (2003). *Uma história do feminismo no Brasil.* São Paulo: Perseu Abramo.

PISMEL, A.C.; CHAVES, A.C.T. (2021). O que reivindica a sociedade civil: manifestos públicos em tempos de covid-19. *20º Congresso da SBS – GT10: movimentos sociais, protestos e ativismos em contextos de crises; abordagens analíticas e empíricas.*

PLEYERS, G. (2020). The Pandemic is a battlefield – Social movements in the covid-19 lockdown. *Journal of Civil Society*, 16, p. 4, 295-312.

PLEYERS, G. (2021). Movimientos sociales y ayuda mutua frente a la pandemia. *Mundo Plurales – Revista Latinoamericana de Políticas y Acción Pública*, Equador, vol. 8, n. 1, p. 9-22.

PLEYERS, G.; BRINGEL, B. (2020). *Alerta global – Políticas, movimientos sociales y futuros en disputa en tiempos de pandemia.* Buenos Aires/Lima: Clacso/Alas.

PRZEWRSKI, A. (2020). *Crise da democracia.* Rio de Janeiro/São Paulo: Zahar/Companhia das Letras.

QUEIROGA, E. (2012). *Coletivo fotográfico contemporâneo e prática colaborativa na pós-fotografia.* Recife: Universidade Federal de Pernambuco [Dissertação de mestrado].

QUIJANO, A. (2005). Colonialidade do poder, eurocentrismo e América Latina. In: LANDER, E. (org.). *A colonialidade do saber: eurocentrismo e ciências sociais – Perspectivas latino-americanas.* Buenos Aires: Clacso [Colección Sur Sur].

RANCIÈRE, J. (2014). *O ódio à democracia.* São Paulo: Boitempo.

REIS, M.F. (1859). *Úrsula: romance original brasileiro*. São Luís: Typographia do Progresso, 1859 [republicado por várias editoras; as mais recentes: Câmara (2019) e Penguin (2018)].

RIBEIRO, D. (2018). *Quem tem medo do feminismo negro?* São Paulo: Companhia das Letras.

RIBEIRO, R.J. (2021). *Duas ideias filosóficas e a pandemia*. São Paulo: Estação Liberdade.

RICCI, R. (2012). *Novíssimos movimentos sociais ou mobilizações da geração Y?* Belo Horizonte: Instituto Cultiva, 01/07.

ROCHA, C. (2021). *Menos Marx, mais Mises – O liberalismo e a nova direita no Brasil*. São Paulo: Todavia.

RODRIGUES, L.M. (1968). *Conflito industrial e sindicalismo no Brasil*. São Paulo: Difusão Europeia do Livro.

ROLNIK, R. (2022). *São Paulo: planejamento da desigualdade*. São Paulo: Fósforo.

RUA, M.G.; ROMANINI, R. (2013). *Para aprender políticas públicas – Vol. 1: Conceitos e teorias*. Brasília: Igepp.

SADER, E. (1988). *Quando novos personagens entraram em cena*. Rio de Janeiro: Paz e Terra.

SANCHES, T. (2020). Morar é pessoal, político e cultural: experiências de precariedade e luta por moradia em Londres e Rio de Janeiro. Rio de Janeiro: PUC-Rio [Tese de doutorado].

SANTANA, B. (2020). *Continuo preta: a vida de Sueli Carneiro*. São Paulo: Companhia das Letras.

SANTOS, B.A.O. (2022). O "novo" em velhas práticas: uma análise sobre a noção de "novíssimos" movimentos sociais e coletivos. *Revista Simbiótica*, vol. 9, n. 1.

SANTOS, B.S. (2020). *A cruel pedagogia do vírus*. Lisboa: Almedina.

SANTOS, B.S.; MENDES, J.M. (org.) (2018). *Demodiversidade: imaginar novas possibilidades democráticas*. Belo Horizonte: Autêntica.

SANTOS, M.F. (2018). *Fotojornalismo do Coletivo Fotográfico SP invisível e a humanização de pessoas em situação de rua*. Universidade Federal de Santa Catarina [Dissertação de mestrado].

SANTOS, M.S. (org.) (2021). *Memória coletiva e justiça social*. Rio de Janeiro: Garamond.

SARTORI, G. (2017). *O que é democracia*. Curitiba: Instituto Atuação [original, 1993].

SCHIFRES, S. (2008). *Le mouviment autonome en Italie et en France (1973-1984)*, set. [Disponível em http://sebastien. schifres.free.fr/master.pdf – Acesso em 07/07/2021].

SCHWARCZ, L. (s.d.). 100 dias que mudaram o mundo. *Universa UOL* [Disponível em https://www.uol.com.br/universa/reportagens-especiais/coronavirus-100-dias-que-mudaram-o-mundo/index.htm#100-dias-que-mudaram-o-mundo – Acesso em 09/04/2020].

SCHERRER-WARREN, I.; KRISCHKE, P. (1987). *Uma revolução do cotidiano: os novos movimentos sociais na América do Sul*. São Paulo, Brasiliense.

SCHWARCZ, L.M. (2020). Por que os brancos precisam ser antirracistas? *Folha de S.Paulo*, 14/06, p. B19.

SECCHI, L.; LEAL, L. (2021). Mandatos coletivos avançam, mas ainda sofrem resistência. *Folha de S.Paulo*, 24/01, p. A12.

SILVA, M.K. & PEREIRA, M.M. (2020). Movimentos e contramovimentos sociais: o caráter relacional da conflitualidade social. *Revista Brasileira de Sociologia*, vol. 8, n. 20, set.-dez., p. 26-49.

SINGER, P. (1973). O milagre brasileiro. São Paulo: Cebrap [Cadernos Cebrap].

SINGER, P. (1981). In: BRANT, V.C. (org.). *O povo em movimento*. Petrópolis: Vozes.

SINGER, A. (2013). Brasil, junho de 2013: classes e ideologias cruzadas. *Novos Estudos Cebrap*, n. 97, p. 23-40.

SIQUEIRA, J.L.; LAGO, A.V. (2012). Coletivo da música: um estudo sobre relações entre arte e saúde mental. *Estudos Interdisciplinares de Psicologia*, Londrina, vol. 3. n. 1, p. 93-111.

SNOW, D.A. et al. (1986). Frame Alignment Processes, Micromobilization, and Movement Participation. *American Sociological Review*, vol. 51, n. 4, p. 464-481.

SOLANO, E. (org.) (2018). *O ódio como política – A reinvenção das direitas no Brasil*. São Paulo: Boitempo.

SOLANO, E.; ROCHA, C. (2022). Juventudes e democracia na América Latina. [s.d.]: Luminate.

SOLANO, E.; ROCHA, C.; MEDEIROS, J. (2021). *The Bolsonaro Paradox: The Public Sphere and Right-Wing Counterpublicity in Contemporary Brazil*. Springer.

SORJ, B. (2020). *Gênero, trabalho e isolamento social*. [s.l.]: Sociedade Brasileira de Sociologia, 19/06 [Série A Sociologia na Quarentena].

SOUZA, J. (2017). *A elite do atraso: da escravidão à lava jato*. Rio de Janeiro: Leya.

SOUZA, M.L.; RODRIGUES, G.B. (2004). *Planejamento urbano e ativismos sociais*. São Paulo: Unesp.

Tarrow, S. (1994). *Power in Movement*. Cambridge: Cambridge University Press.

TARROW, S. (2005). *New Transnational Activism*. Cambridge: Cambridge University Press.

TEIXEIRA, A.C.; TATAGIBA, L. (orgs.) (2021). *Movimentos sociais e políticas públicas*. São Paulo: Unesp.

THOMPSON, E.P. (2004). *A miséria da teoria*. Rio de Janeiro: Zahar.

THOREAU, H.D. (1975). *A desobediência civil*. São Paulo: Cultrix.

TILLY, C. (1978). *From Mobilization to Revolution*. Londres: Addison-Wesley/Publishing Company.

TILLY, C. (2004). *Social movements, 1768-2004*. Boulder: Paradigm Publishers.

TILLY, C. (2007). *Democracy*. Cambridge: Cambridge University Press.

TILLY, C. (2008). *Contentious Performances*. Cambridge: Cambridge University Press.

TILLY, C. (2013). *Democracia*. Petrópolis: Vozes, 2013.

Tilly, C.; TARROW, S. (2007). *Contentious Politics*. Boulder: Paradigm Publish.

TOURAINE, A. (1965). *Sociologie de l'action*. Paris: Seuil.

TOURAINE, A. (1973). *Producción de la Société*. Paris: Seuil.

TOURAINE, A. (1984). *Le retour de l'acteur*. Paris: Fayard.

TOURAINE, A. (1994a). *Crítica da Modernidade*. Petrópolis: Vozes.

TOURAINE, A. (1994b). *Qu'ést-ce la democracie*. Paris: Seuil.

TOURAINE, A. (1997). *¿Podremos vivir juntos?* Buenos Aires: Fondo de Cultura Económica.

TOURAINE, A. (2006a). Na fronteira dos movimentos sociais – *Sociedade e Estado* – Dossiê: Movimentos sociais. Brasília: UnB, vol. 21, n. 1, abril/2006, p. 17-28.

TOURAINE, A. (2006b). *Um novo paradigma – Para compreender o mundo hoje*. Petrópolis: Vozes.

TOURAINE, A. (2007). *O mundo das mulheres*. Petrópolis: Vozes.

TRINDADE, L.R. (2021). *Fortalecendo os fios: a emergência dos coletivos de estudantes negros e negras em universidades da Região Sudeste*. São Carlos: Universidade Federal de São Carlos [Tese de doutorado].

TURE, K. (Stanley Carmichael); HAMILTON, C. (2021). *Black Power: a política de libertação nos EUA*. São Paulo: Jandira.

VALLADARES, L.P. (1980). *Habitação em questão*. Rio de Janeiro: Zahar.

VALLADARES, L.P. (2005). *A invenção da favela: do mito de origem à favela*. Rio de Janeiro: FGV.

VALLADARES, L.P.; MEDEIROS, L. (2003). *Pensando as favelas do Rio de Janeiro – Uma bibliografia analítica*. São Paulo: Relume-Dumará.

VANHALA, L. (2013). Civil Society Organisations and The Aarhus Convention in Court: Judicialisation From Below in Scotland? *Representation*, 49 (3), p. 309-320.

VANN JR., B. (2018). Movement-countermovement dynamics and mobilizing the electorate. *Mobilization: An international quarterly*, 23(3), p. 285-305.

VIANNA, L.W. (2016). O Espírito do tempo e nós, *O Estado de S. Paulo*, 01/05.

WALSH, C. (2009). *Interculturalidad, Estado, sociedad: luchas (de)coloniales de nuestra época*. Quito: Universidad Andina Simón Bolivar/Abya-Yala.

WEFFORD, F. (1978). *O populismo na política brasileira*. Rio de Janeiro: Paz e Terra.

WEFFORT, F. (1984). *Por que democracia?* São Paulo: Brasiliense.

WEFFORT, F. (1992). *Qual democracia?* São Paulo: Companhia das Letras.

WIEVIORKA, M. (2003). *Un autre monde – Contestations, dérives et surprises de l'antimondialisation*. Paris: Balland.

WILLIAMS, R. (2000). *Cultura*. 2. ed. São Paulo: Paz e Terra.

WOLLSTONECRAFT, M. (2021). *Reivindicação dos direitos das mulheres*. São Paulo: Folha de S.Paulo [Coleção Os Pensadores] [original de 1789].

Conecte-se conosco:

facebook.com/editoravozes

@editoravozes

@editora_vozes

youtube.com/editoravozes

+55 24 99267-9864

www.vozes.com.br

Conheça nossas lojas:
www.livrariavozes.com.br

Belo Horizonte – Brasília – Campinas – Cuiabá – Curitiba
Fortaleza – Juiz de Fora – Petrópolis – Recife – São Paulo

EDITORA VOZES LTDA.
Rua Frei Luís, 100 – Centro – Cep 25689-900 – Petrópolis, RJ
Tel.: (24) 2233-9000 – E-mail: vendas@vozes.com.br